大钱细思

优秀投资者如何思考和决断

BIG MONEY THINKS SMALL

Biases, Blind Spots, and Smarter Investing

［美］乔尔·蒂林哈斯特（Joel Tillinghast）著
王列敏 朱真卿 郑梓超 译

图书在版编目（CIP）数据

大钱细思：优秀投资者如何思考和决断 /（美）乔尔·蒂林哈斯特（Joel Tillinghast）著；王列敏，朱真卿，郑梓超译 . —北京：机械工业出版社，2020.5（2025.2 重印）

（华章经典·金融投资）

书名原文：Big Money Thinks Small: Biases, Blind Spots, and Smarter Investing

ISBN 978-7-111-65140-6

I. 大… II. ① 乔… ② 王… ③ 朱… ④ 郑… III. 股票投资 - 基本知识 IV. F830.91

中国版本图书馆 CIP 数据核字（2020）第 048453 号

北京市版权局著作权合同登记　图字：01-2018-2516 号。

Joel Tillinghast. Big Money Thinks Small: Biases, Blind Spots, and Smarter Investing.

Copyright © 2017 by Joel Tillinghast.

Simplified Chinese Translation Copyright © 2020 by China Machine Press.

Simplified Chinese translation rights arranged with Columbia University Press through Bardon-Chinese Media Agency. This edition is authorized for sale in the Chinese mainland (excluding Hong Kong SAR, Macao SAR and Taiwan).

No part of this book may be reproduced or transmitted in any form or by any means, electronic or mechanical, including photocopying, recording or any information storage and retrieval system, without permission, in writing, from the publisher.

All rights reserved.

本书中文简体字版由 Columbia University Press 通过 Bardon-Chinese Media Agency 授权机械工业出版社在中国大陆地区（不包括香港、澳门特别行政区及台湾地区）独家出版发行。未经出版者书面许可，不得以任何方式抄袭、复制或节录本书中的任何部分。

大钱细思：优秀投资者如何思考和决断

出版发行：机械工业出版社（北京市西城区百万庄大街 22 号　邮政编码：100037）

责任编辑：施琳琳

责任校对：李秋荣

印　　刷：北京联兴盛业印刷股份有限公司

版　　次：2025 年 2 月第 1 版第 11 次印刷

开　　本：147mm×210mm　1/32

印　　张：12.75

书　　号：ISBN 978-7-111-65140-6

定　　价：89.00 元

客服电话：(010) 88361066　68326294

版权所有·侵权必究

封底无防伪标均为盗版

| 国内投资者的赞誉 |

乔尔最值得我们推崇与学习的,并不只是为富达低价股基金带来超额回报的那些优秀的投资决策,而恰恰是在过去10年间表现相对更差的时候,他逆势坚持的勇气和品质,以及对价值投资更加纯粹的热情、坚持与执着。向优秀投资者汲取投资的养分,首先要像优秀投资者那样去思考、去坚持、去身体力行。

——中庚基金首席投资官、副总经理　丘栋荣

我大约10年前就读过乔尔的故事,那时他就被称为投资界的"超级巨星,创造了神话般的纪录"。感谢乔尔撰写的这本《大钱细思》,让我们有机会对顶尖投资大师的秘密一窥究竟。

——北京金石致远投资管理有限公司 CEO　杨天南

乔尔在这本书的开篇抛出了一个非常有趣的话题，即大部分投资者关注两个问题：①接下来会发生什么；②它价值几何。这两个关注点也恰恰是投资和投机的区别。投资者关注的是一家公司的内在价值，投机者关注的是"催化剂"，有什么因素能让股价上涨。很多时候我们以为在做研究，其实并不是真正的研究。市场上绝大多数人，并没有在研究公司真正的价值，而是在研究变量，或者叫预期差。在《大钱细思》中，我们会从方方面面了解，一个优秀的基金经理如何通过内在价值的研究，长期战胜市场。毫无疑问，乔尔是完全不亚于彼得·林奇的超级基金经理。

——点拾投资创始人　朱昂

T神在近40年的投资生涯中一直在求索通往真知的柳暗花明，正如他曾谦逊地说：虽然人不可能完全精确地预见未来，但如果我能比其他人看得稍微准一点，我仍然很高兴。

——安澜资本执行董事　陈达

知己知彼，百战不殆。乔尔从人性行为习惯出发，由浅入深，以30多年的投资经验为基础，展示了自己对价值投资的思考，他对于投资问题的主观判断也直言不讳，这更加凸显了案例的真实性。无论是对投资界的新人还是资深人士，这本书都提供了价值投资新的视角。

——西部利得基金总经理　贺燕萍

做出正确的选择是需要智慧的，这种智慧大到自然万物的规律，小到锱铢的技巧，而投资者常常对"术"一往情深，对"道"充耳不闻。"朝闻道，夕死可矣"，乔尔的这本书则揭示了投资之道，投资者不仅需要不断"翻石头"的勤奋，更需要客观看待世事的智慧。细细品读这本书，相信对每一位读者都大有裨益。

——金鹰基金经理　王超伟

价值投资是客观事实与主观判断糅合的结果，只有两者相结合才能够形成完整的投资架构。乔尔作为富达基金的掌舵者，对很多常见问题的思考结论发人深省，他用朴实的文字描述了一套完整的投资体系。这本书集专业性、阅读性为一体，为广大投资者提供了一场思维盛宴。

——歌斐资产董事总经理　胡洋

投资者在进行投资时需要应对的核心问题之一就是不确定性，而乔尔在近30年的基金管理生涯中获得了3500%的收益，实在令人惊讶，作为彼得·林奇的接班人当之无愧。这本书的投资案例繁多，对投资的思考过程也有清晰的描述，是帮助价值投资者提升投资能力的佳作。

——长安基金总经理　袁丹旭

| 目 录 |

推荐序一　投资界"最会翻石头的人"（彼得·林奇）
推荐序二　逆势勇气造就投资的深远（丘栋荣）
推荐序三　大钱小思者胜（杨天南）
推荐序四　价值投资的知易行难（朱昂）
译　者　序
致　　　谢
导　　　读　大钱想得小（陈达）

第一部分
投资心理

第1章　一个疯狂的世界　3
第2章　决策偏差　23
第3章　赌博、投机和投资　39
第4章　成功投资者的心理特质　52

第二部分
投资盲点

第 5 章　投资的常识　65

第 6 章　简化你的投资　78

第 7 章　自下而上，细微入手　92

第 8 章　中国的牛市　114

第三部分
诚实、有能力的受托人

第 9 章　与众不同的公司　129

第 10 章　货真价实的公司　139

第 11 章　警惕金融欺诈　158

第 12 章　会计标准的缺陷　176

第四部分
赚得多，不如活得久

第 13 章　企业的生命周期　195

第 14 章　成也石油，败也石油　212

第 15 章　科技股票和科幻小说　226

第 16 章　多少债务才算多　247

第五部分
价值几何

第 17 章　低价股一定会上涨吗　263

第 18 章　你想要多少收益　285

第 19 章　判断价值的艺术　301

第 20 章　双重泡沫困境　321

第 21 章　投资的两个方向　340

| 推荐序一 |

投资界"最会翻石头的人"

> 寻找值得投资的好股票,就像在石头下面找小虫子,翻开 10 块石头,可能只找到一只,翻开 20 块石头,可能找到两只。
>
> ——彼得·林奇

众所周知,我一直崇尚主动选股策略。有一种观点认为,主动选股型投资者的水平都是半斤八两,"主动管理型基金经理不可能打败指数"。这种误解令我心碎。在投资界,事实并非如此,有许多优秀的主动管理型基金经理,他们的基金收益远远跑赢指数。乔尔·蒂林哈斯特便是其中的佼佼者,他执掌的富达低价股基金(Fidelity low-priced stock fund)业绩优异,其管理规模是我当年规模的两倍。

书中自有黄金屋,许多投资经典可以帮你开启投资智慧。然而,很少有人能用数据思维来解读投资,也很少有人能够通过分享自己三十余年的基金管理经验来阐述投资。无论你是专业老手还是入门新手，本书都能帮助你更好地避开投资陷阱，参悟投资之道。

我入行已五十余载，有幸见过许多伟大的投资家，从马里奥·加伯利、约翰·邓普顿爵士到沃伦·巴菲特，以及威尔·丹诺夫。客观地说，乔尔足以媲美这些投资大师。这句话绝不是恭维之语，而是我的肺腑之言。我认识乔尔三十余年，见证了他在富达基金从一名新人不断历练成长为一名专业的基金经理。他精力旺盛，博览群书，精于分析，能在海量信息中发现真价值，找到好公司。

乔尔的分析能力和投资者利益至上的理念，在三十多年前就给我留下了非常深刻的印象。那时他正在规划新的职业生涯，并找到了我的助理葆拉·苏利文。助理告诉我："你得和这小子聊聊，因为他一直打电话过来，而且我感觉他还蛮有趣的。他来自中西部，我觉得他很可能是个农民。"我告诉葆拉："我可以给他五分钟。"于是乔尔接到了我的面试电话。电话没聊多久，我就已经感受到了这小子的特别之处。他有灵敏的投资嗅觉，有许多有趣的见解，比如关于波多黎各水泥行业的看法，等等。然后他开始谈论我从未听闻的关于储蓄贷款的观点，这让我更加眼前一亮。我们还谈到了包括克莱斯勒汽车、阿姆斯特朗橡胶公司在内的很多公司。原本计划五分钟的电话，我们不知不觉足足聊了一个多小时。在挂断电话后，我立马做了决定,并打电话给富达基金投资部门的负责人:"我们必须雇用这小子。他非常杰出,专业水平不亚于任何一位圈内人士。"那是1986年9月,现在回想起来很多细节还历历在目。尽管过去的业绩不能代表未来,但在近28年的富达任职期内,乔尔确实没有辜负我的期望,他创造了辉煌的投资业绩,给基金投资者带来了惊人的回报。

在我看来,乔尔是有史以来最伟大、最成功的基金经理之一。他当之无愧是主动管理型基金经理的榜样,他的基金收益毫无悬念地战胜了指数。如果在字典里查"Alpha"(阿尔法)这个单词,我认为字典里应该有乔尔的照片。他绝对是一位顶尖投资大师,目前还没有人能完全复制他的成功模式。乔尔天赋异禀,具备成为伟大投资者的一些重要素质。他富有耐心,思路开放,灵活变通。他也很有定力,不会被纷扰繁杂的外部世界所干扰,能潜心于自己的投资研究,坚守自己的投资之道,直至成功。他喜欢独立思考做决策,但也有勇气承认错误,及时止损。他很有毅力,但绝不固执。虽然许多优秀投资者身上都或多或少拥有这些特质,但乔尔奇迹般地集上述所有优点于一身,实属难得。

乔尔有独门秘籍,特别擅长挖掘公司价值。一般来说,水务公司很难勾起华尔街精英的兴趣,即使给它们加上一些奇怪的名字,如DwrCymru(Welsh Water)、Severn Trent、Northumbrian Water,也不会有人愿意多看它们一眼。关注水务公司的分析师和基金经理的数量远不及关注谷歌或苹果公司的。乔尔在本书中专门讨论了他对水务公司的独特观点。投资者需要像乔尔一样刻苦勤奋，了解公司的真实情况，建立自己的投资逻辑。乔尔也曾与我分享过这些冷门公司的基本面信息，他的视角有趣、独特、客观。除了乔尔，还会有谁能投入如此精力在平淡的行业中发掘公司价值？

乔尔独具慧眼，在三十余年的投资生涯中，总能挑选出长期上涨的股票。乔尔在本书中列出了他职业生涯早期买入的一些股票，这些股票最终都成为富达低价股基金中的权重股，比如 Ross Stores、AutoZone、Monster Beverage、Ansys 等。大多数投资者会在股票上涨 10% 或 15% 之后就立刻卖出，然后转向寻找其他可以买入的股票，这种操作思路其实值得商榷，因为小幅上涨之后并不意味着这只股票就没有继续上涨的空间。一位成功的投资者必然要学会长期坚守价值，并根据基本面的变化持续调整预期价值，而不是将股票价格的变动幅度作为买卖决策的依据。如果股票仍有价值，投资者就应该继续持有，直到没有价值时才离场。乔尔正是精于此道，才在投资生涯中大获成功。

本书汇集了乔尔投资思想的精华。书中的案例分析通俗易懂，可以帮大家更加直观地树立正确的投资理念。人无完人，虽然乔尔已是世界顶级投资大师，但他有时也会犯一些错误。选股绝非易事，即使是最优秀的投资者也会犯错。犯错并不可怕，重要的是犯错后能及时反思。乔尔在书中也谈到了一些教训，希望投资者不再重蹈覆辙。反思失利的原因，思考解决的办法，才能在投资中避免错误再次发生。

成功难以复制。站在巨人肩膀上学习经验教训，也许才有可能成功。过度自信往往是典型的错误之一。很多普通投资者都会被巧舌如簧的股票经纪人"煽动"得自信心爆棚，然后就会做出草率愚蠢的投资决定。对此，乔尔的经验是谨慎行事，避免犯错。谨慎耐心的投资者必定会比鲁莽冒进的投资者更易成功。

在本书中，乔尔分享了五大原则，以避免出现不必要的投资失误。希望大家虚心学习，反复琢磨。这些原则如下：

- 不要情绪化、凭感觉地投资，要耐心、理性地投资。
- 不要投资不懂的领域，要投资熟知的领域。
- 不要与不够诚实和精明的人合作，要与诚实、有能力的人合作。
- 不要投资过时的、易变的、高负债的商业模式，要投资具有强劲资产负债表的、有业绩弹性⊖的公司。
- 不要投资爱"讲故事"的公司，要投资那些价格低估、有价值的公司。

市场上总有人将投资曲解为"炒股票"。"炒"字让我觉得

⊖ 业绩弹性是指业绩变化对估值变动的影响程度和比例关系。——译者注

很不舒服。这本书不是一本教人如何"炒股票"的书。事实上，在股票市场中投资者如果抱有"炒"的心态是非常危险的。投资虽不是件痛苦的事，但也绝对不是玩耍、儿戏。如果想让投资顺利，投资者就必须不断地学习、进步。大家必须弄清楚一个问题，那就是随着时间推移，股票价格是否会跟着公司盈利一起增长。有时股票价格和公司盈利之间有着很强的相关性。例如，罗斯百货公司的利润在过去24年里增长了71倍，其股票价格同期上涨了96倍；怪兽饮料公司的利润在15年里增长了119倍，股票价格上涨了495倍。当公司盈利下滑时，股价和利润之间也存在同向的下降趋势。这样的例子在资本市场上不胜枚举。

市场是有效的，绝大多数股票的价格都是合理的。我经常举例，如果你研究了10只股票，你会发现有1只是值得投资的；如果你研究了20家公司，你会发现有2家还不错；如果你研究了100家，你会发现其中有10家也许很棒。你涉猎研究的公司越多，那么你发现好公司的概率就越大。在投资这个行业想要成功，一定离不开勤奋。勤奋的过程也许枯燥乏味，就像翻石头一样。乔尔就是以勤奋著称的，他几乎翻遍了所有的"石头"。乔尔是投资界当之无愧的"地质学家"！

乔尔热爱投资。无论是在买入前还是买入后，他都会投入大量的时间与精力勤勤恳恳地研究和跟踪公司的基本面，从不懈怠。我认为乔尔充满智慧又不失勤奋，视野宽阔又能独立思考,不愧是我们这个行业中的领军人物。他的基金业绩足以说明这一切。

在股票市场上,很多人具备赚钱的能力,但不是每个人都具备其所需的执行力,而乔尔两者兼备。在这本书中,他向读者清晰地展示了自己投资思考过程中的每一个环节:如何正确地思考问题,怎样客观地看待自己的投资组合。

这本书就像一座宝库,蕴藏着许多有价值的投资理念,对精进投资必有帮助。我不能"剧透"太多,就此打住。《大钱细思》是一本必读之书……它是你寻找10倍股的利器!

彼得·林奇

| 推荐序二 |

逆势勇气造就投资的深远

穿越漫长的投资征途周期,总会有优秀的价值投资者在经历大浪淘沙后被市场发现其耀眼的业绩光芒。在低估值策略投资领域奋击 30 年的职业投资经理乔尔·蒂林哈斯特就是其中的代表。

或许乔尔的名气还没有像巴菲特、彼得·林奇那样在投资界如雷贯耳,但他将近 30 年掌舵富达低价股基金的长期业绩表现足以让他在投资界"拥有姓名"。

在投资领域中有很多东西是非常复杂的,因为市场上有各种各样的金融工具和投资方法,在这种情况下可以创造出很多策略;投资领域有可能是很简单的,比如坚守最传统、最保守的低估值选股策略,像"翻石头"般艰辛投入并贵于坚持。在这本书中，你可以通过作者的文字去感受闪光的投资方法，但我们更推崇的是作者深邃的投资理念和投资哲学，以及坚持低估值价值投资更重要的基础——逆势坚守的勇气。

回归更纯粹的古典价值投资

虽然规模高达400亿美元的富达低价股基金在长达30年的投资周期里长期业绩优异，但自2009年以来的最近10年，尤其是2016年以来的5年，富达低价股基金的相对表现并不突出，大家可能会担心这种古典主义的价值投资方法是否已经无法适应当前市场的最新发展状况，或者说是否会面临被市场淘汰的可能。

投资策略的收益表现总是具有一定的周期性，自2008年金融危机以来，最耀眼、最成功的策略莫过于买到少数"讲述梦想、制造梦想、实现梦想"的伟大公司，比如美国的苹果公司、亚马逊或者中国的阿里巴巴、腾讯等少数明星公司，由此缔造出了过去10年资本市场中最成功的投资明星。

但我们看到这本书的作者乔尔，他选择坚守的是完全相反的道路：非常保守和严谨的价值策略，用彼得·林奇的话来说就是脚踏实地的"**翻石头策略**"，也就是说像翻石头一样，翻千块石头（看千家公司），然后买几百家公司，同时重仓其中的一两百家。这背后要去做大量异常艰辛的"翻石头"工作，最终呈现的结果是用便宜的价格买到可能被称为"某个角落里的公司"。乔尔先生选择用最古典、最经典的这种价值投资策略去践行他的投资理念。

虽然管理着几百亿美元的庞大的资产规模，但乔尔的投资好像没有太多对宏观市场的夸夸其谈，也没有太多宏大叙事，更多的是从细微处着手，一个一个行业、一家一家公司地研究和分析。见微知著，睹始知终，或许也正是基于此，乔尔先生将他投资生涯中的所思所想命名为《大钱细思》。真正深远有生命力的投资，从来和所谓的先知或者天马行空没有丝毫关系，乔尔的伟大来源于一个一个细节不断持续的累积。

对乔尔先生和他坚持的低估值的价值投资策略来说，那些能使价值策略或者说古典式价值投资还持续有效的土壤和根基始终是存在的，也即意味着古典主义价值投资策略未来依然是有效的，而这恰恰是这本书的精华内核所在。

我们认为这本书的精华凝练了能够取得投资成功所必需的基础要素：

- 理解投资心理认知，避免投资偏差以及能够在艰难的环境中做出尽可能接近正确的决策；
- 理解行业基本面研究以及企业基本面的生命周期，投资作为具有挑战性的活动，在此过程中投资者需避免不切实际的期望；
- 理解定价和保守收益率间的关系。

当然最底层的内核在于如何能持续盈利的价值观，比如这本书中提到的"找到货真价实的公司""找到诚实、有能力的受托人"以及投资道德（警惕欺诈和会计操纵）等，这些都是保障价值投资能够取得成功的关键基础和要素。

回归到富达低价股策略基金的业绩上来，过往其业绩表现相对不好的时间段恰恰证明它具备能够长期有效的根源。这种情况有点类似于20世纪90年代末的互联网泡沫时期，在这个时期，古典价值投资者的业绩表现整体都不尽如人意，彼时曾经叱咤风云的著名投资大佬甚至沦为笑柄，有人开始质疑他们是否已经被市场淘汰了。但事实证明，等到泡沫破裂、潮水退去才知道谁在裸泳：从2002年开始到2007年的这个周期，古典价值投资的超额收益表现非常可观，本书作者乔尔先生也差不多在这个周期（2001~2007年）再度创造了骄人的累积业绩表现。

如果时间周期可以回溯，我们认为当前阶段更类似于20世纪90年代末到21世纪初那个周期，当这个相对低谷周期结束时，我们有理由相信以乔尔先生为代表的古典价值投资的未来表现会更好，我们应该对**"翻石头的价值投资策略"**给予充分的信任和信心，坚定回归到这种经典的策略道路上。

回归古典价值投资：时代的召唤

我们推崇乔尔及其低价股价值策略的投资方式，因为除了他凝练传达的投资技术方法论之外，更可贵的地方在于逆势坚守正确信念的勇气，以度过业绩表现相对艰难的那段时期。

尤其在当前这个特别的时代，我们坚定选择站在古典主义价值投资这边，是因为以下几个方面。

首先，互联网技术给社会经济带来了极大的推动和进步，导致我们所处的世界已经并正在发生着剧烈的变化。但在投资的疆域内，很多依靠制造梦想而增长的公司总归会存在边界，因为投资最本质的规律或许会推迟到来，但从来不会无缘无故地缺席，毕竟再强势的树木也不可能长到天上去。回归到投资领域，很多行业领域可能或者已经孕育着否极泰来的机会，我们要相信周期性回归的力量：**不只是技术和趋势的力量，更重要的是周期的力量。**

其次，全球流动性宽松泛滥和低利率的环境导致错误定价与资产价格泡沫横飞，同时也导致经典偏保守的、强调价格和估值有足够安全边际的价值投资体系，在过去很长一段时间里没有取得发挥投资效用的结果。但全球大范围的零利率甚至是负利率持续造成资产的错误定价的普遍性和广泛性几乎达到极值，未来的修正与回归可能不可避免。

最后，传统上认为低估值类型的公司的风险会更高，但事实上可能恰恰相反：在低估值策略体系下，短暂不被人关注甚至被短暂"遗忘"的公司并不必然代表高风险，很有可能风险是更低的。如何在这类公司领域中找到更好的"货真价实的公司"，在乔尔先生的这本书中，你也能找到富有启迪的论述和案例。

坚持古典价值投资最需要的品质是勇气

在经历了长达 10 年的困境，尤其是自 2016 年以来的艰难困境和挑战之后，这个时候真正的价值投资者最需要的可能并不只是打磨具体的投资技术、开拓投资眼界或者锤炼先知一样的远见，更重要的或许在于回归简单的常识以及基于基本事实和简单逻辑的判断，这一点其实并不复杂。就像最好的投资机会和最大的投资泡沫一样往往都是最显而易见的，看到这种机会和风险其实并不困难。真正的难处不在于找到被低估的投资机会，以及识别出被高估的泡沫，而是在市场持续偏离合理定价的过程当中坚持下去的勇气。坚持这些基本面的常识、逻辑与判断的勇气，才是价值投资者最难以修炼的。

走正确的路，做勇敢坚持的人，才能成就更深远的投资。很多人都知道正确的路该怎么走，可是很少有人去走正确的路。在第 65 届奥斯卡金像奖最佳影片提名电影《闻香识女人》中，阿尔·帕西诺饰演的弗兰克中校有这样一句台词："当我站在十字路口，我知道哪条路是正确的，可我就是不选那条路，因为那条路走起来太辛苦。"

从这个角度看，价值投资者最重要的品质在于勇气，也就是在逆势情况下坚持的勇气。乔尔最值得我们推崇与学习的，并不只是为富达低价股基金带来超额回报的那些优秀的投资决策，而恰恰是在过去 10 年间表现相对更差的时候，他逆势坚持的勇气和品质，以及对价值投资更加纯粹的热情、坚持与执着。向优秀投资者汲取投资的养分，首先要像优秀投资者那样去思考、去坚持、去身体力行。

丘栋荣
中庚基金首席投资官、副总经理

| 推荐序三 |

大钱小思者胜

一年之前，我为投资经典《彼得·林奇的成功投资》一书作序，题为"阅读林奇28年"，没想到今天有幸为这本新书作序，再次遇见了一段与林奇有关的28年历史佳话。

被人称为"史上最伟大基金经理之一"的林奇当年为富达基金公司录用了一个年轻人，这个年轻人不负所望，经过28年的奋斗，他管理的基金规模已达400亿美元。他就是今天被林奇称为"顶尖投资大师"的乔尔·蒂林哈斯特，林奇对其不吝赞美之词，称"乔尔是有史以来最伟大、最成功的基金经理之一"。

我大约10年前就读过乔尔的故事，那时他就被称为投资界的"超级巨星，创造了神话般的纪录"。感谢乔尔撰写的这本

《大钱细思：优秀投资者如何思考和决断》，让我们有机会对顶尖投资大师的秘密一窥究竟。

乔尔的这本新书，内容分为五个部分：投资心理；投资盲点；诚实、有能力的受托人；赚得多，不如活得久；价值几何。书中还有一章专门提到了中国，甚至引用了孔夫子的一句话，但最终他还是承认自己对中国知之甚少，主要还是侧重投资于英语国家。

与巴菲特、林奇等主动管理型投资者一样，乔尔并不认同有效市场理论，他认为有效市场理论的假设条件过于"强大"，在真实的世界中，不可能所有人在同一时间得到所有的信息，完全公平、对等的信息披露是不存在的。

乔尔提到了一些上涨数百倍的股票投资案例，例如旗下拥有怪兽饮料的汉森公司16年涨了600倍，CMGI公司5年上涨1000倍，这看起来令人心潮澎湃、心旌动摇，但如果你以为找到了这样的世界级顶尖投资大师就可以动不动取得翻番回报的话，那你一定会大失所望。

自1989年他管理的富达低价股基金起航，28年来乔尔取得了年化13.8%的回报，这的确是世界顶级投资家的水平，大幅跑赢同期标准普尔500指数年化9.7%的表现。在穿越周期之后，乔尔"跑赢大势、绝对盈利"，再次演绎了我们所说的"职业的和世俗的双重胜利"，这是非常了不起的成绩。

乔尔像林奇一样勤奋，翻起很多石头才能找到一件宝贝，难怪林奇称之为"投资界当之无愧的地质学家"。乔尔在书中列出了5类投资错误、4个价值要素中的陷阱、6件让人警惕的事,探讨了心理与概率,从英国曾经税率高达99%到凯恩斯与时俱进的投资方法,从安然到安达信、从AIG到俄罗斯石油的案例,从2000年纳斯达克市盈率100以上的闪闪发光到随后两年大跌78%的泡泡幻灭,等等,总之,乔尔的观察与细思涉及方方面面。

这本书的英文书名叫 *Big Money Thinks Small*,可以直译为"大钱小思"。像乔尔这样掌握大钱的人年复一年坚持"细小思考"是值得的,因为400亿美元的基金规模,一年能为投资者创造50亿美元的利润,为公司带来6亿美元的管理费,足以养活基金经理及其团队,并为富达基金公司创造可观的利润,这是一个了不起的多赢局面,符合社会分工的社会法则。乔尔以多年的努力诠释了什么是**大钱小思者胜**。

杨天南

北京金石致远投资管理有限公司 CEO

| 推荐序四 |

价值投资的知易行难

过去几年,"价值投资"似乎成为一种潮流。无论是职业投资者还是普通散户,都会标榜自己是价值投资者,关于价值投资也总能说上几句。如果价值投资这种方法,真的被全市场中的所有人在实践,那么它还会有效吗?答案显然是不会。在投资行业,任何一种方法被大家践行后,其带来的超额回报就会迅速消失,然而,事实上真正能够践行价值投资的人,少之又少。

这背后的原因很简单:价值投资在本质上是非常反人性的。所有人都希望能快速致富,几乎不会有人想着慢慢变富,而对价值投资者来说,最需要的元素是"时间杠杆"。巴菲特用了10年,"才"让其收益率增长了10倍,23年获得100倍收益率,32年获得1000倍收益率,40年获得10 000倍收益率。

大家都希望获得1000倍收益率，但罕有人愿意等30年。

价值投资是反人性的，而一个好的价值投资者，不是在挑战人性，而是在不断地避免人性。一个偶然的机会，我读了富达基金"大神"乔尔·蒂林哈斯特的著作《大钱细思》，对价值投资有了更深刻的理解。

这本书一开篇就用了甘地的名言：信念决定思想，思想决定语言，语言决定行为，行为决定习惯，习惯决定性格，性格决定命运。

最终决定我们命运的，是我们的价值观，而价值投资的核心，也来自正确的价值观。对于每一个投资者来说，通过学习价值投资，不仅仅能理解投资中正确的方式，更能指引我们的人生。

说起这本书的作者乔尔，他师从著名的成长股基金经理彼得·林奇，这本书的推荐序一就是林奇写的。乔尔管理富达低价股基金，管理年限是林奇管理麦哲伦基金的2倍，保持了长达28年的选股纪录。

作为一个价值投资者，乔尔持有的牛股包括Ross Stores、AutoZone、怪兽饮料等。这些公司都是依靠盈利持续增长来推动股价的。比如在24年的时间里，Ross Stores的盈利增长了71倍，股价也上涨了96倍。再比如怪兽饮料的盈利在15年间增长了119倍，股价也增长了495倍。乔尔管理的基金年化回报率为15%左右，超额收益率为年化4%，规模增长达到了令人叹为观止的441亿美元。

乔尔在这本书的开篇抛出了一个非常有趣的话题，即大部分投资者关注两个问题：①接下来会发生什么（what happens next）；②它价值几何（what's it worth）。大部分人的第一反应都是关于第一个问题的，即接下来会发生什么。比如股票价格下跌了，大家会关注到底为什么下跌，是否会持续下跌。股票价格上涨了，大家也会关注是否会继续上涨。在一连串的事件之后，大家又会去想接下来会发生什么。然后逐渐地，投资变成了一种类似于下棋的博弈，有些人希望比别人多看一步，有些人喜欢多看两步、多看三步……有时候当一家公司要推出一个新产品时，他们会问，新产品会不会卖得好？如果卖得好，会不会引来竞争对手？创新者会不会最终被拍在沙滩上，被模仿者消灭？等等一系列问题。

而乔尔认为，"它价值几何"才是一个更重要的问题。许多人忽视了公司本身的价值，认为市场的价格就是完全有效的。也就是说，今天股票的收盘价就完全反映了它目前的价值。但事实真是如此吗？价值和价格并非完全能画上等号。价值很多时候需要时间的证明。一家公司长期的盈利增长、现金流需要时间的沉淀。

这两个关注点也恰恰是投资和投机的区别。投资者关注的是公司的内在价值，投机者关注的是"催化剂"，也就是有什么因素能让股价上涨。许多人经常错误地理解"安全边际"。大家喜欢抄底,特别是抄"隔壁老王"的底。假设我们的邻居"隔壁老王"用100元买入了一只股票,而现在股价只有50元,这时我们就会觉得股价很安全,相当于打了五折。

但重要的是,这家公司到底值不值100元,这才是最关键的。真正的"安全边际",是基于对公司内在价值的深度研究。太多人过于关注变化,而忽视了比变化更重要的内在价值。这个变化就是乔尔在书中写的:接下来会发生什么?很少有人真正关心它价值几何。

这也和人类的思维方式有关。人类在做决策的时候往往会有两个系统:系统1反应迅速,系统2会深入思考和决策。大部分人依赖快速反应来做决策,但真正好的决策往往需要慢思考。在投资的决策体系中,"慢"才是"快",不要被情绪所影响。

很多时候我们以为在做研究,其实并不是在做真正的研究。市场上的绝大多数人,并没有在研究公司真正的价值,而是在研究变量,或者叫预期差。

"预期差"这个概念,在今天的中国资本市场已经深入人心。比如机构投资者,往往关心这家公司的业绩是否超预期,这个行业是否会出台超预期的政策,甚至有时候关注管理层是否有一些超市场预期的行为。卖方分析师做的许多研究,也是为客户找到各种各样的预期差。有些人通过草根调研,发现这个季度白酒的出货量会超预期,或者下个季度家电的出货量会低于预期。

当然这些还是基于基本面研究，甚至有许多人会把精力用在研究一些非公开信息上。比如这家公司会有什么收购，会有哪些利好股价的行为，甚至哪些大机构准备入场去买股票了。

在散户这一端，这种"预期差"的思维方式更加普遍。大家关心的不是公开信息，而是非常想知道一些小道消息。通过"小道消息"这种模式，是最容易让某个散户买股票的。你和他说半天这家公司的价值是多少，对方往往不感兴趣。但当你给他一个"内幕消息"，说这个季度大股东要放业绩了，对方就会马上买入。

那么"预期差"到底是什么？其实说白了，就是一种"投机"。早在 70 年前，华尔街教父格雷厄姆就将"预期差"定义为投机。他认为，投资者和投机者在研究方向上的本质区别是：投机者不关注公司真正价值几何，而投资者不关注市场的波动因素。

在《大钱细思》中，我们会从方方面面了解，一个优秀的基金经理如何通过内在价值的研究，长期战胜市场。毫无疑问，乔尔是完全不亚于彼得·林奇的超级明星基金经理。

有趣的是，乔尔喜欢的投资方向是小市值股票的价值投资，这颠覆了许多人对于"价值投资"的理解。大家总喜欢给大盘蓝筹股贴上价值投资的标签。事实上，在美国过去的 100 年中，表现最好的是小市值价值股。

所以关于价值投资，我们需要关注的是价值本身，而不是标签。不是买大盘就有价值，也不是买小盘就是投机炒作。真正的价值，来自企业自身的基本面和现金流。

最后，希望大家能对价值投资学以致用，也能通过价值投资，引导正确的人生。

朱　昂

财经自媒体点拾投资创始人

| 译者序 |

美国富达基金名声显赫，除了其规模和口碑之外，一个重要原因就是富达基金有投资界的"大神"——彼得·林奇。彼得·林奇不但投资自成体系，还著作等身，而且他还是一位伯乐，慧眼识才。本书作者乔尔·蒂林哈斯特（民间戏称他为"T神"）就是彼得·林奇发现并一手栽培的，而且这位T神有可能成为彼得·林奇的接班人。T神是富达基金公司的明星基金经理，掌管富达低价股基金超过28年，该基金规模已达400亿美元。自1989年成立以来，他的基金规模不断扩大，净值稳步上扬，年化回报率达到13.8%。

T神不仅有可能传承彼得·林奇的衣钵，而且和沃伦·巴菲特也很有渊源。T神和巴菲特都推崇价值投资，长相上也有几分神似。T神在本书中用了大量篇幅分析了巴菲特的投资逻辑，而且T神还有一个特点和巴菲特很像，那就是他们都是那种"耐得住寂寞，守得住繁华"的投资者。

T神倡导和遵循价值投资理念。他的选股策略独辟蹊径，异于常人，简单明了。T神对企业基本面的研究和关注非常精确、深邃，他在书中毫无保留地分享了他看公司的五大法宝，同时他还是一位心理学方面的高手，善于从人性和认知角度分析投资。他在书中还分析了许多大名鼎鼎的公司和经典的投资事件。

见微才能知著，温故才能知新。大师把其经验和理念细致地分享出来，这本身就是一件幸事。接下来大家要做的，就是把本书仔细地读完、学会、去做。

投资就是一场修炼，需要持之以恒地学习、思考和实践。投资也没有真正的"圣杯"，任何一句话、一个观点，只要对你的投资有帮助和启发，就已足够。本书好就好在，可能对你有帮助的不止一句话，不止一个观点。当你把本书通篇看完，掩书细思，或许会有不少感悟。

投资之于现代人，应该就像阳光和空气一样，必不可少。只要有闲钱，大部分人就有投资的必要。不积跬步无以至千里。即使从小钱开始，对投资这件事，都应该认真对待，才有可能从小钱变成大钱。而大钱，更不必说，更需要细细思量，才能行稳致远。

投资是一场马拉松，不是和别人比，而是要跑出自己的节奏，强健自己的筋骨，展现自己的风采。在投资这场马拉松中，也不要忘记见识江湖高人，博采众家之长。本书在国内是首次翻译出版，所以 T 神的很多投资理念和观点对于国内读者来说，都是耳目一新的，非常值得大家细细品味。

本书的翻译对于我来说，既是一个思想激荡的过程，也是一次难得的学习机会。翻译一遍等于精读十遍。本书的翻译也使我对投资的理解提升了一大步。由于 T 神的投资思想首次被翻译成中文，而且比较深邃，所以翻译工作花了我们团队大量的时间和精力，在此要感谢翻译团队另外两位小伙伴朱真卿和郑梓超。感谢作者 T 神的投资思想盛宴，有机会我们要去富达基金公司专程拜访。感谢出版社编辑的悉心指导，让我们在这本分量很重的投资经典的翻译过程中，既摸到了石头，也过了河。最后，还要感谢我的父母，感谢妻子珺，感谢我的两个孩子 Austin 和 Pablo。

王列敏

2020 年 1 月

| 致 谢 |

如果没有大家的帮助和指导，本书是不可能完成的。彼得·林奇给了我在富达基金工作的机会，否则我永远也无法体验过往这段投资经历。对于富达基金，我心怀感恩，在这里我得以学习、成长。感谢富达基金董事长艾比·约翰逊女士，她继承了她的父亲奈德·约翰逊先生留下的优秀传统，我也因此受益匪浅。感谢 Tom Allen、Justin Bennett、Richard Beuke、Elliott Mattingly、Peter Hage、Emily McComb、Maura McEnaney、Derek Janssen、Arvind Navaratnam、Leslie Norton、F. Barry Nelson、Brian Peltonen 和 Charles Salas，以及整个富达基金小盘股团队的客观点评。感谢 Jeff Cathie、Daniel Gallagher、Sean Gavin、Scott Goebel、Salim Hart、Mark Laffey、Joshua Lund-Wilde、Chris Lin、Sumit Mehra、Karen Korn、Ramona Persaud、Doug

Robbins、Ken Robins、Jeff Tarlin 和 John Wilhelmsen 的技术指导。我也很感激哥伦比亚大学出版社的迈尔斯·汤普森给我的鼓励，以及 Jonathan Fiedler、Meredith Howard、Ben Kolstad、Leslie Kriesel 和 Stephen Wesley 的编辑、校对与建议。最重要的是，我要感谢我的父母、安妮·克罗利、埃里克·蒙哥马利、瓦莱丽·蒂林哈斯特，他们在我写作的过程中给予了我无限的支持和包容。

| 导　读 |

大钱想得小

乔尔·蒂林哈斯特，国内投资圈称他为 T 神，虽然这位被誉为彼得·林奇接班人的基金经理名气不算最大，但是他管理的基金规模非常之大。他是富达低价股基金 28 年来的掌舵人，该基金规模已达到 400 亿美元以上。自 1989 年成立以来，他的基金取得的年化回报率为 13.8%，大幅跑赢与其对标为基准的罗素 2000 指数（该小型股指数的回报为 9.6%），也大幅跑赢标准普尔 500 指数 9.7% 的回报。

T 神生命中的贵人是林奇。彼时 T 神刚刚过了而立之年，事业想要再上层楼，于是他开始不断地用和风细雨的口吻给林奇的助手打电话，并如愿以偿地争取到与林奇通话 5 分钟的机会。结果这个 5 分钟的电话打了一个小时。挂了电话后林奇对他的助手说："天哪，我们必须要把他给招进富达！"

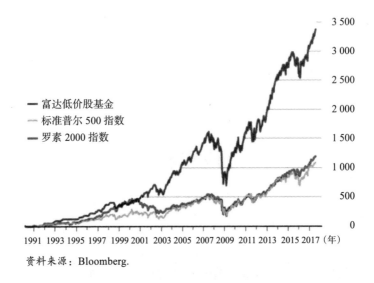

资料来源：Bloomberg.

T神是一个价值型投资者，其选股策略非常简洁明了：小型股、价值型、低波动。这几个词看似简单，但与之相比，他的投资理念和投资哲学要深邃得多。他将自己的投资理念与数十年管理基金的经验都写在了这本书里，名为《大钱细思》。大钱想得小，智者往往善于见微知著，循舍大求小的朴素之道。

一、从我们不怎么靠得住的脑袋讲起

T神谦虚地说他的这本书并不一定能让你成为一个好的投资者，但可以帮你有意识地少犯一些错误，尤其是系统1（指人类的直觉化思维系统）所带来的偏误。首先他重点讲到人类的两种认知偏差。

1. 马后炮认知偏差

马后炮认知偏差，就是很多事情你在事后看都会有一种无可避免的宿命感。这种认知偏差在比特币和腾讯股票上表现得最淋漓尽致，很多人以为自己与成功投资腾讯之间的距离就是一个港股账户。于是你的投资史就变成了一部漫长的悔恨史——天哪，我怎么错过了腾讯，明明当初十分看好；天哪，我怎么没有买房，明明知道房价会涨；天哪，我怎么没有买比特币，明明当年5分钱一枚；天哪，我怎么……明明……

而T神要告诉你一个真相：明明并不明明。

你每天可能会对100家公司起意，其中可能大约有两三家公司最后牛到了天上。但是你怎么就把剩下的97家公司给忘在了脑后，而选择性地去懊悔那些极少数的错过的机会？从概率上而言，你更容易投资到不牛的公司。

对于如何抗击马后炮认知偏差，T神在书里支了一招，就是做投资笔记，为你自己做过的交易（或极度想做但最后没做的交易）详述投资（或不投资）的理由。如果你有这个习惯，就会发现你投资的初衷往往会被新的想法所代替；或者你会发现某些没有赶上的火箭股，最后与其擦身而过其实并不是命，而是自己水平不够。

比如T神投资组合里的大牛股怪兽饮料（NASDAQ：MNST），当初他投资是看好怪兽饮料纯天然果汁业务的前景，结果这只怪兽后来的爆发却是因为功能饮料，牛头不对马嘴就坐上了华丽上天的火箭。但是如果没有做投资笔记，你可能会忘掉当时投资的初衷，然后马后炮地认为自己又做了一笔无可避免要成功的投资。

T神在书中讲述的很多案例会告诉你，其实没有任何投资无可避免会成功。大多数的投资，都是成败皆可的一阵狂野的龙卷风。

2. 锚定效应

锚定效应是说人类在做判断时会极其看重某些初始位置的信息碎片或者参照界点，并将自己的认知小船沉锚于此。

比如我们做一个实验，让一组实验对象在5秒内估计 $1×2×3×4×5×6×7×8$ 的结果，再让另一组实验对象在5秒内估计 $8×7×6×5×4×3×2×1$ 的结果，实验结果持续显示第一组给出的估计值会显著低于第二组。因为第一组以最先见到的1为锚，而第二组以最先见到的8为锚。

下锚是人的本能，但是这一本能在投资中特别容易起到负面作用。比较常见的就是对成本下重锚——不涨回成本坚决不卖。此时成本之锚就变成了决定卖与不卖的最重要的信息，而不是股票此时此刻的内在价值。

还有一些投资者虽然看好某只股票，但是一看到之前雄壮的涨幅，比如半年内涨了1倍，就望而却步坚决不敢追高。这又是对一个不重要的初始信息下了锚，前期的涨幅和目前的内在价值其实没有关系。

林奇曾建议我们在选股票的时候应该自带脑部修正液，把股票之前错过的涨幅在脑子里给抹掉，然后才能心平气和地看看眼下这个机会值不值得投资。

还有一些其他看似重要的数据都有可能成为那只错下的锚，比如某只股票的历史价格区间、历史估值比率等。很多时候拿一家公司当前的市盈率与历史市盈率对比没有太大意义，比如一家公司从成长股进化成了价值股，市盈率自然也就再难回去。

所以投资时切莫过于相信第一印象。

二、赌博、投机与投资

这是个老话题了，但T神在书中分享了他的原创想法。

首先，赌博、投机与投资之间肯定不是泾渭分明的，投资总是带一点投机性，甚至带一点赌博性，而赌博未必一定邪恶。但赌博、投机与投资又肯定是彼此有别的，如何区别？

T神首先把人类押注的行为分成了事件性押注和整体性押注。如果你对某个事件（比如两家公司合并）进行了广泛深入的研究而押注，这不能称为"投资"，可以叫作"精明的投机"。如果你只是做了泛泛的研究，那就叫作"轻率的投机"。如果你根本不做任何研究就赤膊上阵，那就是"赌博"。

而投资只存在于整体性的下注，比如基于你对一个行业长远发展的判断。如果你的研究通透，那就叫"投资"；如果你的研究泛泛，那也是投资，但这是"高风险的投资"；如果你完全不做研究，这就是在"赌博"。

	基于事件	基于整体
深入的研究	精明的投机	投资
粗浅的研究	轻率的投机	高风险的投资
没有研究	赌博	赌博

所以在投资过程中，对于一些事我们免不了要投机，问题是我们要知道什么值得你去投机。比如去投机某公司的下一个季度财报，这就很不值得。第一，你肯定没有内幕信息，也很难比市场更准确地预测财报表现；第二，就算你能准确地预测财报，你还要猜准市场对这份信息的反应。预测财报基本上就是一个五五开的赌局（50/50 chance game），要是算上交易佣金、机会成本，连五五开的胜率都没有。

那么哪些方面值得你花精力去投机（预测）呢？T神认为是这些方面：

（1）管理层能不能在关键时刻做出英明的决策。

（2）行业是不是将会遭遇或者正在遭遇这些估值杀手——大宗商品化、行业过时淘汰、杠杆高企。

（3）股票的合理内在价值区间。

三、到底如何控制投资风险

对于一个仅仅做多的组合，控制风险基本上有两种南辕北辙的方法：①多样化；②精选化。多样化很好理解，就是通过配置相关性较低的资产来降低组合的波动性，成本最低的方法是投资低收费的指数型基金。多样化的另一种解释，就是在一个庞大系统中利害总是可以相抵——油价跌了，能源业遭殃了，航空业却捡了便宜，从整体来看系统没有崩溃。所以持有广泛多样化指数的投资者仅仅面对系统性风险的敞口。

不过组合多样化肯定不等于风险零负担，比如多样化杀不掉系统性风险，或者说得直白一些，杀不掉"你买贵了的风险"，因为你买的指数完全可能估值高耸——指数里的大量成分股估值贵了。组合精选化可以降低买贵了的风险，但是无法去除非系统性风险，每一个投资者都必须在这之间有个取舍。

耶鲁基金掌门史文森认为，资产组合的变化90%以上取决于"资产配置"，而"证券选择"却不是太重要；如果调整幸存者偏差和回填偏差并减去费用，大多数主动型基金并不能提供正数的阿尔法。所以对于一般人而言，主要精力应该费心在资产配置上。

但总有一些人致力于成为非一般的人，毕竟现实证明了长期碾压指数是可能的，巴菲特的伯克希尔－哈撒韦公司就是一个最好的证明。如果你觉得自己不一般，那么关于证券选择，T神有以下见解。

熟悉不等于知识，虽然两者常相伴。熟悉是通向更深层次的知识的玄关。举个例子，林奇经常在他妻子身上找灵感，比如他曾饶有兴致地谈论起黑色丝袜的生意，他的妻子当时对一种叫 L'eggs 的黑色丝袜产品赞不绝口。最后林奇投资了生产销售 L'eggs 的 Hanes 公司并赚了 10 倍。但是他的妻子对黑色丝袜的"熟悉"与林奇对 Hanes 公司的"知识"之间还差了一个扎扎实实的基本面研究的距离——林奇曾买了几十双 Hanes 公司竞争对手的丝袜产品，然后逼着他的手下交出黑色丝袜的试穿报告，无论男女。

仅仅靠"熟悉"去投资肯定远远不够。比如我们来做个实验——标准普尔 500 指数中权重最大的公司（目前是苹果公司）肯定是众所周知，但如果从 1972 年到 2016 年你的策略是选标准普尔中最大的公司投资，那么你的年化收益率仅有 4% 而已；如果你仅选标准普尔中最大的 10 家公司投资，那么你的回报率也差不多。市值最大的公司不一定是业务最大的公司，但十有八九是最具知名度的公司——市值为什么大呢？因为人气高，大家都很熟稔。

更深层次的知识到底是什么呢？T 神认为你至少应该能回答这么几个问题：

- 客户或者消费者为什么会购买这家公司的产品或服务？
- 什么情况会使客户停止购买或者变节于竞争对手？
- 这家公司与其竞争对手相比到底好在哪里？
- 公司如何盈利？

- 有什么会让这家公司的盈利能力增加或减少？
- 是什么推动了这家公司的业绩增长？
- 关于这家公司5年内的前景，我有多大把握？
- 我能否在该行业里发现一个绝佳的机会？云云。

除了以上这些问题，T神心里其实一直装着一个最钟爱的问题，而这个问题一问就是数十载。文化是会传染的，以至于当一些公司派代表来觐见富达基金时，在14楼的会议室里，富达基金的大多数经理都会亦步亦趋地学着问出这个问题：

什么会让你所在行业的公司一败涂地？

这个问题引出了T神投资的核心之一：对行业的娴熟把握。与巴菲特一样，T神也是能力圈的信徒——不熟悉的行业不碰，不看好的行业不碰，尤其避开步履维艰的行业。通过对"什么会让你所在行业的公司一败涂地"这个问题的深究，可以引出许多投资的关键信息，比如行业是否竞争激烈，产品是否商品化、同质化，行业是否面临一些外行人难以觉察的潜在风险，行业是否已经过时，等等。有些人认为能力圈会严重限制潜在投资目标的选择范围，但你的能力圈是可以通过受教育被拓展的，而不是天生的；T神旗下的基金就持有800多家公司的股票。

所以下次你作为天使或者风投召见创业者时，或者作为大股东召见管理层时，也可以扔出这个问题：什么会让你所在行业的公司一败涂地？如果公司高层对这个问题是一副懵懂的表情，那么这种公司不投也罢。

四、大钱如何想得小

之前提到了《大钱细思》是T神大作的名字。作为管理400亿美元基金的富达掌舵人，T神很有资格写一本叫这个名字的书。

首先，我们来谈谈什么叫想得太大。大多数人可能会认为，炒股不看宏观经济等于瞎子在雷区里裸奔。但如果你认为宏观经济能告诉你股市会如何发展，那你可能把关系弄反了，因为股市一般是宏观经济的先行指标。在世界大型企业研究会（The Conference Board）发布的经济先行指标指数里（包含10个指标），标准普尔500指数常年上榜。但很多人硬要逆反这个顺序联系，硬要在宏观经济里去找到投资股市的祥瑞。

比如很多人投资美股就紧盯利率，天天在美联储是否加息上躁动不已，但利率哪是如此容易看穿的。并不是说投资不需要懂利率，恰恰相反，利率反映了市场的血液——钱的价格，所以这个必须懂，但是研究利率未必对你投资股票有什么帮助，尤其是在短期。比如T神提到降息，就完全可以有两种解读：降息可以让公司增加利润，也可以合理化高企的市盈率，有可能提高资产的回报；但通货膨胀调整后的利率的下降，也会降低金融资产的回报。这是两个互相矛盾的结论,何解?

就让经济学家的归经济学家,让上市公司股东的归上市公司股东。著名的经济学家里投资做得比较成功的,我就知道凯恩斯大师一个,虽然他在大萧条中也是巨亏,而同其绝代双骄的哈耶克,听说把诺贝尔奖奖金都亏在了股市里。

比较讽刺的是,凯恩斯的投资履历上有一个明显的变调:前期他凭自己在宏观经济上的卓绝造诣做自上而下的投机与投资,结果惨败,以一腔孤勇战斗在大萧条的最前线;后期他开始关注微观的公司本身,做"想得小"的投资,终成一段佳话。

而T神想要告诉你,大资金想得都很小。什么升息、降息、M1、M2,别把投资想得那么大。当然诸如GDP这种信息你仍然要关注,但是不值得花太多精力。经济是一个抽象的群体性想象,除非你自诩为思想者或哲学家,否则对一个抽象概念去废寝忘食,有违你最初仅仅想赚钱的动机。

T神想得就比较小,与其陷入之于整体经济所产生的信息的汪洋大海,不如多研究一下专属于某家公司的信息,分析一家公司可比分析一个经济体所要面对的信息和变量少太多太多了。诚然,无论是宏观投资者还是选股者都必须全力探寻真相,而在这个过程中也必然会犯错,但是小错误更容易得到纠正,或者你更愿意去纠正。

举例来说,比如在一个大理论上你站了队——你是奥地利派而反对凯恩斯派,只要下定决心成为某个理论的信徒,你就很难回头。对于很多人而言，这动不动能归咎到信仰问题。但如果仅仅是个小问题，比如你买的公司未来现金流的折现率取的不合理，你会立马虚心接受并改正错误。

小错误总是更容易弥补。想得小不仅能减少错误的严重性和频率，还能让你有更好的思维框架去预期并修复它们。

T神在近40年的投资生涯中一直在求索通往真知的柳暗花明，正如他曾谦逊地说：虽然人不可能完全精确地预见未来，但如果我能比其他人看得稍微准一点，我仍然很高兴。

陈 达

安澜资本执行董事

| 第一部分 |

投资心理

BIG MONEY THINKS SMALL

| 第1章 |

一个疯狂的世界

> 信念决定思想，思想决定语言，语言决定行为，行为决定习惯，习惯决定性格，性格决定命运。
>
> ——圣雄甘地

你想要致富吗？经济学家可能会认为这是明知故问，答案当然是YES。要不是为了学习投资赚钱之道，你根本不会打开这本书。但无论是我或任何人，去猜测别人的动机、想法和决策，都是徒劳。投资世界充满各种假象，光看表面往往容易吃亏。我们都希望能理性决策，结果却往往事与愿违，我们的选择并不完美，都会做出日后令自己后悔的决策。

本书讲述在投资决策中如何避免犯错以取得成功。全书分为五部分，分别论述：①理性投资；②投资熟知的领域；③与诚实、有能力的人合作；④避开容易过时的商业模式或陷入财务困境的公司；⑤正确估值。书中有不少案例，包括我曾遭遇的投资失利，有相同经验的投资者应该马上就能心领神会。

我希望大家能从我的分析中获得启示，同时也能获得阅读的快感。

自1989年起，我用价值投资的理念，开始了我的基金经理生涯。至今，我管理的富达低价股基金平均年化收益超过罗素2000指数和标准普尔500指数4个百分点。27年前，如果你投资我的基金1美元，今天会增值到32美元，而如果你投资了上述的两个指数，你只会收获12美元。

股票市场变幻莫测，过去的业绩并不能代表未来。市场的参与主体具有多元化和复杂性的特点，他们的情绪心态、认知能力、知识储备、投资动机和期望目标都各不相同。单一思维模式肯定无法精确评估所有的市场要素。投资长路漫漫，我们才刚刚开始。

"接下来会发生什么"和"它价值几何"

大多数投资者常常问自己两个问题："接下来会发生什么"和"它价值几何"。在了解事情的始末之前，人类的天性会使我们将注意力更多地集中在第一个问题上。假如一只股票的价格一直在上涨，那接下来会发生什么呢？有两种可能，要么继续上涨，要么掉头向下。我们会在这两种可能性中摇摆不定。如果一家公司最新财报上的业绩很糟糕，那么该公司的盈利预期就会被下调，股票价格也有可能随之大幅下挫。其实在这种情况下，除非你有内幕消息，而且消息属实，否则你根本无法确切知道接下来会发生什么,有时甚至连及时应对都做不到。"接下来会发生什么",这是一个永无止境的问题,会一直存在下去。尽管大部分人的答案或许都是错的,但还是会有人不断地问自己这个问题。

不断问自己"接下来会发生什么",其实是有价值的。持续地、理智地思考这个问题,会让你有可能比其他投资者领先一步。谨慎的投资者会细致地审视投资决策的各个环节。他们会基于前一次反思的结果,结合最新的情况,继续追问自己"接下来会发生什么",进而得到第二层结论,并根据这一结论进一步反思。他们会在这样层层递进的思考过程中不断提升。举个例子,有一家公司开发了一款了不起的新产品,预计可以带来可观的销量和利润,但是较高的利润同时会引来竞争对手,这将意味着什么?有时推出创新产品的公司是赢家,会赢家通吃占有全部的市场份额,但有时"先驱者"也可能会铩羽而归,警示其他竞争者不要轻易仿效。这个例子说明,未来是不确定的,有多种可能,这也是投资的难点。

"它价值几何"是一个更复杂的问题,许多人忽视这个问题,是因为它太难回答。还有些人不愿意去思考这个问题,是因为他们认为股票的价格和价值没有区别。他们认为股票的价值就是正在交易的买卖价格。如果你急于抛售手中的股票,那么你卖出的价格只是市场价格,而非价值。价格和价值其实是两个完全不同的概念,在未来的某一时刻它们也许会等同,这就是价值投资的核心理念,我极力推崇这一理念,价格和价值两者相等的那一刻是未知的，耐心等待是所有成熟投资者必备的素质。

"价值先生"通常会姗姗来迟。在大多数情况下，价值要在买入或卖出很久后才能被证明，而且不会以直接的方式来显现，因为价值的基础是公司的预期收入，以及无法准确预测的现金流。预测不等于事实，所以两者存在偏差。在一般的商业环境下，公司的实际产量和收入会随着时间的推移而变化。假如一家公司本年度出现巨亏，那么其估值将会被下调，市场会认定这就是该公司的最终价值。事实上，公司的真实经营情况是在不断变化的，绝大多数人没有耐心去等待这种变化。

耐心持有，是回答"它价值几何"这个问题的关键。不断预测"接下来会发生什么"会促使投资者频繁交易。可是大多数人甚至是一些专业人士，都很难从频繁的短线交易中获利。这里介绍一个概念：基金换手率。基金换手率是指一年中买入、卖出成交量中较低的数值，除以基金总规模。如果一只基金每年的换手率达到100%，则说明该基金经理每年都会更新自己的全部持仓。美国证券交易委员会（SEC）要求上报共同基金的持仓和换手率数据，所以投资者可以通过这些公开数据来判断哪些基金经理更倾向于短线频繁交易。

历史数据表明，基金的换手率与收益率呈反比（见表1-1）。年度换手率超过200%的基金表现都很差，大于100%换手率的基金表现稍微好一些，但也不算优秀。研究数据虽然不能直接佐证低换手率的基金就是最好的基金，但低于50%换手率的基金至少说明其大概率采取了有耐心的投资策略。

表 1-1 共同基金换手率和年度超额回报

换手率评级	平均换手率	年度超额回报
1（最高）	128%	−0.24%
2	81%	−0.31%
3	59%	+0.07%
4	37%	+0.33%
5（最低）	18%	+0.10%

民间传说与乌合之众

在描述交易行为时，历史学家、心理学家和经济学家使用的方式各不相同。几个世纪以来，民间已将证券交易市场描绘成一个拥挤、狂妄、混乱甚至有点罪恶感的地方。这的确是个充满恐惧、贪婪和妒忌的名利场。没有人会以道德来作为衡量标准。市场最大的危险来自投资者对现实的误解。这一误解是金融市场一直在繁荣与萧条两者之间无限循环的根源。荷兰郁金香狂热、南海泡沫、1929 年大崩盘、日本金融危机、科技股泡沫和次贷危机等，都是误解的产物。投资者自以为参与的是重塑世界的冒险活动，可当泡沫破裂时，他们失去了本金，背上了债务，然后才幡然醒悟："这是个骗局！"

法国著名社会心理学家古斯塔夫·勒庞在 1895 年写了《乌合之众》。这部作品讽刺了当时法国政坛的种种怪相。其实书中所描述的那些怪相同样也可以用来比喻股票市场。在群体性行为的影响下，大家都在不理智地投资，这样可以使自己看起来并不孤单。勒庞所要表达的主旨是，参与群体性行为的人群处在最初级、最野蛮的状态，他们聚集在一起并没有其他原因，完全是受人性本能的驱使。这类人群不会理智地思考，也无法透过现象看到事物本质，他们只热衷于壮观的场景以及夸大的言辞，夸夸其谈的谬论在这些人群中更容易传播。在股票市场，胜利只属于那些坚持真理的少数，那些盲目跟风的大众最终都会遭受痛击。

英国投资者曾经狂热地憧憬新世界黄金城的景象，最后共同吹起了著名的"南海泡沫"。现在这世道仍存在着很多不切实际的幻想，比如不用扎针的采血工具、火星移民、太阳能无人驾驶车等。个人投资者怀着宗教般的热情追逐Facebook、亚马逊、Salesforce这样的热门股票。而专业的基金管理人本应更淡定，他们应该比个人投资者更有主见，更少受到外界各种信息的干扰，但有时一些有主见的基金经理也会受到个人投资者的影响。基金在每季度和年度都会有业绩排名，如果业绩排名比较靠后，很多投资者就会立刻赎回他们的基金份额，抽回资金。其实这样的做法既不明智，也让基金经理难以坚守。

1711年，南海公司发起了一项计划——将英国政府债券私有化。英国皇室将南美洲的独家贸易权授予了南海公司。英国国债的持有者可以将债券转换成南海公司的股份，而南海公司则变成了英国国债的受益人，可以享有债券的利息。当时，债券利息收益已经成为南海公司唯一的收入来源。同时，坊间传闻国际贸易是具有极大投机潜力的项目。事实上，南海公司即便加上贩卖奴隶的收入，账面上仍然是亏损的。1720年6月，南海公司的股价达到了每股1000英镑的峰值，仅仅半年时间股价急升了8倍。当时，因为英国国王乔治一世是南海公司的名誉主席，所以大部分英国投资者都参与到了这场狂热的投机之中，结果可想而知，所有人都损失惨重。南海公司的股份是分期发售投放到市场中的，很多投资者在买入南海公司股票时加了杠杆。几个月之后股价暴跌至150英镑，转年跌到了100英镑以下，这对很多投资者来说，无疑是灭顶之灾。

在南海事件中投资者所犯的错误，与本书所提及的五大原则正好背道而驰。**原则一：理性投资**。南海公司的投资者当时对南美洲黄金城并没有理性、深入的了解。诚然，商业贸易在北美利润丰厚，但是当时南美洲大部分土地归属于西班牙，当地具体的情形并不容易搞清楚。我们常常愿意听从所谓的权威专家的判断（通常是错误的），天真地认为皇室的投资一定是正确的。投资者害怕错失投资机会而迫不及待地想要进入市场，但当他们最终发现这是一场骗局时，才会意识到自己当初急切的样子是多么可笑。害怕错过赚钱机会的心态人人都有，连一些大名鼎鼎的人物也不能幸免，而且这种心态对投资决策的影响不可小觑。媒体披露过著名物理学家艾萨克·牛顿也在南海泡沫中损失惨重。事后他感慨道："我能计算出天体运行的规律，却算不出人心的疯狂。"

原则二：投资熟知的领域。参与南海事件的投资者大都没有投资经验。在进行投资之前，他们根本没有思考过这个项目能有多少利润。实地考察南美洲需要花费大量的时间和精力，也很少有人精通西班牙语。投资者并没有意识到，大量的投资南美贸易只是为西班牙人做嫁衣而已，西班牙人早已垄断了殖民地的所有贸易生意。那时，作为当时社会的顶级圈层，很多英国皇室贵族对于经商都嗤之以鼻。在投资南美洲的旅程中，最能发现其中商机的估计就只有英国海盗了。

原则三：**与诚实、有能力的受托人合作**。南海公司的项目发起人对航海运输业务一窍不通，也没有兴趣，他只想赚股东的钱，而非与股东一起赚钱。如此看来，当时英国政府授权南海公司垄断投资，不仅排挤了其他竞争者，还能私下牟取暴利，这似乎是违法行为。南海公司的股权先分给了当时的执政阶层，包括英国国王乔治一世和他的德裔情妇、威尔斯王子、财务大臣和财政部部长。然后南海公司的发起人再以高价发行股票。在一次规模最大的发行中，股票转换成国债的金额几乎是当时全国国债总额的3倍。东窗事发之后，财政大臣约翰·艾思拉比等人被弹劾，多数涉事人员也身陷囹圄。这是英国历史上不大光彩的一页。

原则四：**避开容易过时的商业模式或陷入财务困境的公司**。随着时间的推移，南美贸易和围绕股东利益所建立的公司财务结构是注定要衰落和失败的。英国皇室无权授予南海公司在南美洲的贸易垄断权。南美洲当时是西班牙的殖民地，应由西班牙人分配该权利，而且英国不是西班牙的盟友。当时法国也在施行类似的债转股方式（发行印度公司的股票），这使南太平洋航线上的业务前景更加不明朗。募集资金购买股票的模式也是无法持续的。而且，很多政府官员在第一次被分配股票的时候没有支付现金，这可以当作期权，甚至是贿赂，因为他们可以无成本地获得权益。公司股份以分期付款的方式公开发行，投资者先付一笔首付款，随后再付两笔尾款。大多数人通过借款来购买股票，当贷款到期时，大家需要卖出股票来清偿债务。

原则五：正确估值。当时南海公司的股价已完全脱离它的内在价值。内在价值是股票的"真实价值"，是依据一家公司未来分红金额贴现计算出来的数值。反对该计划的议员阿奇博尔德·胡奇森在1720年春季计算出该股的价值应是150英镑。当时的股价是这个价值的很多倍，而且胡奇森在计算价值时还加上了南海公司未来大量的国债利息收入。在此前的几年里，南海公司账面上一直为亏损状态。所以客观地说，南海公司的这一项目并不能提升公司估值。南海公司在1720年支付股利的金额已超过其净收入，这说明公司所公布的收益率是虚假的。

在南海事件中，人们的狂热只是造成惨剧的原因之一，而非全部。普通投资者不可能完全知晓皇室贵族的私下交易。所以在投资过程中，普通大众要评估所有决策要素的正确性和持久性，这绝非易事。这一过程不仅需要大量的客观数据和概率分析，还需要投资者掌握必要的心理学知识。

思考，快与慢

我们应如何思考投资这件事？心理学家丹尼尔·卡尼曼在介绍决策体系时提过两个思维系统：系统1——快思考，很直观；系统2——慢思考，很深入。系统1（称为"蜥蜴大脑"）可以自动识别影像，快速且无压力，直观地告诉自己接下来会发生什么。系统2需要调动注意力来分析和解决问题，比如给股票进行估值，或者是深入了解。尽管做出选择、处理问题和集中注意力都应该由系统2完成，但是我们的决策常常习惯性地来自系统1。我们常常认为自己的决策是理智的，是通过层层推理而来的，可事实上这些所谓"理智推理"的驱动力却来自个人的情感或是直觉。当直觉做出的决策存在不确定性时，我们就不应该相信它。

系统2依附系统1存在。即使许多暗示和推理都是错误的，系统1还是会通过暗示因果关系或者推理示意图来刺激系统2进行思考。因为我们的直觉天生会有情感和意识上的倾向，所以常常会歪曲事实。作为补偿，这样做也会带来自我内心的满足。常言道：信心更多地来源于无知，而非知识。

系统1会自动忽视事物内在逻辑，急切地从外部寻找佐证自己观点的证据。卡尼曼称之为，所见即是全部（WYSIATI）。当我们面对简单和困难的两个问题时，我们的内心会更加倾向于去解决那个简单的问题。系统1更加擅长捕捉惊喜和变化，回避需要深入观察和思考的事物。它不会从概率的角度思考问题，而是直观地做出判断，所以系统1对盈利和亏损的数字会相当敏感。

投资者的真实行为

卡尼曼认为，投资者并不像经济学家那样理智。似乎"理智"这两个字被提及的次数越多，决策就越理智一样。为了建立看似理智的经济学理论，经济学家需要假设所有投资者具有统一的决策逻辑。但是，我知道这个世界上没有一个人会用单一逻辑（除了苦难）去思考问题。

当今最理智的投资者应该就是伯克希尔-哈撒韦公司的首席执行官沃伦·巴菲特了，他是一位伟大的价值投资者。事实上投资者与经济学家所设想的恰恰相反，他们会以多重逻辑作为投资决策的标准，有时候这些逻辑之间甚至是相互矛盾的。为了使投资决策最优，他们通常会权衡风险和收益之间的关系。经济学家和我并非都是风险厌恶型投资者。当我对某些投资决策感到困惑不解时，我通常会考虑这些决策背后的动机到底是什么。

每当面对经济学家以下各种假设时，我都会提醒自己：尽管我在不断进步，但我仍有可能犯错，甚至连思维逻辑也有可能存在漏洞。这些假设包括：

- 完美的信息公示：每位投资者都能及时知道投资标的的所有信息，即使是内幕消息或是虚假信息；

- 完美的预见能力：每位投资者都能准确预测未来会发生什么；
- 投资者会利用并计算相关数据，会从概率角度思考问题；
- 每位投资者都能正确解读新闻信息；
- 每位投资者的投资偏好和逻辑都不会改变（投资新兴产业更容易获利）；
- 每位投资者都是极度贪婪的（如此贪婪的投资者，还算理智吗）；
- 员工利益和股东利益是一致的。

经济学家习惯将风险自上而下进行分类。他们用外部视角来审视市场，统计行业数据，并用蹩脚的理论去分析和解释。他们会笼统地通过某些数据的变化，去分析其对整个经济系统的影响，而不是深究这些数据变化背后的深层原因。例如，经济学家认为，油价上涨会导致航空公司和运输公司的利润减少，而航空公司利润的减少额与原油公司利润的上涨额正好相等。宏观理论认为，总量没有改变，油价波动被完美地对冲了，所以他们认为没有系统性风险。如果依照他们的理论进行思考，那么无论是公司管理层的无能或是欺诈、经营模式陈旧或是债务沉重等问题，都属于"市场风险"，这些风险最终都会以某种方式被对冲化解。

事实上，投资者在市场上会遇到各种风险。有的风险极具诱惑性,有的会造成致命打击。在我看来,规避风险是要付出代价的。但是从宏观理论来看,这些代价并不存在,因为我之亏损,即是你之盈利,总量守恒。经济学家从外部视角看待市场,既不合理,也不科学。与证券分析师不同,经济学家不会深究经济事件背后的细节,同样也就不能准确预测结果。用宏观视角理论来看待市场也有其合理性,因为从统计学角度出发,利用"基本概率"的思路可以客观地判断出各类事件发生的可能性。

"基本概率"可以定义为在一定条件下,某一事件发生的次数占总数的比例。举例来说,大约2%的医疗药物研究项目最终会获得成功。同样,我还需要确定医疗药物通过美国食品药品监督管理局审批大约需要花多少成本。通过大量的数据分析,外部视角方法可以将任何一个技术类项目(比如网球、国际象棋或是投资)转化为一个概率的游戏。

市场是有效的吗

有效市场假说是建立在一系列假设之上的理论,而这些假设却与事实相悖。在真实世界中,所有人不可能在同一时间得到所有证券的所有信息。完全公平的、对等的信息披露是不存在的,但相对公平是可以做到的;所有人对信息的解读完全一致是不存在的,但大部分人对信息解读比较接近是可能出现的;完美预测市场走势是不存在的,但合理判断市场是有可能的;

试图正确评估价值是投资者要做的事，但并非所有买家都是投资者；投资者应该只在股票被错误定价时才进行交易，但大多数人不会遵守这一原则；交易成本并非像假设的那样不存在，只是比较低而已；理论假设并不考虑税赋问题，可是现实中如果有谁真的在交易后不愿交税，那么美国国税局一定会找他麻烦。

有效市场假说的结论也与事实相反。比如，股票的估值永远是正确的，现有的价格就是其价值，并且完全反映了市场上所有的信息。股票价格会随着新闻、利率的变化出现相应的波动。所有股票具有同样的风险回报率。如果真是这样，为什么还需要挑选股票呢？大家不该期望任何一只股票或者基金的收益率能够强于大盘。指数型基金可以跟踪市场指数，规避个股风险。事实上，除非利用杠杆来弥补税收和交易成本，否则提高收益就是天方夜谭。令人欣慰的是，有效市场假说让共同基金巨头先锋基金的创始人约翰·博格推出了首款低费率的标准普尔500指数基金。

我用有效市场假说这个理论警示自己，大多数人最终会获得市场的平均收益，但总有一些勤奋努力、技艺精湛且对投资兴趣浓厚的人最终能成为大赢家。在任何一类竞技比赛中，总有赢家和输家！有人能跑赢指数，并不意味着指数型基金不值得投资，而是激励每一位投资者都应该努力争取更好的回报。聪明的投资者，如果想在投资竞技中具备优势，就要付出更多的努力。

你是否比普通投资者更理性，更能控制情绪？如果扩大了投资规模，你是否会遇到财务问题，使自己无法保持耐心？你更愿意随波逐流地去投资那些完全不了解的产品，还是愿意花时间去思考市场行为？反思自己对上述这些问题的答案，你就会逐渐明白，你只是属于芸芸大众的一分子，还是与众不同的那一个。

凡事做得越好，兴趣就越浓。如果你把选股当作一件有趣的技术活，并且相信自己有能力破解市场上的各种谜题，我会很欣慰，因为我们的看法是相同的。相反，如果投资研究让你觉得索然无味，股票市场在你看来只是一场枯燥的概率游戏，那么指数型基金就更适合你。

指数型基金的投资者认为，他们的收益来自承担市场的整体风险；价值投资者则认为，自己利润的来源是其他投资者的错误投资行为。孰优孰劣？如果你对这个问题不感兴趣，那么你就很难理解投资。对于价值投资者来说，这个问题的答案便是利润的来源。当然，指数投资者和价值投资者的理念并不完全排他。对某些人而言，指数型基金、主动管理型基金和单个证券等投资标的都适合他们。

五类投资错误

无论你投资的是单个证券、主动管理型基金或是指数型基金，你都会因自己在交易过程中所犯的错误而后悔不已。这些错误可以分为以下五类：

（1）因为感性而做出的投资决定；

（2）自以为是；

（3）将资本托付给了错误的人；

（4）选择了因业务模式过时、恶性竞争和过度负债而容易破产的公司；

（5）追逐高价股，这种交易经常发生在那些具有生动故事的股票上。

在本书第一部分，我们将探讨系统1是如何在决策时误导投资者的。如果投资者无法分辨自己的交易行为是投资、投机还是赌博，并且拒绝对错误交易进行反思，那么决策偏差的后果将是致命的。在后果出现之前，有些问题的答案他们已了然于胸，而有些问题的答案他们并不知晓，还有一些问题根本没有人能够解答。

本书的第二部分会研究并探讨投资领域的一些盲点，包括投资动态、奇异证券、某些细分行业中的投资细节。也包括跨文化投资中出现的误解，或者经济数据与个股间的相关性，还包括剖析自我的优势和局限性。在对自己有充分了解之后，你才会知道应该将资产委托给哪一类型的基金公司进行管理。

本书的第三部分将讨论如何评估公司管理层的诚信度和管理能力。优秀的管理人员会专注于可为客户带来独特价值的业务，并且配置资源于能获得最佳投资回报的领域。不诚信的管理者总想掩盖真相，他们最终将在公司的财务报表上留下蛛丝马迹。

即使再优秀的管理者也会遭遇经营上的困境,所以在本书的第四部分中,我们将探讨为什么有些行业会比其他行业更具有经营持久性和价值弹性[⊖]。比如有些公司专利产品的竞争替代品很少,更新不快,财务压力也不大,如此一来,该产品的生命周期很长便是件顺理成章的事情。

资产的内在价值决定了公司的收入规模、成长性、企业生命周期和发展的确定性。我们将这些要素整合起来,在本书的第五部分里集中讨论。为了确定一只股票的贴现率,我们会用充足的历史数据来进行估算;为了更加确定公司未来的现金流,我们要对该公司的盈利能力进行深入研究。当然,即使某只股票的价格被市场低估,并成功地被我们挑选了出来,这也并不意味着股票价格会立刻出现反转。事实上,股票价格继续下跌也是很常见的。

多元化投资基金和指数型基金

我们到底应该选择股票型基金还是多元化投资基金?多元化投资基金可以分散、减少、转移风险,这里所讨论的风险更多的是指公司的风险,而不是基金经理情绪上的风险。虽然标准普尔500指数基金是一个非常标准的多元化投资基金,但主

⊖ 价值弹性指的是估值要素的变化对估值影响的程度。——译者注

动管理型基金和股票投资基金也都含有多元化投资的特征。如果你像没头苍蝇一样胡乱交易，那么无论你交易的是标准普尔500指数还是个股，都无关紧要。多元化投资并无特别神奇之处，但是它的确可以帮助投资者避免过度集中地投资于某一个他们并不了解的领域。指数型基金投资者可以更多地依赖于经济和金融常识进行投资。他们需要搞明白行业和公司的增长和竞争关系。

指数型基金的管理人会从外部、宏观的视角，看待企业欺诈、浪费、过时、破产风险和股票估值过高。有些公司的管理层的确不够诚实和精明。无论这种情况发生的概率有多小，只要投资指数型基金，你都无法避免遇到这些麻烦。当然，你也可能因此投资了一些才华横溢的创新者或是杰出的管理者，这都取决于概率。有一些行业是夕阳产业，有一些公司深陷财务危机，但它们在市场上仍然占有份额，是指数的一分子，当然指数也会将市场上的牛股纳入进来。指数投资者不必为细节而烦恼，只要确定账户不是亏损状态就可以心满意足了。除非金融市场出现系统性风险，否则一般来说这类基金都会有正收益。

重申一下，指数型基金的收益和价值，其实就是在全市场中挑选出部分股票收益的总和，其中高估值股票和低估值股票的收益相互抵消。当然，你得先承认高估值和低估值的概念确实存在，而有效市场假说理论对这一点是否认的。对于我们这些信仰"非有效市场假说"的人来说，即使指数型基金卖出了比它自身价值更高的价格，其预期收益也并不具有吸引力。至此，当你面对一系列投资机会时，你需要从收益的角度出发，对这些机会进行甄别，比如国内外股票、债券、房地产、现金、艺术品、黄金等。通常情况下，在这些投资机会中，股票永远是一个明智的选择。

对于指数型基金投资者而言，应该把更多的精力放在减少交易和扩大知识储备的工作上。他们会比主动选股型投资者更少抱憾，也不会在公司内在价值上进行过多的研究，但受托人的不当行为、投资失败是他们主要担心的问题。相比之下，这些问题可能会对主动选股型投资者造成更大的影响。不仅如此，主动选股型投资者还会有情绪化决策、理解偏差、与不胜任的人一起工作、买入价格过高、杠杆过高等烦恼。尽管指数投资者可以尽可能地避开这些问题，但事实上他们并不能做到完全避免。主动选股型投资者通过止损表现不佳的个股，以及找到被低估的好公司，就能获得优于大盘的表现。

如何看待投资

决策是投资的前提。当我们评价他人的投资决策时，这些评价本身就如同一面镜子，也反映了我们自己的决策标准。未来充满了不确定性，投资者不可以用已经发生的事实作为预测未来的全部依据。作为社会的一分子，我们需要寻找、借鉴他人的观点，尽管有一些观点是错的，甚至还有一些观点令人匪夷所思。从主观角度出发，我们能做的就是在做决定时尽可能使用系统2进行慢思考，目标是做更少但更正确的选择。简而言之，就是为了让我们避免过度交易，并使用"它价值几何"的逻辑来思考投资，而不是用"接下来会发生什么"的逻辑来参与市场的投资活动。投资者需要找到一套适合自己的投资方法，无论你投资的是股票、指数型基金、主动管理型基金或是其他投资标的。

| 第 2 章 |

决策偏差

> 人的情绪状态和他的知识储备往往成反比。人越无知,越容易狂躁。
>
> ——英国哲学家伯特兰·罗素

心理学家认为,人们在面对错综复杂的情形时,常会出现认知偏差。在股票市场中,问题层出不穷,表现方式也千变万化,解决方法更是有很大的随机性。投资决策需要在数据不充分的情况下做出。我们更愿意依据已有事实,而忽略其他无法确定的信息。我们也更倾向于相信一个被捏造的"事实",而不去思考其背后的复杂逻辑。传言,是基于某些事实编造出来的片面情况,而非事实全貌。如果我们轻信了传言,原因只有两个:一是我们没有考虑周全,二是我们使用错误的信息后得出错误的结论。本章将对这些心理学问题进行深入讨论,研究心理偏见对投资行为的误导,以及在特定行为下,股票市场是如何让投资者付出代价的。

一般来说，人类会把获得信息的难易程度与信息本身的重要性相挂钩。越难获得的信息，越容易让人印象深刻。大脑中的系统1会这样解读世界：你所能看到的信息就是所有的信息。如此一来，脑海中浮现的总是那些最近发生的、印象最深刻的、最意想不到的和最关乎个人利益的信息，而历史案例、统计数据、理论知识和平均值等这些原本应该存在脑中的信息就被忘却了。即使这些信息不被忘却，想要弄清股票的真正价值也不容易。大脑往往会选择捷径，比如今天有利好新闻，就立刻做出反应要买入股票。这类投资者在交易决策时看似有数据支持，实则是在随波逐流。每一个决策都应基于数据，但是基于什么样的数据、为什么要基于这些数据等问题都是需要深入思考的。

潮水退去才知道谁在裸泳。股灾过后，投资者才会怀着敬畏之心看待市场风险。在牛市最后的疯狂期，大家往往对风险视而不见。投资者会理所当然地认为：买入正在上涨的股票，卖出正在下跌的股票；本季度表现良好的基金或资产管理产品更会受关注；股票在大多数情况下要比国债的收益率高。但事实并非如此。在工业繁荣期，周期性行业利润迭创新高，可不久之后，这些行业会毫无预兆地出现亏损。这种情况还会不断上演。2016年，尾气排放丑闻使大众汽车公司深陷困境，不得不召回大量汽车。这一事件导致其股价暴跌。这种丑闻的焦点应是关注大众汽车公司的市场定位策略是否有误，以及管理层是否管理失当。丑闻所带来的强大冲击已经让投资者完全无法理智地分析这些焦点问题。投资者脑海中最直接浮现的问题往往就是要不要抛售股票。是的,也许应该当机立断,马上卖出。

现实如此深沉,又如此精彩。许多假设也许永远无法被验证,也许永远被淹没在历史长河中。广泛、深入地研究历史,可以有效地规避近因偏差㊀。当投资者展望未来时,需要明确哪些是恒定的,哪些又在变化。数据统计、概率分析和外部视角是思考这一问题的关键。太阳底下没有新鲜事,历史一直在重演。在股票市场上,我们并不会因此获利,我们只会因此受到更多干扰。

纸上的历史往往存在着一大缺陷——叙述谬误。在2010年出版的《黑天鹅》一书中,纳西姆·塔勒布写道:

> 叙述谬误,指的是我们无法在不编造理由或者强加一种逻辑关系的情况下观察一系列事实。对事实的解释会与事实混在一起,使事实变得更容易被记住,更符合道理。这种倾向的坏处在于它使我们以为对事物有了更好的理解。

也就是说,我们容易误以为两件事有因果关系,看见某个现象就武断地认为它将导致某一特定结果。事实上,可能什么都不会发生。

人类天生就有质疑精神。如果一件事情看似好处多多又清晰可见的时候,我们就应采取行动——扩大历史研究的广度和

㊀ 近因偏差,是指人们识记一系列事物时,对末尾部分的记忆效果要优于其他部分的现象。——译者注

深度。研究历史这件事，不能管中窥豹、以偏概全，而要数据翔实、视角全面，同时还要有一定的理论功底。事物之间的逻辑关系是动态的。这种关系既不像亚马逊公司股价和白银价格之间的关系，也不像标准普尔指数和斯里兰卡黄油产量之间的关系。投资者需要收集大量数据，并一直抱有质疑的态度来理解这种动态的关系。

如何避免

马后炮言论是叙述谬误的产物之一。修正主义者认为所有的结果都是必然的，而且可被预测，其实这是他们对历史的误解。当预测所需的信息并不完备时，结果真能如他们所愿吗？我经常留存重要的资料文件，或是和交易员的对话记录，来证明自己不是"事后诸葛亮"。

大多数人喜欢去研究别人的投资笔记。这些投资笔记往往包罗万象，内容冗长，甚至记录着作者的整个投资生涯。研究一圈下来后，大家会发现，此一时彼一时，别人的决策模式对自己并不适用，然后又会陷入预测失败的循环。

我也时常回顾自己的投资笔记，经常发现之前买入一只股票的理由，事后会被另一个更充分的买入或是卖出的理由所代替。举个例子，我当初对怪兽饮料公司的天然水果饮料非常感兴趣，后来公司股票价值的增长却来自其能量饮料销量的爆发。相反，当油价只有每桶 45 美元时，能源公司的估值却建立在每桶 110 美元的基础上。这种估值看起来就非常离谱。

锚定效应

某些投资是从听信传闻开始的，因为传闻的赚钱效应总是非常诱人，所以投资者通常会从不正确的参照点出发，这种现象被称为锚定错位。有些人很容易被忽悠，很容易把注意力集中在那些看似吸引人、实则不真实的数据上。投资者常常不愿止损，总想等价格回到成本之上。他们其实更应该思考的是股票此刻的内在价值到底是多少？当被低估的股票价值回归时，价格自然会大幅上涨，大涨之后必有回落。富达基金的基金经理彼得·林奇给大家的建议是，我们需要更理智地思考价格回落，还要看得更长远，也许未来价格会涨更多。

任何数字都有可能形成锚定错位，包括股票的最高价、历史估值或者预期收益。市场瞬息万变，尤其对于小盘股和成长股来说，拿今天的市盈率和过去五年的市盈率做比较，并无意义。相反，你更应该做的是基于已知信息，计算当下的市盈率，并把该市盈率与相同情况下其他股票的市盈率进行比较。这种方法更为客观，它能让我们在杂乱的数据中找到方向，而不会以单一逻辑来做决策。

正确的锚定方法是运用外部视角来分析和预测，这样预测就可以获得比较高的准确率。所以投资者立足现在预测未来时，应该将数据和事件分为两类：一类是对照历史，有类似的参考案例，甚至是过去已经发生过的事情；另一类则从来没有发生过，此时投资者需要梳理所有数据和事件，推导出未来所有发生的可能性。数据支持越多，预测事件越可靠。如果一个盒子里只有苹果和橙子两种水果让你二选一，那么参考数据越少，你做决策反而越容易。这里我们暂不考虑幸存者偏差的因素。稍后我们将对此进行深入研究，为什么有些行业和公司更容易遭受失败？

总之，锚定错位和"所见即一切"的理念使我们忽视了思考这一重要步骤，片面地认为自己离真理很近，成长型公司要比夕阳产业的公司更有价值，好公司估值的确定性要比垃圾公司高很多。其实，好公司也要有好价格才有投资价值。即使找出一家好公司，也并不意味着投资者可以在任何价格买入这家公司的股票。

寻找反驳的证据

确认偏差是指当你认为某件事情是事实时，你会寻找所有能够证明它是事实的证据，并且忽略否定它的证据。系统1可以让我们在身处险境时迅速做出判断，但我们在投资时需要独立、准确、缜密的决策，而不是快速的本能反应。如今想听到独到的见解已越来越难，因为我们在某种意义上都互相关联和影响。社交网络和媒体会竭尽所能地根据你的喜好推送信息，满足你的认同感。资产管理行业也有同样的问题，因为这个行业从来都是由一群背景相同、爱好相近的人群组成的。这就让资产管理行业变得特别排外。当我买入股票后价格上涨，同事们都会为之欢呼，但这并不代表我是正确的。相反，我应该反问自己，选中这只股票有多少运气的成分，现在的价格是否已被高估。

试试逆向思考，也许会有奇效。去寻找反驳自己观点的证据和理由，再仔细想想这些证据和理由是否有其合理性。比如，低利率或者负利率可以刺激经济，反过来再想，低利率已经表明政府对经济状况感到恐慌，而储蓄者利息会减少，所以他们会选择节省开支以平衡他们的财务状况。凡事就像硬币，都有两面，你需要善于分辨。除非你是在熊市低位买到股票，否则每一项投资都可能有瑕疵（前提是把估值过高也算成瑕疵）。此外，缺少证据并不代表没有证据，如同诈骗行为一开始缺少证据来证明它是诈骗，但这并不能代表诈骗没有发生。

牛市

正是由于确认偏差的存在，我们会主动回避与自己相左的观点，所以就特别容易过度乐观，误以为自己选的股票一定会大涨。华尔街极力地推波助澜，因为任何人都可以买股票，但只有股票持有者才可以卖股票，所以经过华尔街的大肆渲染之后，市场买盘的力度会远远超过卖盘。尽管大多数华尔街人士会偏向预测公司的长期盈利，但长久来看很多公司都逃不过亏损的命运。市场上预测公司亏损的分析师寥寥无几，而亏损却是公司的常见现象。当然，华尔街人士也有底线，他们不会愚蠢到在所有数据都非常糟糕的情况下，预测接下来两个季度公司会出现盈利反转。有时候，上市公司和华尔街分析师会私下勾结，在公布业绩时，股价随之应声上涨，这会刺激和提振市场。理智的投资者需要一直秉持怀疑精神，将过去预测的结果与事实进行对比，时刻提醒自己不要过度自信。

令人费解的是，有些投资者不但不接受事实，还常常否认事实。当出现亏损时，失败的投资者总能找到理由，他们常常说自己的投资技能非常好，足以赚得盆满钵满，而最终的投资失利只能归因于运气太差。我建议投资者要勇于认错，敢于反思，莫让虚荣心以及他人的眼光阻碍你追求真理的脚步。只有正确看待问题，反思问题，才能最终解决问题。自我反省很重要，常常问问自己：是否愿意去学习新知识，了解新事物？当然，还有些问题你永远无法解答，而且其他人也不知道答案，这时你就应该选择接受现状。你可以评估一下自己的能力圈，找到你有能力解答的问题的答案。那些无法客观面对事实的投资者则需要别人替他们来理财。

过度自信

过度自信是投资者普遍存在的问题。他们总以为自己是对的。华尔街就像一块磁铁，吸引着许许多多自以为是的人。在现实世界中,在一些简单、可量化、需要较强自尊心和体力的工作领域,过度自信确实有利于激发斗志,有利于达成目标,但过度自信也往往会被利用。投资者在经过资产管理公司一番狂轰滥炸的营销忽悠之后,会被彻底洗脑,对未来盲目自信,而将这些机构是否具有投资能力这件真正重要的事情抛到九霄云外。事实上,投资者普遍过度自信,就像经济学家所认为的那样,只要能够将资产收益最大化,他们不惧承担任何风险。像我们这样胆小的投资者,只愿承担所能承受的风险。我们常常坐在廉价的交易席位上仰望那些所谓胆大的冒险者,也许他们的偶然成功仅仅是运气而已。

假设你计算概率时出现差错,而你并不知道,计算出来的结果让你非常有信心,并且你愿意为此去冒险,这样最终的结果肯定不会太好。更糟的是,你坚信自己是对的,出错的是市场本身,而你也不知道市场到底错在哪里。其实这并非是自信,而是傲慢。对自己的技能、知识、逻辑和耐心保持适当的信心是需要的,但当市场并没有肯定这一切的时候,你就应该去找到自己的局限,特别是那些涉及专业领域的问题,更不可掉以轻心。对于我来说,心理学就是一个专业领域。

投资者在做出投资决策的时候,经常会受到过往业绩的影响。例如,一个保险理财产品总是亏损,那么肯定不会有人愿意买它。相反,如果投保人确定自己不会出现大幅亏损,而且相信自己能赚钱,那他一定会毫不犹豫地买入。当面对有可能盈利的产品时,投资者一般要求保证收益,或者选择安全性较高的那个产品。可是，当面对有可能出现亏损的产品时，投资者往往愿意选择风险更大的那个。如此一来，投资者反而不会为这个灾难性事件加上任何保护措施。投资就是一个权衡风险和收益的游戏。投资的风险包括委托人欺诈、管理不善、模式过时和财务造假等。除非你另有所图，否则就不应紧紧盯着亏损或盈利，而是应该把它们视为权衡风险和收益的筹码来通盘考虑。

发现错误和止损

普通投资者往往不愿认错止损。当获利时他们会快速卖出，落袋为安；当出现账面浮亏时，他们会一直持仓，就如同给种子浇水等待花开那般极具耐心。当然，如果股票的内在价值没有改变，即便价格一直下跌，继续持有也无可厚非。如果换作是我的话，可能还会逢低买入更多。但当一家公司随着时间推移其内在价值走低、股票价格高估时，投资者还继续持有，那这种做法肯定不可取。如果投资者卖出了一只内在价值增速远大于其价格增速的股票，那肯定也是有问题的。尽早察觉自己的错误和尽早规避不必要的亏损，都是十分重要的。

利用别人的错误获利

有一种观点认为，量化交易可以规避交易中的人性弱点。

对此，我持保留意见。在交易中使用程序化算法确实能够减少情绪波动的影响。很多量化投资者完全依赖程序化进行交易，但是这些工具的运作逻辑就像白痴专家一样，一边做着简单的下单任务，一边处理着复杂的运算。它们的弊端显而易见，比如"闪电崩盘"会使股票价格瞬间跌至比任何定价系统计算出来的价格都低。

系统1反映了人类的某种天性，即不断简化问题来为自己提供方便。我认为，量化交易员仅将股票交易当作数字游戏，忽视了股票背后人为的因素。人类的特长在于评价哪些人值得信任，在于观察社会组织，在于探寻人与组织之间的相互关系和共生发展等复杂问题。当然，我的看法也许有点理想主义。

在此，我想最后一次拯救那些经济学家：股票市场会对人类特有的感情或行为做出惩罚，当然它也会在其他方面进行补偿。消费者会花钱购买商品和服务，而得到商品和服务又会使消费者得到满足。即使在特定的环境中，比如在拉斯维加斯赌博，从消费者的角度出发，他们说不定觉得自己像个国王。如果投资者在投资过程中能够体验到这样的感受，他们难道不应该支付相应的成本吗？股票市场具有不确定性，你在这里输的钱就像去了趟拉斯维加斯，而且输掉的那部分钱还是免税的。投资者并没意识到，人类想要的很多东西都存在隐性成本，比如行动、刺激、乐趣、舒适、认同、名望和特权。当然，硬币总有另一面，忍耐、无聊、焦虑、勇气、痛苦、孤独、像个书呆子，甚至大智若愚，这些反而可能使人受益。

精神胜利法和恐慌心理是最昂贵的两种情绪，也是导致无原则交易的根源。"天哪，我怎么能在这么好的股票上输掉一半的本金？某人告诉我的消息是对的，一定是市场出了什么错。"随后又自我安慰："我应该承受此时的痛苦，股价会回到原来位置的。"相反，价值投资者遇到这种情况时，会担心市场可能是对的，事实可能比看上去的情况更糟。如果事实证明我们是错误的，最好的做法就是承认错误，离开市场。

我相信，有耐心的投资者比心浮气躁的投资者更可能做出正确的决定，即便他们持有同一只股票。从税收的角度考虑，耐心的投资者占有优势，而且在交易成本方面也更胜一筹，但是我们暂将这部分交易成本忽略。假设有四位投资者，短期交易股票的税率是35%，长期持有的税率只有15%。他们买了同一只股票，每年上涨8%，没有分红，唯一的区别就是投资者买卖股票的操作频率。其中一位投资者，每6个月交易一次，其他投资者，分别每1年、10年和30年交易一次。30年之后，长期持有股票的投资者的收益几乎是经常交易者收益的两倍（见表2-1）。

表2-1 税收对30年复利收益的影响

	交易频次			
	每6个月	每1年	每10年	每30年
税前收益率	8%	8%	8%	8%
1 000美元本金的收益（美元）	4 576	7 197	7 822	8 703
税后收益率	5.20%	6.80%	7.10%	7.5%

注：股票持有时间少于1年的税率是35%，超过1年的长期持有税率是15%。

同理可得，交易成本和基金管理费拉低了产品的收益。假如你投资了一个对冲基金，收取 2% 的管理费，年化收益率为 8%㊀。基金管理人每 6 个月交易一次。假设每年的交易成本为总资产的 0.03%，扣税之后的收益约为每年 3.1%。30 年之后，1000 美元资金则变为 2499 美元。所有这些数据都在鼓励你选择一个看似什么都不做，且收费适中的基金公司来管理你的资产。

只有波动性不大的股票才能使投资者保持耐心，而我的工作就是接受这些"无聊"的小波动，这类股票是我的最爱。从历史表现上来看，走势稳定、风险较低的股票收益往往超出预期，而那些看上去很美、很会讲故事且波动比较大的股票，其表现总会令人失望。从理论上来说，投资者是承担了股票波动风险而获得收益，但历史数据表明，股票波动性只不过是投机者的赚钱工具而已。股价连续朝着同一个方向运行的确会令人兴奋，尤其当它上涨的时候。如果你能够准确判断出牛市的起点和终点，那你肯定希望持有具有最大贝塔值的股票。

我认为在不久的将来，这些走势稳定、有些"无聊"的股票将会成为市场的宠儿。澳大利亚航空就是典型的例子，其历史波动性低，公司表现良好，而现在市场对具有低波动性因子的股票趋之若鹜，这使得其股价大幅上涨。低波动性股票受欢迎的另一个原因是，储户们把现金存进银行账户或购买货币基

㊀ 原书为 20%，疑有误，更正为此。——译者注

金,在通常情况下,这种投资行为并不能产生可观的收益。为了提高收益,他们必须把这笔钱投入股市中,但他们希望这笔钱能够像存在银行一样稳健,又能获得较高收益。所以,除非出现崩盘,否则低波动性股票的收益预期足以支持"承担低风险,获取高收益"这一需求。

认同感能使人感到舒适和愉悦。但对一些特立独行的百万富翁来说,他们可能并不需要这些虚伪的外部认同。有些公司在市场中更被认可、更受欢迎、更受尊重,这在某种程度上是公司管理者形象的体现。那些公司的股票通常会比同类股票多出几倍的估值。历史数据表明,昂贵的股票,其表现不及市场平均水平。通常来说,公司得到市场认可,一般是因为其经营确实很好,股价运行也不错,但如果股价长期处于高位,投资者便很难一直持有它,那么接下来股价下跌便不可避免。

投资者若能在股票价格低迷时把握机会,承受短期煎熬,那他的收益表现一定会比市场平均水平高很多。当股价处在低位时,它不会在市场上受到追捧。在20世纪八九十年代,因为吸烟有害健康,所以在美国上市的烟草公司并不受欢迎。在那20年里,虽然烟草公司的盈利年年都有增长,但其股价远低于它们应有的价值,市盈率也远低于市场中其他股票的市盈率(1972～1973年除外)。可从那以后,尽管吸烟仍然有害健康,而且销量也大不如前,但烟草公司股票的价格和市盈率都获得了大幅的提升。

投资最大的错误,通常源于一个非常明显的缺陷,并且这个缺陷在大众看来是没有办法解决的,这几乎成了一条铁律。但当你独立调研时,你会发现,所谓的难题,要么可以被解决,要么并没有想象中那么糟糕,你会因此获得回报。从理论上来说,我们应该以合适的价格买进看得明白、运营良好、能够永续经营的公司,但当现实中真的出现这种机会时,往往会缺少一些关键因素,使大众错失良机。在大众都不看好的时候,你也许会因为像书呆子一样坚持己见、勇敢买进而获得回报,但前提是,你最后被证明是正确的。在此之前,你也许会被大众嗤笑,要承受无限的痛苦和煎熬,担心别人才是正确的。

你愿意用承受痛苦、孤独、焦虑来换取超额的投资回报吗?从理论上来说,经济学家是愿意的,但是他们做不到。从个人的角度来说,我能够忍受无聊,但我并不愿意承受太多的痛苦。当然,如果这一切对你来说已经超过你能忍受的极限,那么最好的选择就是将资金投资于一个指数型基金,或是一个运作周期长、交易成本低、策略多元化的投资基金。当然,冲动型交易也可能会影响基金经理的状态,使你的投资收益受损。

经济学家常常用他们超现实的心理假设,给大众提供天花乱坠的建议。投资,需要人们对信息进行严格的筛选。既要听取大众的意见,又要有自己独立的判断。你决定交易的依据应该是你对这只股票的研究和估值判断,而不是其他的原因。尽可能用长远眼光看待股票的走势,要胆大心细,尽量减少交易频次、税收费用和交易成本。永远不要低估你的对手,如果你的投资能力只是平均水平,那就不要期望得到超额收益。正如完全竞争假设所提及的，在竞争的市场中，公司只能获得合理的利润。现实远比理论残酷得多。

心理学家建议投资者要拓宽视野，不要被容易获得的信息限制了思路，诸如社会背景、历史数据和其他常识也要纳入思考。如果你认为自己已陷入叙述谬误，那么你应该持怀疑的态度，从外部视角审视锚定错误，将注意力聚焦在追求股票的真实价值上。通过寻找反驳自己观点的证据，并自问相反的论点是否也站得住脚，你就能纠正自己的认知偏差。把交易当成是在权衡风险与收益，而非盈利和亏损。培养自己独立思考的能力。

深度思考的目的是减少噪声对自己决策的干扰。通过拓宽视野和反思，你可以避免人为错误，并且能够在艰难的环境中做出正确的决策。把想法和人区隔开来，让各种想法竞争，而不是人和想法纠缠在一起。

| 第 3 章 |

赌博、投机和投资

警察局局长：我很震惊，这里竟然有人赌博。
赌场服务员：先生，你赢了。

——电影《卡萨布兰卡》(1942 年)

在公众眼中，无论投机还是投资，看起来都像是赌博。从某种意义上来说，两者确有雷同。华尔街习惯将客户都称作投资者，这就容易混淆投资者和投机者之间的界限。客观地讲，每一个投资行为或多或少都带有投机成分。很多投资者自以为是在投资，实际上却是在投机。在我看来，投资者区别于投机者的主要特征就是，投资者会收集信息、管理风险以及应对未来的不确定性。

本章旨在告诫投资者远离赌博式的投机行为，规避依据股票价格波动的交易行为。不同于赌场中的赌徒，投资者往往意识不到自己所谓的投资行为实际上是在赌博。有些投机者确实声名狼藉，而另一些投机者对完善资本市场的功能却有一定的正面作用。当市场必要信息缺失时，投资者的确需要以投机的方式来应对未来的各种可能。在我看来，如果投资者推断的是企业盈利因素，而非猜测股票价格和大众心理，这样的投机收益就可能会更为丰厚。

要分辨自己到底是赌博、投机还是理性投资，可以从决策依据和决策过程两大方面入手。首先，决策依据是基于单一事件还是整体市场？成功交易的逻辑是寻找一个可识别的触发点或催化剂，还是以确保本金安全为前提的全面长期的分析？其次，决策过程是否经过完整的投资分析？是经过深入的研究以后才做出投资决定，还是只进行了粗浅的研究，或者根本就没有做过任何研究（见表3-1）？

表 3-1 基于研究对象和研究深度给交易行为定性

	基于事件	基于整体
深入的研究	精明的投机	投资
粗浅的研究	轻率的投机	高风险的投资
没有研究	赌博	赌博

基于研究的深入程度以及研究对象到底是单一事件还是整体，我们可以将交易行为分为六种类型。如果仅对某个事件进行了深入的研究，这不能称为投资，可以称之为精明的投机。如果只是做了粗浅的研究，那就是轻率的投机。如果完全没有任何研究，那就是赌博。同样，我们可以将研究对象为整体市场的交易行为分为三类。如果对整体市场进行了深入的研究，

可以称为投资。如果只进行了粗浅的研究，那也是投资，但是高风险的投资。如果不做任何研究只是拍脑袋，而想法又得不到事实的证明，比如认为总有一天价格会涨上来，那么这就是赌博。

理解概率

一旦你懂得用概率和统计数据思考问题，赌博便失去了它的魅力。麻省理工学院 21 点团队横扫赌场的故事已家喻户晓。他们并不是在赌博，而是在分析概率。如果你不懂也不在乎概率统计，那么赌博真的是在征收你的智商税。比如，假设彩票最终奖金总额占彩票销售收入总额的 65%，那么从买入彩票的那一刻起，你已经损失了 35%，当然最后结果通常是全部亏掉。

也许大家不会相信，我曾经也是金融市场上的一名赌徒，那时的我认为自己是在根据概率进行投机。我相信股票市场中的大部分投资者就像当时的我那样，没有意识到自己的行为其实就是赌博！草率地根据价格波动快速下单交易，随后出现大幅亏损。这种模式对于那时的我来说打击不小。可我还是相信赌博获胜是有依据的，固执地认为自己是对的。其实通过一些简单的信号，就能辨别出你的交易是不是赌博，比如你是否在毫无关联的事情上连续下注、交易周期是否太短、是否过度使用杠杆、是否过分迷信于某一虚假描述，以及是否能量化获胜的概率。

不明智的投机

投机与赌博有本质区别。投机就像性行为——大众避而不谈却又普遍实践,而且还很享受这个过程。我想我们每个人都会有这一阶段。如果追溯拉丁语词根,specuare 一词的意思是从瞭望塔上观察眺望。如同人们面对命运的不确定性时,唯一能够做的就是观察现有情况,并预测未来可能发生的各种情况。从某种意义上来说,经营企业的一大核心便是预测市场上客户的消费偏好、原材料成本以及销量等。成功投资的必备要素与之雷同。设想资本在何时、以何种形式处在风险中才会产生超级生产力。在设想和推演未来的过程中,永远不会存在完美的逻辑。当然经济学家不会承认这一点,因为如果他们认可这个观点,他们就没有根据来推导未来了。

有时候投资者不可避免地需要投机,但不一定针对市场上的那些热门话题。除非有一个类似于公允价值的概念可以告诉你何时出现错误,否则那些对股票价格、期货价格和大众心理的投机行为都是骗局。如果市场是有效的,那么股票的历史价格对未来走势将毫无借鉴意义!换言之,投资者不会从研究历史价格中获取任何好处。

股票价格波动的逻辑变幻莫测。如果能够准确预判短期价格波动,的确可以增强收益;但如果预测准确性不高,就会扩大亏损。有时候短线投机的爆发力要强于价值投资。如果将时间周期拉长,趋势变化很常见,所以交易者必须保持一定的灵活性。如今，信息解读和传播速度飞快，而趋势对信息的消化却有一定的滞后性。这看起来十分奇怪。常见的现象就是股价对新闻事件和被故意炒作事件的反应十分强烈。公司常常想掩盖不好的消息，所以在问题发生后，需要一段时间，才会最终体现在公司的营收上，同样公司修正问题也需要一段时间。所以价值投资者常常要等到公司将所有利空消息消化之后才进行操作。

趋势交易是一种复杂的、快节奏的游戏，它取决于你对市场的理解，以及对投资大众的认知。假设有一个游戏，他要求所有参与者从0到100中选取并输入一个数字，获胜的规则是输入的数字最接近于其他参与者所选数字平均值的一半。你选好这个数字了吗？有人会选择50，因为50是0～100总和的平均数。如果你的目标是平均数的一半，那么你应该用50除以2，也就是选择25。要知道，你的竞争者也许会做同样的计算，都选择25，所以你应该选择25的一半，大约12。长期投资者会着眼未来，超前思维。如果这样不断思考下去，答案可能是6、3，然后是1，数学家会说，如果无限划分下去，最终答案就可能是0。

当这个游戏出现在现实生活中时，胜利者只需要向前看一两步即可，无须更多。那些给出50或25的玩家并没有充分思考其他参与者对该游戏的影响。比如，如果商品期货的价格大幅飙升，那么市场中会出现更多的卖盘，这会抑制价格继续上涨。这个游戏接下来会发生什么变化，完全取决于其他游戏参与者。如果进一步思考，便需要考虑其他投资者会做何反应。事实上，你永远不可能赢这个游戏，因为没有人知道该游戏会以何种方式结束。不过在我看来，游戏中玩家短视的程度及持续的时间足以说明这几乎就是赌博。

对群体性行为进行研究是有利可图的，但是这种回报不会像有些投机者想象的那样，在某一个确定的时间节点获得确定的收益。当投资者群体被过度强迫灌输某一被夸大的投资逻辑时，股票市场便会出现泡沫。投机者会因为股票价格上涨，认定他们的逻辑是正确的。只有拉长时间周期，错误才会显现出来。投资者在尝试了所有的投资方式之后，才会选择理智地看待投资。如果你像大多数投资者一样，幻想出现一个明确的信号告诉你趋势已经结束，那么你必将遭受重创。

预测永远无法在此刻被证实。比如，标准普尔500指数每年的分红比例是2%。投资者需要用50年的时间才能收回最初的投资成本。我们永远不会知道未来几十年经济的发展是繁荣、平稳或是萧条。相反，如果我能知道未来几十年的经济状况，那我会寻找对未来判断没有明显错误的行业进行投资，并且会避开投机者扎堆的领域。

企业投机

企业运营层面也有几个投机式的问题，比如企业管理层是否有能力做出正确决策，企业是否会因为产品问题、运营模式过时或是财务造假等问题出现破产，企业内在估值到底是多少，等等。我们参与的游戏就是应对这些尚未明朗的机遇和挑战，在这些问题还没有得到明确的答案之前，没人知道会发生什么。尽管这些问题的答案不会摆在我们面前，但我们仍可以在企业经营行为和行业报告中找到蛛丝马迹。例如，实体零售商必须在互联网上寻找销售渠道，否则就有可能被亚马逊取代。这里我会重点关注：哪些商品会较晚进入线上销售平台？线上和线下如何整合？哪些商家能充分利用这两种模式的优势为消费者提供服务？

投资初创的生物技术和互联网公司，如果不考虑技术是否可行、客户对产品的接受程度以及评估潜在市场的大小，那就肯定无法获得成功。如果你对 β-兴奋剂，或者 B2B 客户关系管理波形分析一无所知，也不明白消费者为什么会需要它们，却坚持购买这些股票，那你就是在赌博。相反，对于熟悉这些行业的专业人士来说，投资回报将是不可思议的！如果没有天使投资者这类极端投机者的存在，许多科学项目就不会有充足的资金进行运转，科学家的想法也无法变为现实。从某种意义上来说，这种投机行为是社会进步的原动力，该行为所带来的投资收入和确定性只是社会发展的副产品。

企业整个生命周期中的分红现金流是价值投资者关注的重点，投机者则更看重企业身上发生的各种离散事件。如果一只股票对任何事件的反应都很大，那么请远离这只股票。我们会参与的投机事件一定是事件中单一因素对成功的影响远大于其他因素。举例来说，航空公司的股票会因油价下跌而受到追捧，但这笔交易仍然存在失败的可能性，因为公司还可能遭遇客流不足、价格战、劳资纠纷或者管理不善等问题。在赌场中，你可以选择可识别风险的项目进行下注，但是在股票市场中，所有的风险都绑定在了一起，其中包括那些有利可图的风险，当然也包括那些致命的风险。

只要本金安全，那么回报一定充分

价值投资之父格雷厄姆曾说：投资是经过深入分析，在确保本金安全的前提下，收获满意的回报的活动。这为我们带来了三点反思，第一，满意的回报指的是什么？第二，我们如何判断本金是否安全？第三，怎样的研究才算深入研究？

满意的回报一定是比市场上可获得的平均收益要高，或是一个你可以接受的回报率。相较于股票来说，债券的收益通常可以准确地计算出一个区间，因为投资者希望追求更高的收益，所以基金管理人在计算债券收益区间时，会通过各种数学运算的方式提升收益区间，这导致债券的收益数据存在很大问题。2017年，日本和欧洲的一些债券出现负收益，这意味着债券持有人最后的所得少于最初的投资。投资者也可以持有现金或者投资其他领域，当然这些领域也有可能给投资者带来糟糕的回报。你不能总盯着现有的价格和情况进行投资，请铭记那些已经退出历史舞台的次级债。

如果股票价格不仅仅是一个数字，而是企业所有利益中的一部分，那么投资者所追求的确定性，一定是从企业本身的运营状态出发的。我们需要训练自己以正确的方式思考股票投资，把更多的精力放在企业经营本身上，而不是股票的价格波动。我们并不具备分析每一只股票或每一个行业的能力。如果专注于自己所熟悉的领域，当把所有数据汇总在一起的时候，我们会对所得结论更有信心。资本应当托付于诚实、有能力的管理者，这能降低管理者渎职的风险。不要投资竞争残酷且更新速度非常快的行业，也不要投资依靠慈善的银行家才得以生存的公司，投资者应该去寻找更加安全的投资标的。

股票的本金安全性可能要比债券模糊，但两者都可以量化。1美元的证券用60美分购买要比用80美分购买具有更大的安全边际。当然，这都是估算的结果，也许我估算出的1美元对于你来说只值70美分。企业会计账目表上的数据除了现金以外，大多都是估算出来的，如果换作他人重新计算，其盈利很有可能就是另一个数字。所以对于投资股票的本金来说，安全的真正含义应该是企业财务严格遵守会计准则，基于会计报表中的数据谨慎地预测未来，并计算出足够的安全边际。

勤奋研究可以提高投资的确定性，无论是在现实投资中，还是在投资者的感知中，但也可能适得其反。同一条新闻如果被持续报道，就会夸大这条新闻的重要性，并对投资者造成一定的误导。有些新闻的生命周期很短，可能在做投资决定之前就已经过时了。大脑能够同时承载的信息很有限，大约只有7

条,所以往大脑内导入海量信息,更像是让大脑辨别各种类似的图像,而不是分析解决问题,也不能提高投资决策的准确性。最关键的是,因为我们试图预测的是遥远的未来,所以有一些问题的答案必定永远模糊。

大部分投资者习惯对新闻一扫而过,不去思考其背后所隐含的深意,而且会在那些被不断转发的新闻上浪费大量时间。在浏览一家公司多年的季度盈利报告后,我会对这家公司的核心驱动业务有所了解。如果你只是研究一家公司新出的盈利报表,而不深究它过去的会计材料,那么要想得到核心信息,还有很长的路要走。当然新闻天天有,深究历史需要付出努力。对于现代人来说,只有企业的首席执行官做了令人无法接受的事情时,才有新闻价值;企业只有因过度扩张,或无法跟随时代步伐,或陷入激烈的行业竞争导致破产时,才会引起大家的注意。

投资者的优势应来自长期地观察和分析。比如,我无法预测一年之后市场每天的波动情况,但通过测量每天的最高点和最低点,我们可以知道,自1928年起,市场有25次单日跌幅超过20%,这一发现相当令人不安,奇怪的是,在过去的87年里,标准普尔500指数的总收益只有6年低于-20%。许多熊市来临之前或之后,市场都会出现大幅反弹,这种反弹使得当年的亏损看起来不会那么大。从统计的角度来看,随着时间的推移,观察数据越多(或者参与观察的人数越多),就可以更加准确地预测市场趋势。投资者不应局限自己的思维,应从全局的角度考虑问题。

多元化投资能够尽可能降低模糊事件对投资组合的影响。有些行业的命运取决于其他行业，比如航空公司利润增长与否就是由油价决定的。如果你真的不想在原油上进行投机，那么在买入航空公司的股票时，同时也应该买入原油生产商的股票。多元化投资可以降低风险，但风险并不会凭空消失，即使多元化配置全市场股票，结果亦然。投资标准普尔500指数基金的投资者可以利用它的多元化来平衡风险，但不可能完全规避，也不可能规避单个股票自身的风险。尽管如此，如果你擅长判断股票价值，并想长期在市场中立于不败，那么就在资产组合中尽可能多元化地配置低估值股票吧，这将大大降低你踩雷的风险。

分心的代价

科技是人类行为的一种延伸，它的确使我们变得更好，也是一种很好的博弈工具。现在的搜索引擎和筛选软件帮我们节约了大量的时间。谷歌能够帮助我们更容易地找到新闻报道、产业资讯和竞争分析报告。EDGAR系统是美国联邦在线图书馆的年度企业报告系统，这是一个不可思议且未被充分利用的资源，股东大会现在已成为公开资讯，任何人都可以在网上参与或获取相关资料。

互联网上也充斥着大量广告和新闻，它完全吸引着你的注意力，通常会对你的系统1进行强烈的刺激。互联网有着强烈的商业意图，会利用广告分散你的注意力，你能触及的话题和图片就是商业诱饵。所有这些东西都会导致你无法专注于某一件事。如果你在同一时间从事多项任务，那么你一定会漏洞百出。有一个生动的故事可以说明一心多用的危险性。有一位纽约的证券分析师，他一边玩手机一边过马路，结果出了交通意外。所以千万不要在投资上一心多用。

纽约证券交易所提供的数据显示，投资者在1960年平均持有股票的时间为7年，时至今日，投资者平均持有股票的时间仅为4个月。这无疑要归功于那些最活跃的高频交易员，不仅如此，我甚至怀疑投资者的平均持有时间也缩短了。高效的计算机计算和网络技术使交易速度变得飞快。通过服务器之间的切换和数据之间的计算，高频交易者可以将交易周期控制在毫秒级别。简单、高速、低成本的交易确实很好，但它也很容易让投资者脑子一热便进入市场，就连国债一年下来其平均换手率也有好几次。

时刻保证你的思维处于高效状态

投机之所以吸引我们，是因为它包含着特定的催化剂、特殊的情况和有限的时间。从某种意义上来说，这些也是缺点。在股票市场中，像燃油价格和航空公司这样的特定游戏偶尔也会出现一些价格上的偏差，但由于投机者的存在，这些偏差得到了纠正。耐心等待机会，将使你成为一名更加优秀的投机者。比如，一般期权都会限定一个周期，结束时保证金会归还到账户中，这就限制了投资者的投资时限。这里有一份清单，可以快速辨别你是在投资，还是在赌博。

1. 你是否会一直考虑被投资企业整体的盈利状况？
2. 你是否对你思考的结论进行了深入可靠的调查？
3. 公司业务的稳定性是否足够支持你的本金安全？
4. 你是否有合适的理由确信可以获得满意的回报？

指数型基金的投资者和选股型投资者对以上问题有着不同的回答。对于指数型投资者来说，他的利润来自标准普尔500指数所包含的所有500家企业，而不是单一的企业，所以他需要整体化的研究方式。对于单一的股票来说，不确定因素有很多，其中包括管理层渎职、经营模式过时、财务欺诈等。当然这些风险可以通过多元化配置来规避。指数型投资是一个非常完整的模式，选股型投资者同样也可以通过多元化的配置股票来达到规避风险的效果。本书将会在第五部分集中阐述指数型策略和选股型策略的预期收益。

第4章
成功投资者的心理特质

> 善良、热忱、诚实、开放、仁慈和善解人意等好品质,在我们的制度里,可能与失败相伴;我们憎恶的刻薄、贪婪、占有欲、卑鄙、自负和自私等坏毛病,却可能成为成功的条件。我们因为前者赞赏某人,却更羡慕后者所带来的成功。
>
> ——美国作家约翰·斯坦贝克

企业家和投资者

《福布斯》全球富豪榜前400名的富豪,几乎都是以实业起家。他们的财富在近几十年中都呈现爆发式增长,比如微软公司的比尔·盖茨、谷歌公司的拉里·佩奇、沃尔玛公司的山姆·沃尔顿等。在这些富豪中,有很多是从价值投资者逐渐成长为杰出企业家,比如沃伦·巴菲特、查理·芒格和卡尔·伊坎等。很多人认为企业家和价值投资者这两个身份有点矛盾,很难兼得。仔细想来,其实不然。企业家和投资者都能从企业的成长和价值中获益吗?答案是肯定的。成长和价值并不矛盾,成长是价值的一部分。投资者需要像企业家一样思考，但他们所用的规则不同，对机会的定义各异，投资特征也有很大差别。我们在本章将深度剖析成功投资者的心理特质。

企业家胜在专注，他们会把资本和精力集中于主营业务。主营业务越兴旺，企业就越好。投资者则更倾向于分散风险，他们要么自己操作各种股票，要么通过共同基金持有一揽子证券组合。《福布斯》富豪榜上的人物，都拥有非凡的能力和运气，或是杰出的合作伙伴。多元化投资能减少运气的成分，集中投资则会放大运气的作用。两者各有利弊。有时为了突显投资能力的作用，投资者必须非常慎重地做出选择，胜算大时就重仓出击，时机不到就静观等待。

在投资世界中，巴菲特是崇尚集中投资理念的泰山北斗。他睿智地提出，每个人一生大概有20次重大投资机会。婚姻、经营企业都是一种长久的承诺，投资亦然。如果你把投资看得如此重要，那一定会制定严苛的选股标准，并耐心等待机会降临。可惜的是，很多共同基金的基金经理会在交易第一天就用完他们这20次宝贵的机会。我对巴菲特这20次机会的使用一直保持着浓厚的兴趣。除非你对伯克希尔－哈撒韦公司的投资业绩不认可，否则巴菲特的专业建议还是需要认真考虑的。

最有成就的商人一定是最专注的。这符合自然规律和统计学正态分布。与之不同的是，投资则需要考虑分散风险。投资者如果把所有鸡蛋放进一个篮子，那失败的概率是极大的。比如1825年耶鲁大学的投资基金将大部分资产投入老鹰银行，最终由于老鹰银行的破产而损失惨重。

　　股东要对企业管理层的辛勤付出心怀感激，并给予管理层大力支持。其中的原因不言自明，因为股东将手中筹码押在了管理层身上，而非完全掌握在自己手中。从某种意义上来说，优秀投资者同样也能成为杰出企业管理者，因为他们都懂得企业经营，都善于思考、管理和建议。他们就如同影评家，大量浏览各种电影作品，然后做出专业的判断，推荐好的电影，过滤垃圾电影。企业家开发被竞争对手忽视的客户，这与投资者发掘被其他人忽略的价值很像，但两者也并不完全相同。

　　当然，不是所有成功的投资者都是价值投资者。在股票市场中赚钱的方法数不胜数，每个人都有自己习惯的操作思路。胆大、幸运的投机者和赌徒，短期来看也有胜算，但长期情况又会如何？价值投资者的优势是投机者的劣势，反之亦然。你也许会举出一个走势怪异的股票实例来反驳我的观点，但很显然，我是不会参与那些"妖股"的。我会小心翼翼地分清投资与投机的边界，避免在投资的同时又掺进投机的因素。一个人无法同时既下国际象棋又打网球。在此申明，我并不是在强推价值投资的方法。如果这个方法对你不适合，那就另寻高招。

　　耐心是投资者的优秀品质，但对投机者来说，它代表要承受过程的不安和信息过时的风险。对那些具有长期优势的企业来说，耐心是有价值的。这个话题我们稍后讨论。冷静也是做好投资所必备的一种状态，但在投资世界中，大众的情绪往往脆弱敏感，容易冲动。投资者需要具备一种长期稳定的决策能力，而投机者则需要具备一种灵活应变的心理状态。

训练有素的直觉

每个人都有自己独特的赚钱方式。有两种特征在成功的投资者当中普遍存在，心理学家称之为直觉和思考，或理性分析（这里的直觉是指大脑对现实、抽象意义和未来之间相互协调的反应）。理性的人倾向于用可靠的逻辑来做决定（也就是使用系统2），这与感性的人的风格背道而驰。感性的人做决定时更倾向于依赖个人感受。关于股票的所有东西都是抽象和不确定的，大家都在猜测市场会出现什么，所以少不了直觉。同样，如果没有思考，你也将寸步难行。我将思考和直觉合二为一，抓住它们抽象的共同特点，提出"训练有素的直觉"这一概念。

理智决策

好的分析师倾向于忽略情感因素，理智地思考问题。他们会警惕第 2 章中所描述的各种决策偏差和逻辑陷阱，既会有选择地看待事实，也不会过分夸大某一事实的重要性或全面性。如果条件允许，他们会做假设性检验，不会固执地认为自己的预言一定是事实。

斯多葛派[一]认为，情感意识可以和股票投资完美结合。感受一下恐惧，然后让理智来做决定。被直觉牵着鼻子走，是投资者常见的错误。如果情感反应迟缓，对各种警示信号熟视无睹，也有可能出现问题。担心是一件好事，只要你没有过度紧张或焦虑。作为一名价值投资者，当市场处于正常状态时，我会变得比较担心，因为那时市场的情绪成本比较低。如果担心可以帮你找到更好的选择和出路，那样的担心就有意义。总有人预言天会塌下来，如果真的塌下来，其实你我也都无法改变。所以，保持轻松状态，少读负面新闻，时刻积极乐观，才是王道。

好奇的怀疑论者

我所认识的每一位成功的投资者都有好奇心，并且他们都奉行终身学习。他们大量阅读，不停地思考未来。他们认为探究事情发生的原因远比知道结果更重要。通过研究历史案例，我们会发现很多因素会影响某个事件的发生和发展。当遇到从未发生过的事件时，我们会尝试研究过去其他人是如何应对此类意外事件的。

好奇心与怀疑精神要相互平衡。每个人都需要一个垃圾探

[一] 斯多葛派认为世界理性决定事物的发展变化。所谓"世界理性"就是神性，它是世界的主宰，个人只不过是神的整体中的一分子。所以，斯多葛派是唯心主义的。——译者注

测器和过滤器，需要有一些方法将垃圾信息和错误信息进行分类和删除。金融领域有很多表象和假象，我们需要时刻保持怀疑精神并愿意挑战那些看似理所当然的想法。

独立思考

学生可以通过勤奋努力取得好成绩，他们也可能利用学校考核机制中的漏洞来实现这个目标，比如讨好教授等。在投资中，什么都不做就可以不犯错。所以，一定程度上的懒惰也是可取的，但适度懒惰不等于放弃独立思考。投资的过程，是一个寻找其他投资者疏漏的过程。最大的蛋糕终将奖励给那些具有独立、客观想法的投资者。有些想法看上去十分愚蠢或疯狂，但替代方案则相当普通平庸。根据投资结果，你会被称作勇敢的投资者、傲慢的投资者或愚蠢的投资者。不要害怕犯错，只要你能及时改正。在大学中，学校可能会通过几次考试或者审读论文评估学生的学习能力，但股票市场永远不会告诉你需要在哪些方面下功夫，或者你应该用什么方法来解决问题，或者你思考问题的逻辑是否正确。

乐观地解决问题

乐观是企业家心中强大的朋友。乐观也能帮到投资者，投资者遇到问题左右为难时，他们需要乐观地付出努力，学习成长，直到找出答案。努力会有回报，努力过程中的乐观就是投资者的精神支柱。如果不怀揣着改变人类生活方式的梦想，苹果公司的史蒂夫·乔布斯就不会是现在的史蒂夫·乔布斯。如果你深信所遇到的问题可以被解决，而且深信解决方案切实可行，那成功就一定会到来。

对于投资者来说，坚持自己的信仰其实很难。过度乐观会令他们迷失方向，会使他们过度承担风险，偏信被夸大的收益回报。投资者可以自己决定投资的时间和仓位，但他们没办法决定市场此刻的价格。过度悲观容易使投资者错失投资机会，并且耗尽自己的精力。价值投资者的乐观在于他们坚信，如果上市公司有一分错误，在市场上就会被放大成十分。他们执着地认为，只有当市场极度恐慌时，自己的机会才会出现。

用纪律规范交易行为

投资纪律可以规范投资行为，告诉你哪些事情必须做，哪些事情不能做。这对价值投资者和投机者都不例外。巴菲特所说的人生20次大机会表明，投资者应该放弃那些看似有吸引力实则一般的机会。如果把成年人的生命周期划分为20等份，那么投资者将在很多年份里没有一丁点投资机会。当然这会使客户感到沮丧和不安。对投机者来说，这样的分析没有意义。对事件驱动型交易者而言，如果预期事件没有实现，则必须卖出。对动量交易者来说，假设他们使用的规则是股票价格下跌12%

就必须卖出,那他们就必须紧盯价格,一旦触及设定值,就果断卖出。这些短线交易者在一天内也许会有多次操作,但股票的内在价值在一天内不会有太大改变。

不随波逐流

当自己的观点与投资大众相悖时,优秀投资者不会人云亦云,而会坚持己见。在社会生活中,如果普罗大众观点一致,则社会会比较融洽和谐,但在投资和科学领域,发现真理才是首要任务。投资伙伴之间的友谊不会因为观点不同而受到影响。思想开放、善于分析的人通常会尝试各种稀奇古怪的想法来证明一些事情,最终也只有他们才有可能得到真理。

勇于认错

谦虚、真诚地面对自己。如果在投资过程中拒绝承认错误,那你注定会失败。只有主动剔除投资过程中的运气成分,你的投资水平才会提高。账户获利丰厚总是要比听分析师高谈阔论来得更加实惠。有一种观点认为,投资就是一个不断犯错的过程。当我在可以预见的市场下跌中坚持长期持有某些股票时,有些投机者便会认为我在犯错。尽管投机的逻辑通常应用于短期市场,但在长期市场中投机有时也能成功。偏执的交易者会因为对交易的执着而获利,但有时也会因为无法承认自己的错误而蒙受损失。承认错误的能力是检验投资业绩是否真实可靠的试金石。

精明的投机者和投资者会研究自己的历史交易记录,弄明白他们的盈利和亏损分别来自哪里,以及为什么最后总体能够盈利。比如我曾经冒着风险,投资了一些我不了解的行业,而现在的我一定会远离这些行业。即便需要尝试,我也仅会用小仓位去参与,直到我了解得更多。我的直觉告诉我,许多人要比表面看起来更加狡猾。当研究公司的财务报表时,我发现自己更擅长找出那些真正的坏家伙。煤炭行业分析师的从业经验使我认识到,投资应该避开那些容易出现竞争和过时的行业。在投资中要做一个吝啬鬼,不要支付过高价格购买股票。这个习惯对我的投资生涯大有裨益。专注也是我投资的一大利器。我只在低价买入那些业务简单易懂、管理层诚实可信、产品具有垄断性的公司股票。当然,我也毫无掩饰地承认,在波澜壮阔的牛市行情中,我的投资表现非常一般。

面对失败

富达基金通常会雇用那些聪明、勤奋、有理想、有抱负、善于分析且有可追溯历史业绩的研究人才。一些分析师被淘汰通常不是因为技术原因,而是因为他们不懂如何面对失败。股票市场不是大学。在大学考试中,考到 55 分还是不合格的,但在股市中,能达到 55% 的胜率已是相当不错。有时价格应该上涨而实际却在下跌，有时应该下跌实际却在上涨，这就是预测。对我来说，每个交易日市场都有可能给我带来一些小挫败，在个别交易日甚至还会令我遭受重创。我曾经建议公司招募受过重创的交易者，后来我仔细一想才恍然大悟，那些意志力坚强的交易者才应该是我们追逐的目标。

不做"差不多"先生

投资中唯一确定的就是不确定性。只有优秀投资者才能长期对不确定性保持应对自如。除了那些天赋异禀的金融学教授，其他人不可能拥有所谓的"完美信息"。如果有人买进股票，必定有人同时卖出，那么卖出股票的人会认为股票哪里出了问题呢？买家和卖家，谁对谁错？市场牛熊更替，贪婪恐惧交织，投资者想要保持业绩长期稳定，甚至逆势增长，谈何容易。投资者必须随时做好应对最差情况的准备。当你听信一些模棱两可的消息而投身市场时，请尽快停下来并离开市场。当你的收益已超过预期时，也请及时控制自己的激动情绪，将精力转移到研究企业的财务报表上。

做正确的事

投资者从业务本身来了解企业和企业的管理者。同时，他们通过不同持股来分散投资，而且会考虑到持股比例。最成功的投资者倾向于用理智和归类分析的方法来考虑问题，即直觉性和思维性。预测未来只能在理论上被理解和接受，因为它不是事实。在投资决策时，客观充分的理由要比冲动的心态更有指导意义。所以，克制主观臆断、保持客观冷静是投资者最佳的选择。投资者需要有韧劲，因为在股票市场中经历失败是很常见的事。投资者还需要独立思考，愿意将与众不同的想法付诸实施。不仅如此，投资者还要尊重他人观点，或者找出客观依据反驳他人观点。市场只有在极端牛市的情况下才会最大程度地容忍草率的投资决定。投资者要做正确的事，要有自己明确的投资准则，只有这样，才能在各种市场环境下立于不败之地。

| 第二部分 |

投资盲点

BIG MONEY THINKS SMALL

| 第 5 章 |

投资的常识

知之为知之，不知为不知，是知也。

——孔子

大脑有一种神奇的功能，就是能在信息不全的情况下迅速做出决策。如果没有这项功能，我们就会陷入无止境的研究工作中，永远无法做出决定。当然，人类也会为此付出代价。如果投资者将所有精力都聚焦于潜在收益，而忽视风险、预期和成本，那结果可想而知。有人喜欢将一套成熟的分析模型应用于某一特定行业，这种操作犹如刻舟求剑，肯定不会一直有效。如果有人相信通过预测经济数据，可以准确地判断利率变化和股票市场波动，甚至是某一只股票的价格变化，那么请祝他好运！我曾经认为，如果货币是一种国际语言，它在世界其他地区的运行规律与美国应该是相同的，直到我发现译文和原文的差异之后才意识到，它们之间的差别其实很大。

人们会主动回避自认为与问题无关的观点。如果我们拓宽视野，会发现这些被忽略的观点多多少少也与我们思考的问题相关。我认为，先宏观再微观是正确的分析逻辑，这样既能有理论的统领，又能放大细节的作用。如此一来，我们可以了解事实，理解市场参与者的想法，审视事件的全貌。有些事实是客观的，有些事实则非常主观，我们要有足够的能力将其辨别出来。在金融领域，逆向思维是投资者思辨的工具之一。真理通常在被大众认可之后才会显现。这个认可的过程需要花费很长时间。

弗莱德是一位投资者，他没有明确的投资目标，也不明白投资顾问的职能，对 ETF 这样复杂的证券组合运作机制也不了解，以下是关于他的一个故事。

"我所有的投资组合都是 ETF。"弗莱德抱怨道。大约四年前，弗莱德聘请了一位投资顾问。这位顾问将他大部分资金都投进了 ETF。ETF 是一个股票池，这个股票池会不断添加或者删除股票，这一点和共同基金很像，而 ETF 的交易方式和买卖股票一样。从结果来看，这位投资顾问的表现很一般，他的账户回报率持续低于标准普尔 500 指数，也低于巴克莱债券指数的收益。弗莱德隐约感觉有问题，但他也弄不明白问题到底在哪儿。

目标收益和风险承受力

年龄、收入、资产规模、风险承受力和预期收益，都是评判投资计划是否客观的重要因素。在聘请投资顾问之前，你必须清楚地知道自己想要什么。投资顾问的作用在于帮助你制订合理的投资计划，但投资目标还是由你自己决定。投资者要对自己有信心，对涉及投资的问题也应该独立思考。当然，认清自己的能力圈也很重要，寻求有经验的人提供帮助可以让你少走一些弯路。

人们在设定目标时都有局限性，常会低估环境变化的影响。比如，现在的年轻人换工作或者失业时，一般都不担心自己的企业年金账户被关闭，也不担心自己的积蓄很快会被耗尽。当股票价格低迷、市场萧条时，大部分人都会失业，不幸的事会接二连三地发生。应对这种困境，除了节省开支别无他法。当市场处于繁荣期，而你的收入又不够多时，选择何种资产配置方案则是需要认真考虑的重点。弗莱德的目标是退休之后能有稳定的退休金，那么他的资产配置方案里就必须要有股票，但不是那些过于活跃的股票。

成本与激励

弗莱德的注意力主要集中在投资顾问能够对他的投资做些什么，而投资顾问则将注意力集中在弗莱德的资本可以为自己做些什么。我建议弗莱德仔细想几个问题：谁给投资顾问支付费用？应支付多少费用？投资顾问是否会将弗莱德的利益放在首位？他们之间是否存在利益冲突？经纪公司收取费用的方式，是基于弗莱德账户的金额设定一定比例的管理费和交易佣金，这些费用中的一部分将会支付给弗莱德的投资顾问。所以账户交易越频繁，投资顾问的收入就会越高。弗莱德的账户每 8 个月就会将持仓全部更换一遍。很显然管理费和交易佣金侵蚀了账户的收益。所以，对任何交易量异常的标的，投资者都应该深入了解其背后的原因。

投资者不可避免地需要将自己的资产托付给专业管理者，并且希望他们值得信任和托付。投资顾问只是整个信任链条中的第一个环节。他需要依靠诚实和投资能力才能在市场中立足。这些都取决于投资顾问所在公司管理层的眼光，而管理层又是由公司的股东合伙人决定的。管理层通常希望充分展现自己来证明他们的卓越，同时还会用各种数据来证明他们所做的事情是独一无二的，也是必定会成功的。尽管如此，仍会有不诚信的事情发生。我们可以通过仔细分析公司的激励方案和会计准则，推测出管理层行为背后的动机。本章的后半部分将集中讨论如何识别不诚信的和无能的管理者。

什么策略是有效的

投资者不应该对任何一种交易策略期望过高。交易策略是否能够打败市场，关键要看该策略有什么绝对优势，同时还要考虑该策略是否容易被模仿，最好还要有理论或者数据的支持。指数型基金投资者的目标就是达到平均收益，如果剔除交易费用,这是一件比较容易的事。弗莱德的投资顾问提供的"主题轮换策略"和"多因子策略"概念比较模糊,令人难以琢磨。这两种策略的目标是抓住经济运行周期的高低点,在流动性较好的热门行业中来回切换。这些策略的不足之处在于无法得到理论或数据支持,以证明其有效性。

我会买入我认为被低估的股票,并持有它们,直到价格达到合理水平。这一过程往往需要数年时间。如果我的选择正确,其内在价值终究会被市场认可,投资回报一定不止平均收益,而是买入价格和价值之间的巨大价差。只有当投资者不顾一切地抛售股票时,廉价筹码才会出现,抛出的原因也许是对未来不看好,也许是感到无聊或厌烦。价值投资理论无法直接被证明,因为价值投资中的价值是主观预测的结果,而其他大多数的评估都来自历史数据。低价股的表现要好于市场中其他股票,无论是从收益角度,还是从现金流或是资产角度。我投资失利的通常原因,或是由于"黑天鹅事件",或是没有把不确定因素从确定因素中剥离,或是没有全面细致地考虑风险。

风险控制:多元化配置

投资者往往会根据投资经理和投资顾问的历史业绩来决定是否聘请他们。投资的核心在于辨别和管理风险。投资者无法控制回报,但是他们可以决定承担什么样的风险,在什么样的价格买入或卖出股票。控制投资风险的方式主要有两种,一种是多元化配置，另一种是谨慎选股。这两种方式对投资结果的影响截然相反。多元化配置寻找具有负相关和不相关的标的组合，以此来平滑收益。这种多元化配置方法特别适合追踪对比相关指数。投资指数型基金是最简便的多元化配置方法，选股型投资者也可以通过多元化配置来规避风险。它可以避开投资者不愿意承担的风险，尤其是来自追高或冲动买卖的风险。在结构性机会的市场中，选股型投资方式则是更加行之有效的策略。

事实上，基金的投资者不可能也没必要去了解基金所包含的每一个标的。他们只需要明白这些标的是如何被选出来的。有些指数型基金的目标是完全追踪指数，有些主动管理型基金的目标是打败指数。指数型基金管理者的工作重心是研究用什么标准或公式来匹配指数，以及用指数或公式来进行投资的原因是什么。主动管理型基金的管理者需要思考：为什么自己的想法可以使产品收益击败市场？知识优势是否能被简化成为交易算法？自己是在跟随趋势还是在追求长期收益？

标准普尔500指数在美国市场被广泛作为业绩基准使用，该指数型基金被认为是最优的多元化配置标的。如果你将收益落后业绩基准视为一种风险，那么标准普尔指数型基金就非常适合你。该指数型基金的预期收益是追踪指数的收益减去交易成本。但是指数型基金并不能让你避开被高估的股票，以及那些你不想要的风险。当市场崩盘时，指数型基金的绝对收益也会受影响，指数型基金的投资者还是会蒙受损失。

从外部视角来看，主题投资和指数投资主要服务于多元化配置的投资者。对于选股型投资者来说，宏观分析只是投资的第一步。这两类投资者都需要细致的数据分析和理性的投资方案，以应对将来可能发生的各种情况，但这并不意味着可以基于现有市场、已有策略以及投资周期，简单地制定数据参照组。标准普尔500指数能够代表美国主流的股票走势，但是它无法代表所有股票市场的走势。如果用不同的起始点选择数据，你会发现历史数据常常也会相互矛盾。

投资者要有国际视野，应该考虑全球所有大大小小的股票市场。只投资标准普尔500指数里的股票，会让你忽视小盘股和国际市场中的其他股票和资产类别。英国富时指数、摩根士丹利全球资本发达国家指数和三大ETF指数型基金，都是低成本、多元化的投资标的。标准普尔500指数基金加上富时100指数基金，其分散风险的能力一定比标准普尔500指数基金要好。一个投资于全球股票指数的基金，目的在于获得全球股票市场的平均收益，而不是去押注一个独特的投资组合。远离你不了解的投资领域，包括国外特有的资产、货币、大宗商品、ETF等。

从很多国家股票市场长期的历史数据来看，股票的投资回报率和波动性要比债券高，而且美国股票市场的表现要好于其他国家。这与所谓股票有更高收益是因为投资者承担了更大风险的观点相悖。当预测美国股票收益时，我们是应该立足于全球所有发达国家的股票市场，还是认定美国股票市场具有自身独特性？在我看来，美国股票市场的独特表现具有一定的运气成分，这种运气来自美国的法律环境、企业主体、自由市场和美国的大学等。但也有一些观点认为，美国市场的表现纯粹是运气，繁荣仅是昙花一现。

当整体的投资结果由个别因素决定时，指数型基金的劣势便会显现出来。对于一些特殊的资产类别，比如天使投资、垃圾债券和生物科技领域的股权投资，这些投资的回报并不遵循正态分布，而是完全取决于极度失败和极度成功的投资案例。这些投资有时看起来十分美好，有时看起来十分糟糕，有时甚至会突然发生180度大转变。所以，我认为弗莱德更适合参与主动管理型基金，而不是追求高收益的债券指数ETF。这些债券指数ETF中权重最大的是那些市场上负债最高的公司。当债券收益下降时，公司的股价会上升，进而提高该公司在指数中的权重。相比之下，投资者更应关注债券的信用情况，而非债券的收益。

决策需要数据支持

当人们专注于未来时，就不会狂妄自大，因为未来的不确定性令人敬畏。这就是选股型投资的优势。人们对已知事物的认知程度就是一个人的认知极限，但这绝不是宇宙的全部。除非你能够辨别并剔除那些没有价值的认知，否则你绝不会成功。巴菲特拒绝投资于他不了解的领域、管理平庸的公司、具有很强周期性且快速变化的行业以及那些价格高昂的股票。经过如此筛选后的股票才能入巴菲特的法眼，所以要让巴菲特亏大钱很难。

大多数 ETF 都是用来交易一揽子股票的工具，而不是为了多元化配置。将多个股票汇总起来操作是一门艺术。假设用两只股票组成一个指数，这两只股票的买入价格都是 50 美元，其中一只股票每股盈利 5 美元，另一只股票每股亏损 4 美元。如果计算平均市盈率，只计算盈利公司的结果为 10 倍，计算所有公司的结果为 100 倍。那么究竟应该计算有竞争力公司的数值，还是选择所有公司的平均值？公司的竞争往往是行业最大的风险点。只有经过深入研究的投资者才能深刻理解。

弗莱德的投资顾问投资了智能手机 ETF，他的理由是每个人都至少要有一部手机。但这一论点缺少数据支持，也没法量化其投资智能手机 ETF 的价值到底是多少。奇怪的是，在智能手机 ETF 所包含的公司中，手机材料供应商的地位要远比苹果和三星等品牌整机公司重要得多。事实上，供应商在面对这些超级公司时很容易受到市场变化的冲击。同样奇怪的是，亏损的科技电子公司宏达电（HTC）和黑莓公司在指数中的权重比三星还要高，后者每年的利润高达数十亿美元。另外，该行业的增长大部分得益于亚洲市场廉价手机销量的增加，其中的主要制造商是华为，而华为却不在指数中。在价格竞争的压力下，即使行业整体销量增加，利润总额仍会降低。对于投资者来说，他们应该找到行业龙头，耐心等待合理的价位买入。

数字背后的含义

投资顾问和指数型基金，现在普遍推崇因子投资（或称聪明的β）。他们希望可以获取超额回报（即超过市场回报β），并发现了一些可以提供超额回报的因子，包括：小规模、低波动、动量、成长性、价值。研究表明，市值小、低波动、高动能、高价值的股票，回报通常能超越大盘，虽然小市值公司在成长过程中的不确定性因素较多。这些因子常常被用来区别不同基金的投资风格，比如著名的共同基金"风格箱"。我的基金风格就是倾向于投资价值型、低波动的小型股。

投资专家质疑这些因素的作用，认为没有明确的办法确定各个因子的有效性，以及如何利用它们辨别买卖点。无论在美国还是其他国家，小盘股的长期表现都要强于大盘股，但也存在滞后。有人认为小盘股上涨之前的折价是因为信息不对称，专业分析的结论很难被大众熟知，但我认为事实并非如此。小盘股的确会因为缺乏多元化、具有周期性、客户集中度较高等因素导致风险偏大，但在更加宽松的反垄断法执行之前，小盘股的优势不容忽视。

弗莱德被自己账户里的 TVIX ETN 搞得晕头转向，他无法理解为什么自己的账户要买这个标的。TVIX，又称 Velocity Shares，每日两倍做多短期波动率指数 ETN，它是恐慌指数 VIX 的衍生品。短期来看，VIX 作为股指期权的隐形波动率，可以测量华尔街的恐慌情绪。交易者对股票价格未来波动的预期没有办法直观地体现出来，只有通过期权的价格波动来间接推导。TVIX 是一种结构化票据，它通过累进计算 VIX 的方差得来。因为波动性没有内在价值，所以 VIX 除了显示指数具有平均回归波动性以外，没有其他更多意义。投资者也不能利用它进行长期投资。尽管 TVIX 有足够的历史数据，但它没有分析价值，更糟糕的是 TVIX 还带杠杆。

可怕的杠杆

加了 3 倍杠杆的基金会以 3 倍的速度上涨或下跌。很多投资者可能并不明白这到底意味着什么。ETF 通常会借两倍的资金，从而使持仓是初始本金的 3 倍。例如 VIX，如果指数标的下跌了 25%，这只 ETF 实际会下跌 75%。此时，这一只 ETF 需要卖出持仓归还杠杆资金。随后假设指数瞬间反弹上涨了 33.3%，回到了初始入场的位置。如图 5-1 所示，3 倍杠杆的 ETF 能收获部分收益，但此前它已暴跌 75%，即使后来指数涨了 33%，基金净值也只能回到最初的一半。

杠杆交易缩短了投资周期。为了维持杠杆倍数，投资者在某些情况下会被迫出现高买低卖的情况。在上述案例中，指数回到了起点，但 3 倍杠杆的基金无论怎么交易，最后都会亏损一半本金。先涨后跌结果也是一样。无论是长线还是短线，投资时使用杠杆，都会使你的本金遭受沉重打击，最终被市场清扫出局。

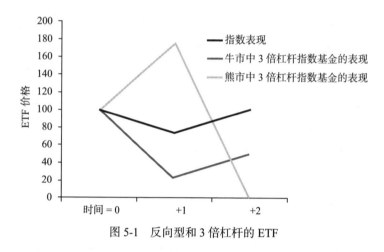

图 5-1 反向型和 3 倍杠杆的 ETF

同时，看空 ETF 不必通过借入股票就可以做空指数。做空是危险的操作。如果投资者长期做多，他的收益预期上不封顶，但是做空的极限幅度就是 100%。如果长期做空，收益的上限就是 100%，而潜在亏损的幅度则是无限的。回想一下上面那个例子，指数从 100 急跌到 75，又反弹至 100，开始下跌的比例是 25%，反弹至起始点则需要 33.3%。对于做空的交易者来说，结果是先收获 25% 的盈利，又亏损 33.3%。假设这是一只 3 倍杠杆的 ETF，从绝对数值来看点位没有变化，但结果很可怕，亏损 33.3% 的 3 倍将会使基金清盘。

"为什么我们要发明这样的 ETF？"弗莱德愤怒地问道。

衍生品和债券都是合约，不是公司的所有权。这些产品会将重要的法律条款隐藏在细则里。发行者没有责任将投资者的利益最大化，这与上市公司高管和股份持有者的关系不一样。华尔街发明了太多新奇且复杂的金融产品。很多投资者不了解这些复杂产品的设计原理,更难评估哪款产品适合自己。这种无效市场之所以有利可图,就是因为了解这类产品的专业人士用自己的优势去糊弄外行。投资者可能知道某只基金有杠杆,但并没有意识到杠杆可能会侵蚀他们的资产。这类模式被描述得天花乱坠,使投资者都倾向于将利润最大化,而忽视投资标的的真实价值。此时,专业性就显得至关重要。那些了解这种业务模式的投资者,便可以从其他人的错误行为中获利。

本章的主旨在于提醒投资者重视细节,辨别认知陷阱。也许,弗莱德投资上的盲点和逻辑上的缺陷不会完全发生在你我身上,但肯定有借鉴的价值。如果我们不清楚自己想要什么,就不要奢望他人能帮我们实现目标。许多投资者不愿意了解投资策略的设计原理和操作流程,忽视诸如成本费用、激励机制、风险控制等因素的研究,但事实上这些因素才是收益最大化的核心。

可识别、可分析并能提供概率优势的风险才是投资者应该参与的风险。在规模较小、模式简单且稳定的行业中,这些信息更容易获得。除非有足够时间去了解行业的各种细节,否则复杂性绝对是你投资之路上的天敌。多元化投资可以规避你不了解和无法分析的风险,从而保护你的资产安全。所以,最佳的方式就是利用概率优势,在股票上分散布局。任何影响长期投资的因素都要规避,比如金融杠杆。

| 第 6 章 |

简化你的投资

> 那些自以为无所不知的家伙,对我们真正知道的人来说,是相当讨厌的。
> ——美国科幻小说作家艾萨克·阿西莫夫

投资你理解且熟知的领域,这个原则是你投资旅途中的护身符。当研究一个行业时,你需要明白行业中每个环节的作用,以及它们之间的相互关系。辨别它们未来对盈利的影响,并进行准确的预测,是投资者必备的技能之一。行业各有不同,比如生物技术行业对非专业人员来说,研究难度是极大的。经过深入研究你才会发现,有些行业竞争残酷、无利可图,而有些行业则利润丰厚,前景光明。

谷歌在搜索引擎行业的地位无可替代,它可以瞬间给出关于任何话题的所有信息,可是这也带来了弊端——它会让大家自以为无所不知,但显然这是一种错觉。当缺乏重要信息时,投资者不会感到焦虑,因为他确信谷歌可以在数秒钟之内给出答案。人们很容易受到这种错觉的影响,尤其是处于好奇的状态下时。搜索出来的信息对回答"接下来会发生什么"很有帮助,但很难回答"它价值几何"。如此一来,投资者便会陷入一种糟糕的投资状态:对信息来源过度自信,且只关注短期的投资行为。

熟悉某些事物和对其有专业认知,虽然是完全不同的两码事,但两者密不可分。富达基金的彼得·林奇曾说,观察妻子卡罗琳的购物习惯,是他研究股票的很好的切入点。卡罗琳知道为什么丝袜比连裤袜更有竞争优势,以及生产商会在何时推出更好的产品。从客户的角度出发,探究为什么他们会愿意买这家公司的产品,这是投资者在思考公司价值时的首要切入点。如果你对研究哪一个行业感到迷茫,彼得·林奇和我都建议你从消费行业开始。

"熟悉"有时候也会给投资者带来负面的影响。如果在1972～2016年持续投资于标准普尔500指数中市值最大的股票,那么复合收益率会小于4%,而指数涨幅则超过10%。如果投资标准普尔500指数中前十大市值的股票,尽管这样操作会减少单一股票对整个资产组合的影响,但结果也差不了多少。大市值公司的业务规模未必与其市值规模匹配,业务模式也可能比较特别,但是投资者通常还是倾向于用市值进行排序。2016年Facebook公司的营业收入不到沃尔玛的1/20,但市值超过了沃尔玛,也许正是因为熟悉给投资者带来的安全感,使市场认可这个估值。熟悉效应不仅会反映在规模上,同样也会反映在债券的评级和收益上。在相同的信用评级下,规模小、不知名的公司,其借款利息会高于那些知名度较高的公司。

你需要知道什么

除非是哲学专业的学生,不然你大概很少会花时间思考已知与未知。美国前国防部部长唐纳德·拉姆斯菲尔德在谈到"已知的未知"和"未知的未知"时表达过一些观点,但对于从来不思考这些问题的人来说,这听起来像是废话。哲学家比较喜欢研究悖论:如果我知道哪些是我不知道的,那么我便知道了。我并不想讨论是否存在一种方法,能够快速地辨别已知与未知,这无法帮助我成为一名成功的投资者,我只想避开我了解不够充分的领域。

当我说"知道"或"理解"时,我心里通常都有一个非常明确的标准。我是否了解客户为什么会购买这家公司的产品?他们为什么换用其他品牌的产品?相较于竞争对手,这家公司的优势是什么?这种商业模式如何盈利?公司利润增加或减少的原因是什么?它的内在增长核心是什么?这类业务是怎样失败的?我对这家公司未来五年的发展是否了解?我对能够决定公司利润的核心要素是否了解?我是否看到这个行业的机会?我是否能够在这个领域做出明智的决策?

我们把以上内容称为:了解你的"能力圈"。我不仅赞同这个观点,而且还想着重阐述其原因。就像你的 Facebook 里有

4000个好友，但你的人生挚友一般只有两三个。问题的重点是关系的紧密程度，而不是数量。你不希望点头之交的朋友占据你和挚友相处的宝贵时间。"能力圈"应该由具有特殊技能或者同样眼光的人组成。一个人也许可以胜任所有行业，但是有的人在某些领域更容易成为精英。这种能力顺序的排列十分重要。

成功人士通过简化自己的生活，将更多的精力集中在最重要的事情和行动上。如果不这样做，你就会发现自己要么像一只仓鼠在轮盘中一直循环奔跑，要么深陷琐事难以自拔。简化的关键在于你需要保持开放的态度，接受新的、矛盾的信息，同时排除影响你的杂音。排除杂音的标准就是问自己这些信息在一两年后是否仍然会有意义，这能为你省去许多无关紧要的思考。

我所寻求的事实往往看起来很陈旧，但它们禁得起时间的考验。比如，一家公司在行业内的竞争地位、管理层如何使用公司的现金流。在 Fox News 或者 CNBC 上，投资者很少会听到这类话题，因为这些事实不是新闻。对于我来说，深入思考这些问题远比阅读最近的季报要有价值得多。

避开不了解的行业

曾经的失败经验告诉我"能力圈"理论是正确的。我管理的基金通常持有 800 只股票，我既要尝试平衡它们之间相互的行业制约，也需要确保投资范围足够宽泛。

开启无穷无尽的可能性是我工作的乐趣之一，但同时需要克制自己的投资冲动，这有时让我备感约束。当然，在投资领域，如果没有下意识地对自己的行为进行约束，灾难来临是迟早的事。

市场中可供选择的投资标的成百上千，即使按照行业分类进行筛选，仍然能给投资者提供足够的投资机会。实际上，我会拒绝其中的大部分，尽管也会错过一些好机会。有些投资方式只会将你引向深渊，比如买入财经节目中所提及的股票。还有的方式具有一定的随机性，比如将上市公司按照字母表排序进行筛选。投资者应该将注意力集中于自己所了解的投资标的上，这能够显著提高投资成功率。至少你能够指出哪里有投资机会，并解释其原因。

投资者已有的知识储备、投资经验和职业经历，决定了他们应该研究哪些行业。你对自己曾经从事行业的了解一定胜过大多数人。如果你对投资标的的现金流比较看重，那么业务稳定且经常有高比例分红的行业应是你关注的重点，那些不愿经常分红的行业则应该回避。经过研究，投资者会发现，有的行业具备大量、长期的投资机会，有的行业这样的机会却很少。短线交易者可以在不稳定的行业中赚取利润，因为这些公司常常会在特定周期环境下扭亏为盈。长线投资者更倾向于收获稳定的平均回报，最终投资结果会相对比较平庸。

为了拓宽对行业的了解，我会阅读纸质版《价值投资调查》（现在它也有了电子版）。《价值投资调查》提供两类服务，根据行业进行分类，覆盖1700只股票。《价值投资调查》每三个月会对每家上市公司出一份一页纸的研究报告，其中包括了这家公司近15年来的历史数据以及当下的一些专业评论。另外，还有各个行业的研究报告，其总结归纳了该行业详尽的金融数据。当翻阅钢铁和航空公司的相关资料时，我可以很轻松地看出，在过去的几年里，大部分公司是亏损的。在公司的官网上，我看到美国航空公司、达美航空、美联航空和全美航空公司都破产了，有的甚至破产了好几次。当我发现一家公司的盈利已不再抢眼，没有办法在行业中脱颖而出时，我会选择略过它继续寻找更好的标的。

根据有效市场假说理论，某行业长期利润不佳、缺乏成长性，并不意味着其所包含的股票的表现会落后于市场平均水平。因为所有的负面信息均会体现在股价中，所以股价会相对较低，但投资者仍然能够获得平均收益。当公司短期盈利不佳，股价相对低迷时，股票容易被投资者抛售。通常廉价的股票是可以击败市场的，尽管其实际盈利短期落后于市场平均水平，但投资者也不要主动去寻找那些前景不佳的标的。

当你严格筛选标的，减少投资次数时，概率的优势便会站在你这边。有效市场假说理论假设所有股票和行业都有相同的风险收益。如果真是如此，在投资组合中剔除某一行业的股票后，组合中股票的市值减小、多元化程度降低，但是投资组合的收益预期不会变化。我认为，排除随机选择的行业，可以提高我的胜率。基金公司聘用基金经理，是因为他们具有专业的研究能力和投资能力。某些基金经理也因此会故步自封，不愿承认自己对某些行业不了解，但他们会设立规则，避开所谓无法贡献利润的股票。

医药公司的不可预知性

不盈利的生物科技股票已超出了我的投资能力范围，但这并不影响我向医生朋友求教学习。当我听到专门医治癌症病患的鲁宾博士谈论丹德里昂公司（治疗癌症的药品生产商）时，该公司的股价只有4美元。丹德里昂公司正在开发一种叫作Provenge的新药，可采用免疫疗法治疗前列腺癌。我和鲁宾医生都对更加人性化地治疗癌症感到兴奋，但我并没有买入丹德里昂公司的股票，因为我不能准确预测美国食品药品监督管理局（FDA）何时能批准这种新药，也无法估计公司未来的收益。

如果要估计丹德里昂在5年里的盈利能力，必须要了解FDA批准Provenge并将其推向市场的概率，然后还需要评估该药的市场有多大。FDA对药品的审核需要经过三个阶段，每一个阶段都有可能遇到反对意见。Provenge的审核流程大概需要10年，其中FDA需要用7年时间做最初的实验，以证明该药物是安全且有效的，还需要2年时间做第二轮实验，最后批准审核还要费时1年。在通过FDA审核申请之后，丹德里昂公司的股票达到了56美元每股，在一年之内翻了10倍还多，鲁宾医生在这只股票上大赚了一笔。一些分析人士预测 Provenge 的营收在 2020 年的时候将达到 40 亿美元。

在此之前，我从来没有想过 Provenge 药物在推向市场的过程中会经历那么多曲折。对于新创的医药公司，投资者通常认为只要它们达到了一个重大的里程碑，比如，得到了 FDA 的批复，那么关于这家公司的一切便都完美。对于丹德里昂公司来说，FDA 的批复才只是个开始。在 Provenge 得到批复 6 个月之后，医疗保险便对前列腺癌费用报销设了上限。Provenge 药物每个疗程需要 93 000 美元，而其他同类药物的价格更高。私人医疗保险公司也缩减了费用补贴。每位使用 Provenge 的病人是根据他们的免疫系统情况获得定制的药物的，所以药品的整体产量增长缓慢。一位研究人士公开了一份研究报告，认为如果基于年龄匹配疫苗和患者，则会显著提升病人存活的概率。当然，与任何药物一样，它也会对有些病人产生副作用。

丹德里昂公司不得不撤回上市第一年的销售目标，因为实际销量只有早期预测的 4 亿美元的一半。随后，强生公司推出了一款叫作 Zytiga 的药物，可以与 Provenge 结合治疗，或者可以直接理解为是 Provenge 的竞争品。Provenge 是注射用药，Zytiga 和另一款同类产品麦迪韦逊医疗公司的 Xtandi 都是口服用药，大部分患者更倾向于使用口服药。Provenge 在医疗科学领域是成功的，但从商业的角度来说是失败的。2014 年，在股东大会上，丹德里昂公司宣布已申请破产保护。

当事实发生变化时，投资者的看法也应该随之改变。如果投资者对一家公司和行业十分了解，那么改变看法的情况就不应该经常发生。即使是现在，我也不能对鲁宾博士的观点下结论，他到底是在回答"接下来会发生什么"，还是"它价值几何"。但就算是超级分析师也无法准确预言丹德里昂公司股价的所有起伏。如果他们能未卜先知，就会得出丹德里昂公司最终价值是零的结论，但这个结论在很多年前看来似乎完全错误。

保险

我研究的第一个行业是人寿保险，这个行业几乎可以被准确地预测。保险公司业务的核心是整合特定的样本风险，这些样本的数量足够大、特征类似，但没有相关性。整合的最终结果将接近于一个理论上的平均值，或者遵循正态分布。定期寿险就是一个很好的例子，寿险公司可能会给100万名客户上保险，每人每年的保险费是1000美元，总额10亿美元。精算师可能已经计算好，大约每年会有1%的投保人去世。除非发生流行性疾病或战争，否则一个人的死亡通常是独立事件，与其他人的生死没有直接关系。100万人是一个足够大的样本，能让概率达到平均数，可以相对准确地估算出死亡人数为1万人。假设每位死亡的投保人需要理赔65 000美元，销售和管理费用为保费的25%，那么，这家寿险公司每年的费用成本为9亿美元。加上保费的投资收益，最终每年的利润大约为1亿美元。

根据上述案例，你可以合理地预测一家保守的寿险公司未来 5～10 年的状况。研究的结果取决于人们对未来的假设，而假设本身确实单调乏味。人寿保险是一个小幅增长的市场，它可能不会过时，但也很难出现丰厚的超预期利润，因为每家公司使用的都是大同小异的死亡概率表，并都会控制运营成本。这会导致寿险公司容易陷入价格战。为了获得市场份额，有些寿险公司便会放弃短期利润。但为了生存，大多数公司最终都会采取中庸之道。保险公司的投资收益会因股票价格和利率的变化而变化。如果你真的有能力预测股票价格和利率的变化，那么预测盈利模式绝不是你最好的用武之地。

对于发放年金和其他给付的寿险公司来说，投资收益的变动假设至关重要。这些假设需要有理有据，不能胡乱猜测。谨慎的寿险公司会将每一个时间节点需支付年金的现金流与债券投资组合所产生的现金流相匹配。因为年金领取者风险偏好较小，所以谨慎的保险公司会坚持只投资优质的债券。但投保人的选择则非常宽泛，他们甚至可以终止自己的保单。人类的行为变化无常，无法准确预测，这与死亡率不同。当然，保险公司有时也会通过购买垃圾债券或时间周期不匹配的债券，以赚取更高的收益。

财产保险需要尽可能多地应对各种不确定的风险，特别是巨灾再保险，它们不会将任何一个年度当作正常的年度；事实上，大多数年份都会风调雨顺，但一旦出现问题，给公司带来的损失肯定是巨大的。一家保险公司在一个集中的地理区域内，为多个高价值的物业提供保险，索赔可能金额巨大而又不可预测。短期来看，保险公司自己也不知道它们所设定的保费是否能够应对未来理赔所需。尽管平均法则具有客观的普遍性，但以季度和年度为周期的预测确实意义不大。如果你的保险公司为迈阿密的高层建筑提供了数十亿的保险，那么在强飓风季节，你必须紧盯天气预报节目。

保险公司破产通常是由于风险过度集中而导致。First Executive 公司在 1991 年破产，其原因是它集中投资了垃圾债券，在不得不卖出的时候蒙受了巨大损失。2003 年，Fremont Indemnity 公司资不抵债，原因是其承接了太多加利福尼亚州劳工保险。20 世纪 90 年代劳工保险市场竞争激烈，价格战导致利润很少。后来由于劳工权益法令的修改，引起太多无谓的诉讼。对于财产保险公司来说，未来无人知晓，也不会完全重复历史。如果风险最近一段时间没有显现出来，保险公司就会将保费设得很低，但此时保险公司应该十分警惕，因为万一风险集中释放，对保险公司来说就是灭顶之灾。

美国国际集团

2007 年，基于自己对保险业务的了解，加之美国国际集团（AIG）拥有 AAA 级信用评级，我认为 AIG 在我的投资能力圈内。时至今日，AIG 已在市场上无可匹敌，成为世界上最大的保险公司（按市值计算）。1919 年 AIG 在上海成立，是亚洲保险行业的龙头，那时保险业务强劲增长，并且公司业务发展覆盖全球。AIG 提供各种商业保险、劳工保险、再保险、汽车保险、抵押贷款保险、个人及团体人寿保险、意外及健康保险、固定收益和浮动收益年金、飞机租赁、金融产品、金融担保、担保投资合约等。随着业务线的多元化和全球化，公司在一个区域的亏损完全可以被其他区域的盈利所抵消。

2007 年，AIG 股价从高点下滑了约 20%，问题出在其金融产品部门。AIG 金融产品部门是我的前同事霍华德·索辛在 1987 年创立的，他在 1993 年离开了 AIG。在加入 AIG 之前，索辛曾在德崇证券（Drexel Burnham Lambert）工作，负责经营金融互换业务。但这种个人关系给我带来的安全感与 AIG 的经营情况没有任何关系，我错误地认为我对公司的情况十分了解。AIG 通过德崇证券在金融互换市场交易，并将金融互换视为保险业务来操作，其中风险可见一斑。

后来 AIG 金融产品部门参与的金融互换交易越来越复杂，已经不像我之前所了解的那样。信用违约互换（CDS）是其核心产品之一，它为高风险债务违约提供保险。抵押贷款和公司债务的违约在当时的社会背景下并不常见，所以保费设得非常低。通常每年的保费不到投保金额的 1%。许多 CDS 买家的真正目的不在于为高风险的债券投保，而是与 AIG 对赌，赌这些高风险债券会出现违约，然后向保险公司索赔。最终，AIG 输了。

事后看来，把 CDS 视为一种保险产品是非常糟糕的想法。债券的发行量可能会达到数十亿美元，为它们提供担保可能会带来巨大的、不可逆的风险。保险的运营原理是通过汇集大量独立的小风险实现盈利。CDS更像是灾难性的保险，但与财产保险不同的是，这种灾难取决于人的行为，而非自然事件。更糟糕的是，信贷违约的恶劣影响与商业运营环环相扣，它们之间会出现连锁反应！

AIG的投资风险过度集中于高风险信贷保险。当风险爆发时，整个体系就会瞬间崩塌。随着CDS偿付飙升，AIG不得不增加保证金，这使其流动性吃紧。为了中止这样的恶性循环，AIG不得不处置了部分合约，这使得未实现损失变成了真实损失。2007年，AIG报告亏损高达997亿美元。股价从高点暴跌98%，后来美国政府出手援助，公司才避免了破产的厄运。

投资简单的业务模式的一个好处是，如果外部人员能够看出运营存在问题，那么经验丰富的管理者一定知道这些问题能否被解决，以及解决方法是什么。显然，我在投资AIG的过程中不知不觉误入歧途，超出了自己的能力圈，也许AIG管理层也犯了同样的错误。我告诉自己，我不是唯一一个忽视CDS风险的人，或许只有AIG的员工清楚其中的内情。如果自己和大家一样都被骗了，可能心里会比较好过。

我不断学习新事物，所以也很难明确界定自己的能力圈。尽管我认为自己对保险业务有相当程度的了解，但AIG也在进化发展。我对保险行业出现金融危机的原因再熟悉不过，但是对最近这次危机没能准确预测，原因在于这次危机发生在一个完全陌生的背景下。我将自己的经验和知识应用在了不大熟悉的领域。一般来说，我喜欢规模小、运营模式简单的公司，而不是像 AIG 这样有着 12 个业务部门的复杂集团，其中有两个部门还非常神秘，在这种情况下我更愿意投资 10 个更小、更透明的公司。

我一直对生物技术很好奇，并且被其技术领域的巨大潜力所吸引，但我知道其中有一些项目最终会失败。在经历过期货爆仓的交易后，我知道自己无法完美预测宏观经济变量或整个市场。在经历海外投资后，我意识到陌生环境和语言障碍将会给投资带来极大障碍。如果你一直投资于你所了解且熟知的领域，这些错误便永远不会发生。

第 7 章
自下而上，细微入手

经济学的一大神奇之处在于，能向人们证明他们远比想象的更无知。

——英国经济学家弗里德里希·冯·哈耶克

我之所以有钱，是因为我知道自己什么时候错了。

——乔治·索罗斯

核心问题

国内生产总值（GDP）反映了整个经济体销售经营的情况，它表明了其盈利的方向，更与经济体内的股票价格息息相关，但是对于预测股票市场走势而言，宏观经济学的作用乏善可陈。每日更新的经济数据局限了我们的视野。更关键的是，宏观数据和特定公司及其股价之间的关联是微弱和不稳定的，其中的逻辑关系常常令人费解。数据展示了过去的信息，而股票价格反映的却是投资者对未来的预期。它们间歇性的关系使我们很难确信我们到底哪里出了错，甚至都不知道是否出了错。大部分的经济预测观点试图给出股票未来的价格走势，却从不停下来思考、评估一下它们的公允价值。

除了投资者天生的好奇心之外，依据宏观经济分析进行投资对于投资者的另一诱惑就在于它看上去很简单。每日的财经新闻会如洪水般涌来，甚至让人觉得宏观分析比研究某只个股要轻松，成功预测 GDP 和标准普尔 500 指数的走势可能比预测单一股票更有价值。宏观投资者面对的是大型流动性市场，所以他们不仅不用担心是否能立刻到达其所期望的建仓和平仓价格，而且已有仓位也可以随时调整。单只股票所承受的资金压力要远小于期货和以股指为基础的金融衍生品、债券、商品和外汇的保证金压力。在金融衍生品市场卖空是一件很简单的事，而做空股票要麻烦得多。

大部分投资者使用自上而下的策略进行投资，但效果并不理想，只有少数投资者运用宏观策略在投资上获得了可观的财富。比如，罗杰·巴布森成功预测了 1929 年股灾，并且用积累的财富创建了巴布森学院；乔治·索罗斯和约翰·鲍尔森分别做空了英镑和次级抵押债，获利数十亿美元。我年轻的时候曾认为宏观经济学者的头脑中必有一套绝妙的经济理论。现在我终于明白，他们身上确有一些共同特征：第一，能接受互为矛盾的信息；第二，对信息的正确性能辩证地分析；第三，愿意改变自己的想法。

很多经济学家认为，经济的运行就像一台精密的机器。如同经济学家威廉·菲利普斯的经济学理论和他的名为"MONIAC"的液压计算机一样，都有着相同的工作程序。我祖父心灵手巧,能够把一辆车拆开后重新组装起来。后来我想对经济学也如法炮制,但是我怀疑我能否将这个学科拆分开,更不要说重新组装了。

这其中的核心问题在于经济学本身是抽象的,构成经济或市场的要素,取决于你对它们的定义。"市场"可以被定义为所有美国上市的股票,或者标准普尔500指数中所包含的500个标的,或者道琼斯工业指数中的30个标的。可是难道"经济市场"仅仅是由股票指数中的这些上市公司所构成的吗?其他的私人公司和机构是否也应该被包含在内?

改变定义,意味着数字也会随之改变。在2009年全球金融危机中,一些欧洲国家实现不了以GDP为基础计算的负债率。可是如果更改一下GDP的计算方式,收入部分可以包括卖淫、贩毒和其他非法行为,那么GDP可以轻松提升几个百分点。由于经济学理论建立在抽象且非恒定的定义之上,这就使得想通过经济模型就能完美预测经济走势的想法看起来有点可笑。

在大萧条期间,凯恩斯撰写了宏观经济学巨著《就业、利息和货币通论》,其理论被主流大学用于教学,同时也被很多政府采纳实践。虽然凯恩斯的理论存在缺陷,但至今还没有其他全面性的方案可代替这套理论。究竟是否继续依照此理论治国授课还尚无定论。凯恩斯创立的大部分定义被宏观经济学所引用,比如GDP等于消费、资本投资、政府财政和进出口差额的总和。

在GDP的组成项目中,资本投资是波动性最大的。它的变动常常会影响其他因素，从而引发经济危机和经济萧条。从理论上来说，公司只有在需求增长的时候才会扩展生产能力，如果需求下跌，公司不会新增生产力，甚至都不会更新设备。而当公司决定投资时，它们会基于机器设备的整个生命周期来评估成本和利润，而非仅仅考虑当下购买机器设备所需的成本。尽管如此，公司未来的利润仍然只是一个理论数值，因为投资成败还取决于公司对项目自身的判断。凯恩斯称这一点为"动物精神"。预判是有可能发生错误的，因为动物的精神状态有可能时而亢奋，时而抑郁，所以凯恩斯的模型看起来更像是个有灵性的生物，而非机器。

人们做预测除了想准确地描述未来，还有很多其他原因。在华尔街，预测的主要目的就是推销，而且在销售完毕之后他们从来不会反思之前预测的准确性。比如，"互联网货币将会被广泛接受"这一预言的真正用意在于刺激这种预测成真。艾尔·戈尔也承认他预测全球气温升高的真正目的在于唤醒人们的环保意识。凯恩斯的模型更多的是想引导政府的政策倾向而非预测未来的经济形势。当"动物精神"低迷的时候，凯恩斯预测，政府扩大预算赤字会带来更好的经济状态，而政府对此也是言听计从。

经济学家米尔顿·弗里德曼声称，经济模型中的假设可以不必基于现实，只要能准确预测即可。事实真是这样的吗？当科学家观察事物时，他们会尽一切可能将细节描述准确，尤其是在描述一个系统中各个要素的作用时，然后才会建立一个模型来解释这些现象。在科学家能做出合理解释之前，无法也无从提出预测。尽管物理学家知道理想假设不切实际，但他们通常还是先设定一个简单的模型和理想的条件，随后他们会重新考虑之前忽略的因素，以完善这些模型。

事实上，物理学模型需要做出精准的预测，而经济学并没有这么严格的要求。在证明广义相对论时，爱因斯坦说："如果任何一个结论的证明有错误，整个理论就必须被放弃。"只要有一个反例存在，那就足以证明一整套科学理论是无效的。这对经济学家并不适用。如果他们这么做，那么整个宏观经济学就不复存在了。不管一个模型的假设多么天马行空，只要能成功预测经济走势，就照用不误。

经济学和投资中的事物均依赖于趋势、概率和环境，没有永恒和不变的事物。大部分经济事件，反映的是一长串关联事件以及每个关联事件发生的概率。跟踪研究这些连环事件的唯一方法是尽可能准确地描述事实，并且从现实的假设开始。真实世界中的交易远比经济学理论所描述的要复杂得多。再强大的理论都会出现反例，而经济学家坚持的理论早已被无数次证伪，根本无法证明理论的有效性。

宏观经济理论常常无法解释股票价格的波动。经济逻辑经常让我想起小时候玩的"传话游戏"。简单的一句"杜·博伊斯小姐在她的房子附近种了一株天竺葵"，最终会被传成"我看见夏皮罗先生和杜·博伊斯小姐在她家院子里接吻"。同理，在经济和金融事件中的每个环节都存在着这种以讹传讹的情况。最后出现的结果和最初想要的往往完全不同,特别是在经过了形形色色的分析师的解读之后,投资者要学会随机应变而不能言听计从。

在我看来,里昂惕夫的"GDP投入产出模型"是所有复杂经济学中最准确的模型,投入产出矩阵列出了经济产出所需的所有投入。假设生产一辆汽车平均需要使用2400磅钢铁、325磅铝,生产汽车的设备还需要另外600磅钢铁。那么,基于这些假设,你可以计算出生产1600万辆汽车所需要的所有材料。如此一来,预测GDP应该是一件轻而易举的事情。

但是经济学家并不使用投入产出模型来预测GDP。事实上,经济生产的要素是一个变量,因为公司会不断地寻找降低成本的办法,使得投入的成本更少,得到的结果相同。

投入产出模型在知识产业的应用效果也不佳。软件、电影、生物制药等行业的生产瓶颈和主要成本在于首次研发投入,后期复制的成本并不高。现在大部分经济增长来自知识产业,所以投入产出模型不适合预测GDP增长(但我们不必完全否定该模型,因为大数据的来临会赋予它新的生命)。

我在德崇证券的工作

1980年我在德崇证券做研究员。当时的客户并不关心复杂的模型或理论,他们单纯地只想在重要经济数据公布之前预知准确的数值,即便估算有误,也要对其有合理的解释。

我们不会非常大胆或长期地预测经济的走势。交易员的交易数据会在下个月或下个季度公布出来，紧盯着交易数据的变化就已经足够了。当时我的老板梅因斯博士让我负责处理经济统计数据。他建议我不要同时公布经济数据和日期。我当时以为他在开玩笑。他认为，频繁给出数据会在市场上制造很多杂音，因为有很多事情我们是不知道的。

事实的确如此。因为有些经济学家和投资者认为，他们可以预测并且控制短期即将发生的事件，还有一些投资者更倾向于获得长期的投资回报，为此他们可以接受过程中存在的随机性，抑或愿意忍受短暂亏损所带来的痛苦。市场这个林子很大，什么鸟都有。

在已有经济数据的基础上判断未来经济走势并不是一件非常困难的事情，但是你需要使用正确的思路和方法。许多经济预测的结论是由已公开的经济数据的计算得到的，当然还需要加上一些实时信息。比如，工业产量的变化会影响 GDP 数值的增减，而工业产量会较早公布，因此该数字的变化可以为预判 GDP 提供一定程度的参考。政府通过用电量来评估工业生产。生产需要加热和冷却的天数可以在用电量公布前计算得出。当天气非常热或冷的时候，就会使用更多的电量。每计算一步，都会出现一定的偏差，因此你不能跳过每日耗电量去直接估算 GDP 增长，更别提去笼统估算对整个市场的影响了。

根据去年每月的平均变化，我可以基于经济数据做出一个客观的预测。如果消费者物价指数每月平均上涨 0.2%，我的预测便可能是每月增长 0.2%。如果每股收益在过去一年里上升了 10%，而去年同季度的每股收益是 50 美分，则我对本季度每股收益的预测就是 55 美分。有时可能资料不足，有时会有一些特殊的数据或不寻常的事件，所以我也会根据情况稍微调整一下数字。我还会基于已经公布出来的信息对部分环节做进一步调整。为了确保不会错过重要信息，我也会看看其他经济学家的预测。

梅因斯博士还经常鼓励我与记者和客户分享我的预测。让我印象深刻的是，有一位客户告诉我，他从不阅读我的日常评论，因为他无法从那些观点中赚到钱。他告诉我，我的预测足够准确，但他是市场交易的跟随者。客户只关心市场反应的程度，而不是数据本身，所以一致性预期和使用小样本数据进行推论是没有意义的。一个正确的预测必须要有核心观点且要与众不同。这位客户欣赏有独到见解的经济学家。事实上，经济学家是不愿意预测的，但他们总是会被问及关于预测的问题。

高税收等于强劲的经济吗

我在德崇证券工作时，最令人沮丧的一个项目就是试图证明里根总统的减税政策对经济有很大好处。因为许多客户和德崇证券的所有高级职员都处于最高所得税率等级，所以他们想要的结论就很明显。即使我与最高税率等级距离遥远，但对经济和政治交叉的问题还是心存谨慎的。我当时相信我们所期望的答案实际上是正确的。大多数经济学家会告诉你,低税收能鼓励人们更加努力工作,因为他们工作的越多,收入就越多。

更高的税收会降低工作积极性,理论上这会抑制GDP增长,但实际情况并非如此。我列出了最高边际税率大于80%的所有年份。1941年,最高的税率等级上升至81%,1942年达到88%,1944年达到94%,然后在1946年被削减到91%,直到1964年,这一比例降到了77%。在那23年的时间里,实际GDP却从1.27万亿美元增长到3.59万亿美元,复合增长率为4.6%。基于真实可靠的统计数据来测算,这实际上是美国有史以来最强劲的增长。

还有其他例子,可以证明高税率与经济强劲的关系。当美国从大萧条中走出来时,许多人都仅能勉强维持生计。提高税率可能迫使人们需要从事更多的工作才能够维持他们正常的生活。那时,努力工作被认为是一种爱国且有责任感的行为。这与我们现在的生活相隔甚远,所以人们会忽视这个重要因素。

1981～1990年,最高所得税率从70%降到了28%。在这段时期,实际GDP增长率为3.4%,仅略高于平均水平。如果你坚持认为降低税率是有好处的,那么用1981～1990年与过去9年糟糕的经济状况对比,就能得到想要的结论。不过,这可能不是一个公平的比较。从1972年到1981年,油价一直在上涨,在里根时期有所回落。到1981年,利率飙升至前所未有的水平,然后有所回落。这9年间的前几年还发生了几件大事,包括越战结束，以及尼克松成为美国首位在任期内辞职的总统。

里根的减税计划是一个很典型的例子。当因果关系如此难以确定时，是否还能应用经济学来明智地投资？在经济领域，一切都是不平等的。你不能孤立地看待任何一个因素，比如萧条、战争、鼓舞人心的领导人、油价飙升和股市崩溃等。创新是在特定群体环境下产生的，不是在特定时间安排好的。每一个经济行为都有间接的作用，以及你没有立刻联想到的、无法明确量化的影响。统计数据存在联动性，比如税率和1941～1964年的GDP增长。但这无法告诉你是什么导致了什么，有联动性并不能证明有必定的因果关系。

押注于经济趋势：我的一场惨败

在德崇证券，要证明我的判断有市场价值，最直接的办法就是交易来验证。

投资者和交易员需要达到一种平衡的状态——既能够接受新信息，又不会迷失在冗余信息中，同时也不会对自己的逻辑过于自信，或是缺乏信心。当时，我对投资还只是一知半解，仅凭无知者无畏的劲头蛮干，在无尽的信息中迷失了自我。在德崇证券工作的时候，我正在读商学院课程。那时我身负大量的学生贷款，用少得可怜的存款维系着生活。所以我参与市场交易的初始，不得不从小做起，从一份期货合约买卖开始。

投资者可以利用杠杆交易放大自己的本金，比如我的1500美元本金加上杠杆，就能"控制"一笔10万美元的美国国债合约。期货交易合约多种多样，而我却不能把经济学知识应用于交易。因为如果国债的价值跳动一个点，即1%的票面价值，这个合约就会盈利或损失1000美元。期货市场是以日结的方式清算盈利和亏损的。如果连续判断失误，你可能在一两天内就会亏光本金。当然如果判断准确，你的资产就会迅速增加。

1983年1月，美国失业率高达11.4%，到了5月下降到9.8%，到了12月8日，已经降到8%。我完全看好市场的就业前景，明显感觉到经济的走强，这会提振投资者信心。通常当经济飞速发展时，利率会随着债券持有人对通货膨胀的担忧而上升。德崇证券的期货业务中，有很大一部分是对冲基金，他们试图利用对冲的方式抵消利率上升的影响。利率上升，或仅是担心利率上升，都将带来更多的对冲业务。从宏观层面来看，这一切都与我的预期一致。

我确信经济反弹会导致利率回升，这是我在期货市场下注的原因。在大约三个月的时间里，一切都很顺利，所以我不断加仓。有时我会做两份合约，比如做多长期国库券和做空短期存款票据。这些"利差"交易的保证金要求比单独合同的要求更低。

在那三个月里，我确信自己有了魔力，决定根据自己的信念进行投机。当价格运动对我有利时，我会集中仓位。杠杆交易就像酒精一样让投资者陶醉，深陷在过度乐观和过度自信之中。当我的资产积累到可交易 25 份合约时，我意识到每一次价格跳动，我会盈利或亏损 625 美元，所以我会紧盯屏幕关注价格变化。只要价格向对我有利的方向跳动 3 点，我就会在原有合约上加仓。在期货市场，利润增长的速度远比股市快得多。仅用了十几周的时间，我的账户规模已超过 4 万美元，这比我的年薪还多。那时我幻想自己会成为一名成功的交易员，我的投资生涯前途无量。

在接下来不到一个月的时间里，一切都变了。经济继续强劲增长，但通货膨胀放缓了，利率大幅下跌。除了亏损以外，更加令我苦恼的是我失去了判断对错的依据，也不知该如何操作。有些统计数据可能存在矛盾的地方，可能我没有把足够的精力放在权威经济数据的研究上，也可能我忽略了关键要素。账户操作、期末考试、特许金融分析师（CFA）考试，以及工作，都在争夺我的注意力。

我那 4 万美元的利润亏起来比赚的时候要快得多。后来，由于我的账户余额为 0，期货公司保证金管理员要求我追加保证金。我告诉他当时我的财务状况，还隐瞒了我的贷款。最后他把我的账户强行平仓了。

关于股票的预期

追加保证金的通知彻底摧毁了我的投资系统。我曾尝试过股指期货，但损失比原来更多，我不得不停止了交易。那时我的投资逻辑是将经济数据与利率联系起来,观察其中的关系,然后用利率变化推导股指变化,再用股指变化计算个股走势。现在我才明白,虽然经济数据与其他数据存在紧密的关联,但是经济数据、利率、股票市场和最终交易利润不存在简单的、直接的关系。

大多数投资者认为,经济对股市有指导性意义,但他们把两者间的顺序弄反了。事实上,股票市场会告诉投资者经济将如何发展。指数是市场走势的领先指标,指数的起伏领先于整个经济的走势。这种领先指标共有10个,最持续有效的指标是标准普尔500指数。投资者比采购经理人更关注未来,股市下跌抑制了投资者的精神状态,所以会导致经济衰退。

经济数据会影响利率。有许多投资者试图通过利率变化预测股票走势。有时股票和债券价格会同时上涨或下跌,有时则相反。当利率上升,债券价格下跌时,经济和公司利润通常都在上涨。利率和利润究竟哪个更有影响力?这就要视情况而定。

关注利率水平得出的结论与关注利率变化得出的结论是不同的。大多数人认为,利率下降将提振经济和公司利润,并会修正那些较高的市盈率。所有这些都对股价上涨有利。但事实证明,当通货膨胀调整后,利率非常低时,其他金融资产的回报率也相当低。

长期来看,股票价格反映了市场盈利的预期。许多择时的投资者也会关注公司的利润状况。其中一些人会关注公司利润的水平,还有一些投资者会关注其变化的速度。当公司盈利开始攀升时，择时的投资者会变得乐观起来。通常他们关注的不是这些利润的内在价值。

在预测公司利润增长的过程中，不会像你想象的那样有一个明确市场时机的信号。每个人都在努力地预测未来，你只有在与其他人预期不同且正确的情况下才能获得回报。在机会明显的情况下，利润会被一致预期所削弱，比如股票市场已经下跌了，那么这是买入的好时机，反之亦然。截至2015年的近40年，是标准普尔500指数的成分股公司盈利增长速度最快的40年。市场平均市盈率下降，投资利润总和通常为负值；当标准普尔500指数的成分股公司利润下降时，平均市盈率通常会增加，股票价格上涨。

从别人的错误中学习

在这个市场中，我看到许多投资者使用自上而下的投资方式，最终他们都以失败告终。其中原因主要有两方面：①投资时没有考虑公允价值；②没有理解新的信息。比如本国货币的公允价值是由购买力来衡量的，但交易者在外汇、大宗商品和其他许多金融衍生品交易时没有考虑内在价值这一概念。如果没有内在价值的概念，你就无法判断市场是否认可你的观点。在判断一笔交易时，要么你需要弄清楚与之相关的前因后果（通过宏观分析能否做到是值得怀疑的），要么你需要用一些理论和数据来计算公允价值。

投资者应该不断寻找被忽视的细节和观点。如果观点被广泛认可，则会引发大规模的市场价格波动。基于相同信息进行预测，大家的结果基本类似。如果想与众不同，则需要一些其他方法。在一般情况下，投资者可以追踪价格变化的因果关系，发现大众尚未掌握的要素。但这个逻辑在复杂的宏观投资上是不太可能实现的。公允价值或内在价值的概念并不会告诉你哪个想法是错误的，错误只会体现在价格上。如果市场价格与你计算出的内在价值之间有明显的差距，那么你和市场必定有一方是错的。

在评判投资理念的对错时，投资者不应依据账户盈亏，而应着眼于内在价值体系的优劣。动量投资者倾向于追涨杀跌，他们会以 40 美元的价格买进一只上涨的股票，然后在股价跌破 35 美元时卖出，当它再突破 41 美元的时候再买进。如果我以 40 美元的价格买入一只我认为价值 50 美元的股票，当价格跌到 35 美元且价值没有改变时，我会更加兴奋。但如果有消息使其估值降到了 30 美元，我便会止损离场。

在宗教、政治和爱情中，真正的信徒总会坚信到底，而不管事实如何。但投资者则不然，他们的目标是追求如同自然科学一般的理性，正是因为公司发展和经济走势是由人类未来的行为所决定的，所以这种理性预测永远无法被精确地证实。当经济学的问题变得广泛而多面时，他们倾向于将问题上升到政治和哲学的层面。例如，当一个富裕债权国不能从一个贫穷的借款国获得偿债时，人们就会做出道德和政治上的判断，而不会从商业角度出发去评判不能偿债的原因。当我从个人价值观的角度思考社会系统问题时，很难避免集体思维。在这种情况下，我认为对的事情往往带有浓郁的主观色彩，不可作为投资的依据。

大众在考虑股市的内在价值和黄金的价值这两个问题上常常会出现错误。熊市有可能随时降临，在特定的时间条件下黄金的价值会有所提高。价值投资者同样也会保留资产，但更担心持有资产的机会成本（如现金、时间成本）。股票、黄金市场的变化对未来经济走势很有指向意义。比如，通货膨胀增速通常是由消费者和政府债务引起的，其中每个数据点的变化都应有明确的解释。担心是明智的，但这并不意味着最谨慎的分析就能做出最聪明的选择。

在1992～2016年的25年里，标准普尔500指数的平均市盈率一直高于25年前，我对这段时间出现的熊市感到惋惜。有人认为高市盈率是由全球化、垄断和新技术导致的。尽管对于那些相信市场估值的人来说，熊市是对估值的修复。可是，当熊市来临之时，市场的市盈率远低于历史平均水平，他们的行为却与理论背道而驰。如果他们买了股票，也就不会是熊市。

黄金可以作为价值储备的一种方式，但到底能保有多少价值尚不清楚。因为黄金没有对应的未来现金流，所以它其实没有内在价值。但随着时间推移，它的价值确实可以通过一篮子的消费品来衡量，尽管误差会相对大一些。2001年，黄金交易价格为每盎司270美元，2011年为1900美元。即使把通货膨胀因素考虑进去，对价格做出大幅调整，2011年黄金的实际价格也是10年前的5倍。魏玛共和国和津巴布韦都曾经发生过恶性通货膨胀。巧合的是，这两国政府都发行了大量的黄金证券化商品。这种行为带来的后果是可怕的。在这种情况下，价值投资者和有能力控制自己行为的投资者应该减少当时的黄金持有量。

凯恩斯：作为投资者的经济学家

当我得知凯恩斯不仅是宏观经济学的创始人，也是一位杰出的投资者时，我很希望他能够成为一位将经济学应用于实际投资的榜样。随着时间的推移，凯恩斯的投资方法不断演变，投资成果也不尽相同。凯恩斯最初作为投机者开始了他的职业生涯。他交易外汇，通常买进美元，卖出像德国马克这样的欧洲货币。1919年，凯恩斯写了《和平的经济后果》一书，旨在表达德国无法支付第一次世界大战的赔款，这会迫使其经济衰退并有可能造成更严重的后果。最终凯恩斯预测的事情发生了。

由于经济一团糟且难以支付赔款，德国在1923年陷入了极度通货膨胀，而且德国马克彻底崩溃。如果凯恩斯在那之前一直做空，那么他将获得巨大收益。1920年5月，德国马克停止下跌并开始反弹，凯恩斯持有空单，并且加了杠杆，这次反弹将凯恩斯清理出了市场，还使其债台高筑。

当再次有钱（别人的）参与交易时，凯恩斯回到了大宗商品市场。这次回归,他的优势明显:他有着关于交易标的的大量历史数据,在那个年代不是每个人都有这样的数据,并且他与当时政府相关政策制定者保持着密切的联系。但他在大宗商品交易方面的总体业绩仍然好坏参半,尤其是算上在大萧条开始时的几次毁灭性损失。

除了个人账户,凯恩斯还开始管理剑桥大学国王学院的基金。在开始几年里,他利用经济和货币分析的方式来决定股票、债券和现金之间的投资。用现在的术语来说,凯恩斯用自上而下的方式进行资产配置,并且使用其他因子实现了在趋势中的来回切换。但从累计收益来看,他在20世纪20年代的收益是落后于英国整体市场的(见图7-1)。

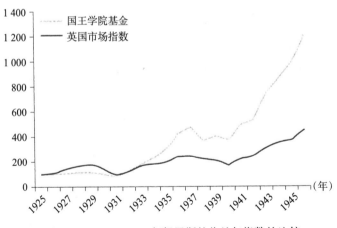

图7-1　1926～1946年凯恩斯的收益与指数的比较

凯恩斯在给国王学院的投资报告中写道:"我们尚未证明,在整个经济周期的不同阶段,我们可以利用股票组合创造出比市场整体运行更好的收益。"他也观察到:"信贷循环意味着在下跌或上涨的市场中,考虑交易费用和利息的损失,投资者需要非凡的技能才能从中赚取利润。"如果史上最伟大的宏观经济学家,有特殊的渠道能获得信息和政策规划,都不能成功地在信贷和商业周期中实现有盈利的交易,那我真不知道谁还能做到。

1929年的崩盘和大萧条让凯恩斯意外地陷入危机,当时他既是经济学家又是投资者。在《1930年的大萧条》中,他写道:"我们卷入了一个巨大的混乱之中,在一个微妙市场的引导下不断地犯错误,然而我们却不懂它的运作方式。"市场指数从最高点跌落至最低点的过程中,凯恩斯的个人资产蒸发了4/5,部分原因是他从未停止使用杠杆。而同期国王学院的投资组合表现明显更好些,因为凯恩斯在股市下跌中不断地抛出股票,信贷循环也起了关键作用。

凯恩斯认识到他之前的分析方法并没有起作用,所以改变了思路。他不再使用宏观经济学的投资思路,而是关注少数他非常熟悉的公司。他不再追随趋势,而是买进被低估且有丰厚股息的股票。他购买的股票平均股息收益率为6%。这一收益率远远高于英国股票或债券的平均收益率。凯恩斯的杠杆操作一如既往,他又开始借入资金进行投资,而股息已然覆盖了利息支出。他买入的大多是中小型公司,在经济大萧条时期,这些公司在行业里表现不佳,比如矿业和汽车行业。尽管凯恩斯的起步比较艰难,但他在之后的20多年里,以平均每年超越大盘

6%的超额收益击败了市场。

有效市场假说在哪里适用

尽管凯恩斯和我最终都将投资目标限定在低估值的小型公司上,但是我认为我们在预测未来的观点上还是有所不同的。我们两个人都始于用经济走势预测股票市场的未来,但我们都失败了,而且都没能保住利润。凯恩斯写道,依靠我们的知识,对任何特定股票未来收益的判断都是不可靠的,这使我对未来任何复杂的经济体系都产生了担忧。

在本书的开篇部分,我们讨论过有效市场假说。它假定市场价格是公平的,且没有人能够击败市场。但这需要一系列假设都成立,比如所有的信息都公开,并且投资者都能够正确地解读信息。关于经济数据和主流投资趋势的信息在电视或互联网上广泛报道和传播,这似乎是现实生活中应有的样子,并不需要过多假设。

有效市场假说的假设条件过于"强大",比如任何一个人或内幕交易者的行为都会反映在市场价格上。我不太认同这个假设,因为在现实中我仍然可以看到关于股票内幕交易者谋取巨额利润的新闻报道。除了电影《颠倒乾坤》(*Trading Places*)以外,我很难想到谁会利用经济数据进行内幕交易。根据定义,经济数据应该涉及大规模交易市场,因此潜在利润也应该是巨大的。如果在市场中没有利用经济数据的内幕交易者参与,那么有效市场假说或许在经济数据层面可能成立。实际上，大多数关于投资的宏观信息是广为人知的，或者至少已经反映在价格上了。

思考，细微入手

你不可能通过电视节目或者互联网快速地赚取利润。要想成功地应用宏观经济学数据和理论，你必须以历史案例作为参考，仔细研究每个事件之间存在的因果关系，还要警惕你的盲点。你必须反思在课堂上学到的金融模型是否有效，以及模型的应用背景，最终应该得到一连串模糊的结论。在通常情况下，这样做并不能将问题简化，因为每天有太多的新闻，它们之间的联系千丝万缕，且重要程度各不相同。尽管大多数信息都是多余的，但你还是需要花时间去过滤筛选。

所以我会试着自下而上去思考，着眼于微观角度，从企业本身出发。新闻中关于个别公司的信息报道要比宏观经济的报道少，但对公司个股的分析要远比分析经济简单得多。大多数人都不太留意公开信息，尤其是关于那些小公司的。每个人都会在预测未来时犯错，如果你思考的逻辑关系是清晰、直接的，你的预测准确率就会提高。与研究宏大宇宙的课题不同，当研究具体股票时，你更容易知道哪些是你不知道的。

所有投资者都要有公允价值的概念，这是投资道路上的明灯。公允价值的概念不仅有利于评估交易机会的吸引力，还有助于评估新信息的影响力，帮助你决策是否要加仓或减仓。索罗斯最有力的工具就是公允价值的概念。他的反身理论解释了为什么英镑相对于购买力平价变得严重高估。

宏观投资者和选股投资者都必须执着地追求真理，对我来说，小的错误更容易承认。一旦我相信一个理论能够解释重大事件时，我就不太可能动摇。尽管这么说常会让人感到不安，但是我仍然愿意承认，在面对不确定的损益时，我更加愿意承认自己的无知。谨小慎微是我的风格。当然，如果有人不停地认定股市即将崩盘，或者认为黄金是唯一安全的资产，我也会觉得很可笑。关于某只股票的想法只是众多想法中的一种，而且我知道其中有些想法不会带来收益。小错误通常更容易被修正。自下而上地思考，从细微处出发，不仅可以减少犯错的频率和严重程度，还能让你有更好的心态去纠正错误。

| 第 8 章 |

中国的牛市

> 邦有道,贫且贱焉,耻也;邦无道,富且贵焉,耻也。
>
> ——孔子

在海外开展业务时,语言差异往往是一大障碍。我偏向在英语国家投资。世界很大,各国的法律和社会制度也不同。当你作为外国人去某国投资时,"财产"对于你和该国人而言,含义不同,得到的保护也不一样。有些国家的法院以法律为根本准则,而有些国家则不然。税率等经商成本在全球各不相同,通货膨胀率也千差万别,所以会计报表上的数字只是表象,不能囊括所有的文化背景和地域特征。商人的社会地位在不同国家也不一样,在有的国家商人地位与其雇员的人数有关,而在其他国家则可能与盈利能力有关。所有这些因素都会影响公司高管的行为。如果完全按照美国人的思考和行为模式在海外经商,那肯定是行不通的。

国际投资的初衷是为投资者提供更多的市场选择。加拿大和英国的上市股票数量要比美国多,百慕大、澳大利亚、中国香港、新加坡以及其他英语地区的市场规模也不小。通过投资海外,你确实能获得更加多元化的投资机会,但随着公司经营的全球化,这些优势也会衰减。

国际投资也存在着一些风险,特别是在发展中国家。在那里,外国投资者的占比很小,其权利往往也无法受到良好的保护。永远不要以为你在自己国家的行事套路可以适用于全世界。与外国金融机构交流时,你首先要问自己:"我是否理解他们的意思?"这个问题的答案必须是肯定的。除非你愿意花时间去研究其中的差异,否则海外投资绝对是个冒险行为。

英联邦中的不少成员方已步入发达国家行列,这些发达国家大多数都是以英语作为母语。这些国家的财务报表和研究报告也都完全使用英语。在许多地区,尤其是北欧,英语即使不是官方母语,也是一种重要的商业语言。有些公司特别是大型跨国公司,需要发布多种语言的新闻稿。虽然计算机翻译的新闻稿大致正确,但有时也会出现重大差错。此外,在不同语言体系中,相同的词语通常有不同的含义。Bimbo 是墨西哥和西班牙最大的面包品牌,但在英语中,Bimbo 指行为不检点的女人。

外国投资要以外币计价,这又增加了一个风险。一些货币与美元挂钩,这种政策通常是因为与美国有很多的贸易往来。百慕大元与美元挂钩,这两种货币都可以在百慕大使用。港币也与美元挂钩,英镑的使用范围更广,它与欧元和美元都挂钩。

汇率变动也能反映一个国家的通货膨胀情况，如津巴布韦与美国有贸易往来，由于国内出现恶性通货膨胀，津巴布韦币对美元从1983年的平价跌至2009年的3万万亿津巴布韦币兑1美元，之后津巴布韦币被废除，完全使用美元代替。所以，有些国家会禁止或限制货币外流。

一些投资者认为，民主和法治对他们来说并不重要。只要经济快速增长，没有这些也可以。对此，我并不赞同。如果我要把资金投到海外，我首先想知道的就是当地法律是什么样的，以及它们是如何被执行的。作为一个外国人，我希望当地法律法规具有普适性，而且要公平和公开。当然不可否认的是，即便在一些法治国家，熟人和当地人通常会因为地域优势而受到特殊"照顾"。

财产，在不同时间和不同地点，有着完全不同的定义。政府保护人民财产权的思想可以追溯到13世纪和《大宪章》。由英国下议院提出的《圈地法》，明确了个人在耕地上的财产权利。在美国内战前，南方各州2/5的人口被认为是财产。知识产权在1860年之前几乎不存在，但在如今的美国越来越多地受到保护。美国版权的年限原本只有14年，但现在可能延长到120年。每个政府都会拥有一些土地和公司，在社会主义国家，政府拥有大部分经济资源。

在20世纪的大部分时间里，英国政府在市场经济中都扮演着十分重要的角色。一些公司和行业被国有化，包括电信、电力、天然气和水务等。煤炭和钢铁等基础工业以及公共汽车和铁路等运输行业都被政府接管。政府还拥有劳斯莱斯（飞机引擎制造商）、英国利兰（美洲虎汽车制造商）、生命科学公司以及英国广播公司。英国的最高所得税率在第二次世界大战期间达到了99.25%的巅峰，1966年也高达95%，同年甲壳虫乐队推出了他们的一首著名歌曲——《收税员》。

20世纪80年代，时任英国首相撒切尔夫人发起了一项大规模私有化运动，包括了上面所列的大多数公司。作为富达基金公司公用事业分析师，我在1986年跟踪了私有化后的英国天然气公司（British Gas）。这家公司经营得很好，撒切尔夫人的监管框架似乎比美国的规则更具吸引力。与美国公用事业公司一样，英国的监管机构也要求一定的回报，当然这是在调整了通货膨胀率之后的回报。在20世纪70年代，美国公用事业公司遭受重创，因为其费率没有跟上通货膨胀的步伐。

在水务行业私有化时，公司股票被打包并定价出售。有10家自来水公司和污水处理公司，最初以捆绑的形式出售。买家必须以打包价先支付一部分现金，剩余部分以按揭的方式来支付。公司的股息收益率很有吸引力，而且我认为它会随着通货膨胀而上升。英国政府也给这些项目注入了一些现金，以补偿购买这些公司的财团。最重要的是，这些公司的股票都以个位数市盈率定价。事实上，买家也会担忧，如果水质标准法律进一步收紧，就会迫使他们支出更多的成本以维系供水质量。水务行业私有化在政治上是不受欢迎的，有人猜测政府之所以这么做，是为了迎合那些政治上的反对者。

因为供水系统可以持续使用几十年，所以公司可以通过缩减养护费用来降低营运成本。监管机构也认为，如果自来水厂高效运营，就能够抑制水费上涨。有些地区，特别是农村，或者沿海城市，需要花更多的钱在水质清洁上。对股东来说，投资这类公司是不错的选择，因为它们的运营风险较低，而且不受通货膨胀影响。我最初投资了捆绑销售的10家水务公司组合，后来只投资了市盈率较低、资产负债表最强的其中几家公司。

1997年，大部分水务公司的市值已达到了当初私有化价格的3倍。这是一个惊人的结果。但事实上，同期标准普尔500指数和英国富时100指数的涨幅也差不多。虽然水务公司是不错的股票，但它们算不上大牛股。我的绩效在那段时期能打败大盘，这要归功于水务股的股息收益率远高于平均水平。分期付款的模式也有一定功劳，它使我在承担较低风险的情况下获得了良好收益。

我曾担心英国市场可能不是投资的最佳场所，而现在我不得不改变我的偏见，英国是英语国家中做海外投资的首选之地。20世纪，英国人均GDP增速比其他许多国家都慢。通常投资者蜂拥而至的都是那些GDP增长预期较强的国家。投资者这样做的最终收益却往往都不理想，这在国际投资中令人费解。一个多世纪以来，日本和意大利的GDP增长几乎是全球最高水平，但日本的股市回报率仅为平均水平，而意大利则相对较低。战争对这两个国家的股票市场都有灾难性的影响。

回顾20世纪，澳大利亚、瑞典、南非、美国、加拿大和英国的股票回报率都处于第一梯队（见图8-1）。在这些国家，人均GDP增长并不快，但有几个国家的人口增长明显高于平均水平。法治国家通常会吸引移民和资本。在高度法治的地区，商业关系之间的信任度也更大。英语系国家普遍要求披露更全面的信息给投资者，这样给选股带来了便利。你对当地语言和文化的熟悉程度越高，对未知事物的把控力度就越强。在过去10年时间里，在法治程度相对高的国家中，选股策略的最好标准是偏向于市盈率较低的市场，而不是那些近期经济增速较快的市场。

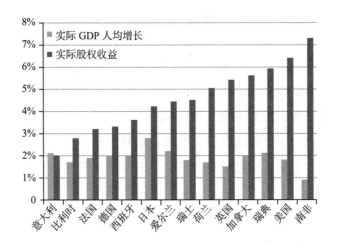

图8-1　实际股权收益和实际GDP人均增长，1900～2015年

日本

日本是一个安全、民主的资本主义国家，拥有高度的法治，

且尊重财产权。自1955年以来，保守的自民党长期执政，只有短暂的中断。日本国有化的公司比美国要少。根据相关报道，在日本，欺诈和腐败案件非常少见，当然这要排除那些充斥黑帮的建筑行业。

2011年的日本对投资者来说是价值投资的好地方。我很高兴找到了许多管理良好、资金充裕的公司股票。它们以低于账面价值的价格出售，而且市盈率仅为个位数。我专程去了一趟日本，在一周时间内尽可能多见了几家公司的高层。有许多股票可供选择，而且价格都很低，我选择了一些股价处于温和下跌阶段但有上涨潜力的股票。我在日本考察期间，日本东北地区发生了9.0级的地震，这使大家都沉浸在悲观忧郁的情绪中。

在日本考察的这一周令我收获颇丰。游走于日本小型公司的会议室和富达公司的办公室之间，我会见了大约20多家潜力公司的高管。总的来说，我遇到的都是充满活力且具有创业精神的公司。一些公司创始人身兼管理要职并持有大量股票，这在日本并不常见。他们对自己公司的业务充满热情，即使不用翻译你都能从他们的言谈举止中深刻感受到。

在美国每一位高管都被灌输着一个理念，那就是他们的最高目标就是最大程度地提升股东价值。当我在日本提出这个想法时，大多数日本商人都不能理解我的这一逻辑。他们认为，雇用人数和市场份额在日本能够带来更高的声望。也许，日本人的这些观点比美国人看得更长远。拥有强大的市场份额最终会带来利润。不过，日本公司的股东回报率低于全球平均水平。

在日本，社会关系和社会责任的意义被看得更重。

"枪打出头鸟。"日本公司认为，赚太多钱会让他们变成出头的"鸟"，他们不想这样。日本 CEO 的薪酬比美国 CEO 的薪酬要少得多。当每个人都在同一条船上时，员工会对他们的公司有更大的忠诚度。这或许可以解释为什么日本的政治不那么两极分化。如今，终身雇用制只存在于大公司中。许多公司试图通过持有巨额现金和避免举债来防止遭受不必要的打击。

20 世纪 80 年代，东京市场是全球股市的宠儿。日经指数在 1989 年 12 月达到峰值，当月收于 38 916 点，市盈率接近 70 倍。一些人表示，资产价值比公司收益更重要，公司需要拥有大量资产。但房地产资产泡沫比股市还要大。东京银座的标志性建筑售价高达每平方米 100 万美元。若以美国平均家庭住房面积和日本平均房价来计算，那美国每个普通家庭的房产价值就会是相当离谱的 2 亿美元。日本曾在一段时期内，用 100 年的抵押贷款来为这些房产提供资金。也有一些评论家认为，收益被市场投机者夸大了，因为他们以借钱来为投机交易融资。20 年后，日经指数仍在 1 万点附近徘徊，较峰值下跌了约 3/4，而且再也没有回去过。

环顾东京，你不会想到它的股市在这 25 年里一直低迷。日本是一个生活水平很高的国家，其人均 GDP 增长速度与美国相当，失业率也较低。行走在东京市中心，你能感觉到平静、繁华和安全。

作为一名投资者，我希望利润能够持续、稳定地增长，又不会被快速超越。我发现零售业是日本人最看好的行业，而我的确也在此领域选到了一些好公司。连锁药妆店科摩思（COSMOS）总部位于日本九州岛，远离东京。通过严格控制运营成本，COSMOS 的商品售价非常有竞争力。它的销售和管理费用仅占销售额的 14%，这体现了这家公司非常优秀的成本控制水平，而沃尔玛的销售和管理费用占销售额的 19%。

COSMOS 在 1983 年由首席执行官宇野正晃创立。公司成立以来发展十分迅速。也许是因为公司在日本人口较少的九州起家，所以可以更快地找到好的店面，而且租金成本也更低。COSMOS 在自有品牌产品上的利润率要高于其他品牌的产品，它拥有一系列自有品牌。COSMOS 的库存周转率超过了美国连锁药妆店龙头 CVS 和沃尔格林。而且，日本人的平均寿命比美国人长 4 年，所以人口老龄化程度较高，这也促进了药妆店业绩的强劲增长。2011 年，COSMOS 的市盈率仅为 10 倍，而在接下来的 5 年里，随着药妆店的持续增长和市盈率提高，其股票价格飙升了 6 倍。

中国

对于超级富豪来说，中国香港是一个自由的天堂。香港奉行自由贸易，监管干预市场的行为较少，法院充分保护财产权。如果你在国际市场上做投资，这些因素往往比 GDP 增长对投资回报的影响更大。中国内地与中国香港的经济自由度差距较大，有部分是因为历史原因。几个世纪以来,中国限制对外贸易,仅有特定的城市可进行贸易往来。英国东印度公司因非法向中国输入鸦片,给中国社会造成严重破坏,引发了1840～1842年的鸦片战争。鸦片战争加强了中国对自由贸易和外国人的抵触。

1993年,我第一次访问中国,调研了一家香港上市公司的工厂。当时,中国内地股市刚刚开放,直到2014年外国人才被允许投资。显然,许多国有公司与外国人的合作意愿不是很强烈。这是我第一次去一个发展中国家,所以我不知道该抱有什么样的期许。

社会状况直接影响着中国公司的盈利能力和成长性。与美国不同的是,中国的劳动力价格低廉,所以即使在现代化的电子工厂,他们也会雇用大量人力用肉眼来检查电路板上的细微缺陷。许多公司给员工提供宿舍和伙食,这也影响了他们的成本结构。外来务工人员需要获得当地户口(居住证),才能享受诸如医疗、教育和福利等社会服务,这些政策可能会影响到劳动力供应以及从工人到雇主之间的整条劳工链。

人们对未知事物有不同的期望。我在中国尝尽了美食,也学到了很多东西。这次中国行令我大开眼界,也认识到我对中国文化和制度知之甚少。沃伦·巴菲特的成功很大程度上是因为他坚持投资自己所熟知的领域,并做到了极致。尽管我经历了一次最难忘的旅行,但我只在香港市场上买了几只股票,而且都是较小的持仓。其中,裕元集团是耐克、阿迪达斯和其他鞋类品牌的生产商,在支付较高股息的同时,其业绩增长迅速。

关于中国，我仍然需要学习更多，尤其是关于个别公司运营模式的细节。

外国人不允许完全拥有某些中国技术和通信公司。虽然你可以投资像阿里巴巴、百度或携程这样的中国互联网股票，但你所拥有的只是股息收益。所有敏感行业的经营许可证和营业执照在法律上都由中国公司持有。中国企业为了规避外资不能投资的限制，可在境外设立控股公司，控制公司取得中国企业的负债和权益，但并不真正拥有这家企业。外资可买进控股公司的股份，但相关的解释权，取决于中国市场的政策。

一叶障目不见泰山

2000年，有一位经纪人告诉我，中国是加拿大林木产品销售市场中增长最快的国家之一，而且还有一家中国林业公司在多伦多上市。该公司名为嘉汉林业（Sino-forest），其业务发展迅猛，股价约为每股1美元，相当于账面价值的一半，是利润的3倍。嘉汉林业有一些债务，包括可转换债以及一些权证。尽管如此，这些信息并没有让我心动。此后该股股价停滞了3年，到2003年，股价突然在6个月内翻了1倍。嘉汉林业趁机决定通过发行新股筹集资金。

当一家公司发行新股时，如果它的市盈率和资产价值都很低，我总想知道其中的原因。有时高管没有意识到，这样做稀释了现有股东的持股价值。我与嘉汉林业的管理层见面时发现，他们似乎并不是对股东价值一无所知。银行可以允许陷入困境的公司筹集股本，但嘉汉林业的情况似乎并非如此。管理层声称，他们之所以以较低的价格发行新股，是因为他们有绝佳的机会使用资本。

我不太清楚嘉汉林业的业务是什么。我假设嘉汉林业从政府那里购买了伐木权，但它又将伐木权出售了——卖给了谁，我不知道。该公司声称使用的销售代理是无法披露的，而这些销售代理又将木材卖给了不知名的客户。

尽管这些不确定的信息让我很担心，但是嘉汉林业的股价一飞冲天。2002～2007年，尽管嘉汉林业的流通股数量大幅增加，但每股盈利仍增长了一倍多。后来，该股飙升至18美元，市盈率为20倍。

我祈祷嘉汉林业的业务不要太多地依赖政策的支持。随后，嘉汉林业的联合创始人和其他高管减持了一些股份。我跟随他们也卖出了我的少量持仓。在接下来的四年里，嘉汉林业的财报显示，其管理的森林面积增加了一倍多，收入和利润也翻了一番。该股在全球金融危机期间暴跌，随后反弹。

2011年，加拿大研究机构浑水公司发表了一份报告，称嘉汉林业财务造假。美国大部分的企业财务造假，还会掺杂部分事实，但嘉汉林业几乎捏造了全部事实。浑水公司的报告称，嘉汉林业通过"授权的中间人"买卖林业产品和支付税费，因此没有留下太多审计轨迹，有些交易可能是公司业务人员私下达成的。

浑水公司的报告揭露了太多我不知道的细节。嘉汉林业没有提供资金购买原木,也没有从木材买家那里收到货款,一切都是通过中间人。2010 年,嘉汉林业声称其在云南砍伐的木材量已超过其合法配额的 6 倍多。云南是中国西南部的一个省份,山峦覆盖程度达到 92%。

中国公司必须向国家工商行政管理局(SAIC)提交财务报告,而浑水公司获得了 SAIC 的报告。SAIC 的数据与向投资者公布的数据完全不同。我之前并不知道 SAIC 的报告是公开数据。简而言之,这件事情对我最大的启示是,我会向每一家有财务欺诈嫌疑的公司要求提供 SAIC 报告。

2012 年,嘉汉林业在加拿大申请破产。

法治

在进行全球市场投资之前,你应该想清楚自己的能力圈,并做好准备工作。对于大多数投资者来说,英联邦中的发达国家是开展海外投资的首选之地。在这些国家,法律框架相近,语言、制度、商业习俗和会计准则也都相似。在给定相同条件的情况下,投资结论也往往与美国保持一致。愿意学习外国文化的投资者也应该重点关注法治环境较好的国家。除非你有大量的研究做支撑,否则不要轻易出手。当然,投资者还需要注意,在世界许多地方,公司的社会地位并不总是与盈利能力相关,社会地位对商业决策的影响往往大于利润本身。

第三部分
诚实、有能力的受托人

BIG MONEY THINKS SMALL

| 第 9 章 |

与众不同的公司

> 如果你能做别人做不到的事,就千万不要去做别人能够做的事。
>
> ——阿梅莉亚·埃尔哈特
> 第一位独自飞越大西洋的女飞行员

公司的价值取决于管理层的品质,优秀的经理人既有能力,又为人正直诚信。如果他们的管理能力不佳,就可能变相地浪费股东的资本;如果他们缺乏诚信,就可能侵占公司的资产。你该如何正确评估管理层的能力呢?除了像领导力这样的关键技能之外,我会更侧重于关注两个特征:管理者的独特才干和资本配置能力。

我认为公司只有不断向客户提供具有独特价值的服务,才能够持续良好的运营。除非客户需要这家公司,否则它终将消亡。公司需要足够与众不同的产品以维持其利润率,还需要加上行业壁垒或"护城河"来保护其利润处于较高水平。如果产品没有足够的特殊性,公司利用资本获利的机会就很少。作为一名价值投资者，我寻找的是那些内在价值增长超过其账面价值的公司。这种差异被称为经济商誉。

我将在第 10 章讲解我是如何寻找那些有价值的公司的。这些公司可以利用资本投资赚取高额利润，他们会选择志同道合的管理团队，而且不会支付过于昂贵的价格。当资本利用效率不高时，他们会通过分红或回购等形式将资金返还股东。

独特的性格

为什么我关注的是特质而不是管理者的某个商业决策是否成功？简言之，是因为特质不会改变，而商业策略一直在变。一家公司发展过程中发生的每一件事都会塑造它的特质。一家公司必须不断地尝试新机会，以确保其生存，但只有某些机会可能适合这家公司。每当一家公司试图采取某种颠覆性策略时，我都希望它能摆脱过去的包袱，就像彭尼百货减少特价产品和优惠券，希望以此进入高端市场。管理层只有认清自己的局限性，才有可能找到方法获得成功。从分析师的角度来说，研究公司的特质不难，只要评估一次就够了，而追踪公司战略，则需要不断更新。大多数公司缺乏鲜明的特质，但这并不意味着这类公司不是好的投资标的，只是它们不那么容易出类拔萃而已。

当我开始着手了解一家公司时，我会假设自己是这家公司的潜在客户，去查看公司的营销网站、销售传单、实体商店等。

我会潜心研究与公司相关的每一个论坛，关心论坛上包括公司前景、产品特色或者价格服务等任何信息。当然，与这家公司相关的证券经纪机构的年度报告和基础研究报告也会对我有帮助。但研究企业特质时，我会暂时忽略这些报告。在我看来，苹果公司很聪明、优雅，偶尔也会有些古怪，但很容易相处；政府雇员保险公司诚实、节俭、脾气好。也有许多公司的特质不好挖掘，如果经过一个小时的努力，你仍然摸不着头脑，那就可以放弃了，你可以从公司战略上进一步寻找线索。

在商业和投资上，成功的秘诀是做有价值的、别人没做的事。管理者的工作则是保护和扩展公司的特质，因为一旦有人模仿，就会失去新鲜感。有些公司有独特的创新产品，有些公司有独特的组织结构，还有一些公司的品牌能与客户产生共鸣。竞争对手会不断地模仿，这会使曾经特殊的东西变得普通，消费者的喜好也会改变。因此公司必须不断发展，以保持其与众不同的特质。虽然我认为研究竞争对手的生产方法或财务架构会有很大价值，但我们讨论的重点，是找到竞争对手没有做或做得不好的事，最终打造出公司的独特性。

成功的策略

哈佛商学院的战略大师迈克尔·波特认为，成功的商业策略是在以下两类机会中做出的极端选择：①公司要么能够主导整个行业，要么做精某一行业的细分领域；②要么以产品的品质来赢得市场份额，要么通过价格的优势来赢得消费者。当公司不清楚其目标到底是所有客户还是特定类型顾客时，必定会遭遇运营问题。同样，产品的品质和价格不可能同时被兼顾到，如果公司既想追求高品质，又想追求低价格，那必将会陷入进退两难的境地。波特说，如果你没有想清楚公司的目标是覆盖全市场还是专注特定领域，是追求卓越的产品还是推行诱人的价格，那么你的任何经营决策都行不通。

战略制定必须适应公司特质，并充分考虑公司的局限性，否则结果不会令人满意。即使是再强大的公司也有其极限，市场领导者的增长速度往往不会超过行业平均发展速度。我的许多投资标的都是小公司，在资源上有明显的局限性。它们没有办法在每个领域、每片区域和每个环节上都提供最好的产品；它们也不可能都以最低的成本生产所有产品。相反，它们必须选择属于自己的市场定位，专注于某个区域市场，或是寻找有利可图的市场机会。例如水泥的运输成本很高，所以水泥公司的竞争对手通常都是本地的其他水泥公司。露露柠檬运动服饰公司只销售瑜伽服装，且市场规模相当可观，而之前这块市场却被主流的服装公司所忽视。

在同类商品的市场竞争中，产品品质几乎完全一样，所以唯一的竞争方式就是价格。一些行业具有规模门槛，行业中的大公司会因为有规模优势，从而能摊低成本。管理供应链，包括压榨供应商，通常也是大公司一直在做的事情。小公司也有一些办法能降低成本，比如剔除客户不重视的产品元素。生产优质产品的公司的客户忠诚度，通常比生产廉价产品的公司更高，所以理性的公司还是应该把产品品质放在第一位。公司与竞争对手相互赶超，使整个行业陷入无止境的比赛中，尤其是在那些快速发展的行业中，这种情况相当普遍。

如果成功策略的内涵是抓住整个行业或某一细分领域，以及追求品质和低价，那么综合来看共有四种可能的组合。让我们逐一思考，从公司既有优秀的产品，并且服务于整个行业开始。对公司来说，最令人兴奋的就是创造出全世界独一无二的产品。在2004年我读过一家互联网公司的首次公开招股说明书，说明书中写道："相信我们可以为全世界提供一项伟大的服务——即时提供关于任何话题的相关信息。"很少有公司会做出如此大胆的声明，甚至没几家公司有如此鸿鹄之志。这家公司就是谷歌。

谷歌：服务全世界

谷歌并未发明搜索引擎，它的创新基于其强大的算法系统。这家声明想要服务于全世界的公司，不会满足于任何细分市场，它在为统治全球市场而努力。谷歌是最棒的搜索引擎，它在学术、专利、地图和图片等专门领域非常强大。我怀疑这些专门领域背后的算法存在重叠部分。大多数科技导向的公司都很重视专利，专利的数量和质量决定了其行业地位。截至2006年，谷歌只有38项专利，但在2016年，谷歌一共申请了2835项专利。专利对于谷歌来说已是平常之物，因为其创新的脚步一刻都不曾停歇。如施乐代表复印机，高乐氏代表清洁用品，谷歌已成为搜索引擎的代名词。2015 年，谷歌设立了控股公司——Alphabet Inc，成为谷歌和其他创新业务的母公司。

沃尔玛：低价胜出

沃尔玛是以低价服务全市场的典型案例。目前，它在 20 多个国家和地区拥有超过 11 000 家商店。中等收入家庭除了房屋、整车和汽油以外，几乎所有产品都可以在沃尔玛买到。但在 20 世纪 80 年代之前，你可能会认为沃尔玛是一家服务于利基市场的零售商。在那些被市场统治者或有绝对优势的公司忽略的某些细分市场或者小众市场，有这样一类公司，他们选定一个很小的产品或服务领域进行开拓。沃尔玛直到 1988 年才开始百货销售业务，而且起初几乎所有的商店都在美国南部。以股本回报率衡量，沃尔玛的顶峰出现在 1980 年，但若以绝对金额计算，直到 2013 年沃尔玛的利润几乎每年都能够创出新高。随着时间的推移，沃尔玛的特质仍然没有改变，它依旧是节俭的、高效的、可依赖的、以家庭为导向的。竞争对手和客户的关注点不同。在竞争对手眼中，沃尔玛一直都在学习和进化，它收集所有与业务相关的数据，研究零售业中所有最聪明的想法。

沃尔玛始终坚持一个原则：只有成本比售价更低，低价策略才可行。唯一成功可行的商业策略。和早期的顾客一样，沃尔玛也很节俭，因为它必须如此才能运转。作为一家售卖大众化商品的商店，它很难从收入不高的顾客手里赚大钱。供应商去沃尔玛位于阿肯色州本顿维尔的总部谈业务时都知道，他们必定会被沃尔玛要求降价，但他们可以从销量上获益良多，采纳沃尔玛的建议也能够达到降低成本的效果。为了获得最低的成本，制造商将产品标准化，不添加任何花哨的点缀。通过条形码和准时制采购，沃尔玛将库存维持在合理水平。随着沃尔玛的扩张，行政成本被庞大的销售量所覆盖。沃尔玛很少在高租金地区选址建门店，而且沃尔玛的大部分员工都没有加入工会。

政府雇员保险公司：低成本服务特定客户

政府雇员保险公司的模式是针对利基市场，在价格上展开竞争。公司只服务于特定客户群。公司成立之初，只向政府雇员提供保险，因为从统计数据来看，这一人群比一般人的驾驶安全性更高。大多数汽车保险是通过销售代理进行销售的，销售成本高昂，但销售代理团队能够帮助保险公司判断客户的风险类别，并为客户提供建议，特别是在发生事故的时候。政府雇员保险公司没有庞大的销售代理团队，而且精打细算，没有在招募销售人员上投入资金。相反，政府雇员保险公司管理层使用了独特的运营方式，他们将保险直接卖给投保人。

由于省去了销售代理环节，保险公司削减了一项巨大的服务开销。如果你真的不知道哪种保险更适合自己，或者担心自己会发生交通事故，那么保险代理人会对你很有帮助。但如果你知道自己想要什么,也没有其他特殊需求,你就不需要与保险代理人建立联系。不是每位司机的驾驶水平都高于平均水平,所以这款产品并不适合所有人。就产品本身而言,如果你的安全驾驶系数不高,该公司也不想给你提供保险。优秀的司机也可能发生交通意外,但保险公司的理赔服务绝不会打折扣。没有人想在买便宜货的时候看起来过于寒酸,所以政府雇员保险公司在广告中会使用幽默的方式来传播其经营理念,其广告词也非常简单直白——"没错,我们就是想省钱。"

汉森天然饮品公司:小众市场,独特产品

我最喜欢的策略是把优质产品和"利基市场"结合在一起。根据定义,利基市场并非整个市场,所以你需要睁大眼睛去发现利基在哪里。运气有时候也会起作用。互联网泡沫破灭后不久,我参加了一个关于科技股票的主题会议,那时许多科技公司的股价都跌到了历史低点。我在会议中有些口渴,环视四周后看到了一个叫汉森天然饮品公司的展位和一些免费饮料。他们提供的果汁都是来自天然水果,没有人工香精和色素,类似于斯纳普(Snapple)饮料。

不过,除了分销系统以外,汉森没有想在其他方面击败斯纳普。它的产品迎合了具有冒险精神的加州人的口味。汉森最开始向好莱坞电影制片厂出售新鲜的天然果汁。后来他们又添加了天然香料和其他天然成分,茶和苏打水与汉森的产品融合在了一起,但竞争对手斯纳普拥有更强大的品牌和更好的分销渠道。相反，汉森专注于"功能性"饮料，卖点在于饮料可以为身体提供能量，补充维生素，或者有抗氧化功效，而不是强调饮料的味道。当然这并不是说汉森忽视饮料的口味，其饮料最大的特点之一就是保持水果的原味。汉森的特质非常突出，与行业中其他公司极其不同。

汉森的"怪兽能量饮料"比"红牛"的口感更好，后者是1997年在美国市场上出现的功能饮料。大多数人都不想喝带有人参、瓜拉那和牛磺酸味道的饮料，但当我还是学生的时候就喜欢喝这样的饮料提神。我想它可能会有一个没有被服务到的市场，如工程师、派对大咖、卡车司机、夜班员工和极限运动员等。这个市场到底有多大呢？无论何时，水、咖啡因和糖等构成的产品都需要通过宣传才能销售，所以成功的关键是品牌和营销。但汉森的产品强调纯净、自然、放松、提神，这与能量饮料并不完全相符。人参和瓜拉那是植物，所以怪兽饮料比佳得乐饮料更天然，但一种充满活力的混合物的产品定位似乎与汉森创造的"自然"身份不相匹配。"怪兽"必须重新塑造它的形象。后来，一个锯齿状的"M"在黑色背景下泛着霓虹绿光，在各大商店的货架上显得耀眼夺目。

汉森是一家小型公司，但它的销量增长迅速，公司没有太多债务，其股票市盈率为10倍。我大约在4美元价位时买入了一些。从那时起至今，股票已经多次拆分，当年的1股已经变成了48股，所以现在的股票持有成本基本上只有几分钱。出乎意料的是公司销售额和收益仍然呈指数级增长。近16年来，怪兽能量饮料的销售，风头完全盖过了最初的水果饮料，以至于后来公司更名为 Monster（怪兽）。可口可乐收购了 Monster 的少部分股权，并同意分销其产品。公司股价翻了 600 多倍，目前股价达到 54 美元。

当我考虑把"怪兽"的持股从基金中卖出时，我开始寻找一家可以替代汉森的公司。替代者必须要给客户提供有独特价值的产品。任何事物都有其定价，在我购买的股票名单中，回报较高的股票背后几乎都是具有鲜明特质和市场定位的公司。怪兽能量饮料有一批狂热的粉丝，你通常不会在商店里见到他们。即使在可乐销量下滑的时候，怪兽能量饮料的销售仍在快速增长。当你找到一家真正独一无二的公司时，即使其利基市场规模很小，若未经考虑就将其替换掉，那都将是个错误。

甄别管理团队是否具备管理能力的重要依据，就是看这个团队能否发掘培养公司独一无二的特质和能力。最好的管理者都是产品的"发烧友"，他们愿意购买自己的产品。规模较大的公司往往通过市场分销来做大，但大多数公司仍然可以专注于某一细分领域进行深入挖掘，并将业务建立在此基础之上。拥有一流产品或保持较低的成本都绝非易事，但只要管理人员专注于产品研发本身，就有可能以高品质胜出，从而占领市场。当然也有例外，那就是公司通过删减产品中客户不喜欢的元素来削减生产成本。

| 第 10 章 |

货真价实的公司

> 这 1000 万美元,我一部分花在了赌博上,一部分用来喝酒,还有一部分花在了女人身上,剩余部分我觉得花得很愚蠢。
>
> ——美国演员乔治·拉夫特

资产配置

虽然你是证券的合法拥有者,但决定证券价值的许多决策是由他人做出的,所以选择优秀的管理者至关重要。当你的利益和他们的利益冲突时,他们一般都会优先满足自己的利益,所以诚信是选择管理人的关键。如果始终以个人利益为导向,管理者就极有可能犯罪。在通常情况下,管理者并不是因为他们出色的管理能力才获得现有职位,而是因为他们的其他特质得到了公司领导层的认可,比如上进心,或工作绩效等。能成为 CEO 的人,往往意志力强大,之前他们可能是优秀的销售主管、生产经理、工程师或会计师,但是没有受过专业的管理培训。

由于我没有足够多的时间和精力去实地调研每一家上市公司，与每一位管理者深入交流，在评估他们的管理技能上会存在盲点，因此我只有选择合理配置资产来规避风险。有时候我觉得自己更像是一位纸上谈兵的侦探。我会从现成的资料中寻找可以明确量化的信息，来对公司进行判断。资产配置是一个笨拙的专业术语，但其传达的投资思想意义非凡，那就是"跟着资金走"。公司资金是否用在了正确的地方？基于现有情况，管理者是否将资源最大程度地配置在了利润、效率最高的项目上？

衡量公司运营是否成功有两个量化指标：回报率和贴现值，两者都能够在一定程度上预测公司未来的发展。一般来说，投资者会将投资项目的回报率与一个预期值进行比较，这个预期值与"投资成本"或股东所能接受的最低回报率有关。如果股东要求投资回报率不低于8%，公司管理层就应该拒绝任何低于这一预期值的项目。假设一家公司以8%的资金成本投资于某一项目，明年的回报率为13%，那么每1美元的投资，目前的价值为1.05美元（=1.13/1.08）。在这种情况下，公司就应该尽可能在这个项目上扩大投资规模。

我在富达基金的第一个行业研究任务，就是研究煤炭和烟草行业的资产配置。任务一开始，我就被难住了。我无法明确这些公司的表外负债和经济商誉，因为历史会计数据不能准确给出它们的价值。这两个行业的公司都是黑肺病和肺癌诉讼的被告。可以预见的是，在面对索赔时，公司只能进行赔偿，但这种资金的使用是没有回报的。相较于煤炭公司,烟草公司至少可以寄希望于,利用强大的品牌效应来对冲这种负债的不利影响。1964年,美国外科医生总会(Surgeon General)首次发布关于吸烟与健康的报告,这为烟草公司提供了法律保护,它们只要在产品上标明"吸烟有害健康",便再也不用担心被起诉。1964年以前,各家烟草公司的市场份额基本不变。从那以后,一家名为菲利普·莫里斯的烟草公司迅速崛起。

评估这类公司无形资产的价值是一件极具挑战性的工作。万宝路和其他知名品牌的价值不仅体现在账面上,还体现在它们拥有大量的忠诚客户,这意味着除了账面价值,它们还具有巨大的商誉价值。菲利普·莫里斯公司和雷诺兹－纳贝斯克(RJR Nabisco)公司都收购过一些知名的食品品牌,比如麦斯威尔和奥利奥。收购中的溢价部分便是品牌或商誉价值的体现。菲利普·莫里斯公司和雷诺兹－纳贝斯克公司为这些食品品牌支付了数十亿美元,它们为自己的香烟品牌都没投过那么多钱。如果想要计算这类公司当前的价值,使用历史成本数据来推算肯定是行不通的,不过投资者可以尝试利用市场报价作为参考。公司利润与股票市值的比率是公司的收益率,反过来计算即是市盈率。这个指标对投资来说很实用,但对评估公司的管理决策的水平没有太大意义。

尽管会计数据有一定的缺陷,但我仍然会去合理地利用它们。公司收益与股东权益的比率被称为股本回报率(ROE)。ROE值越高,表明公司管理层将股东利润最大化的程度越高。

在那时，几乎整个烟草业都发展得很好，12% 的 ROE 在人们看来只能算是平均水平。美国烟草公司的 ROE 接近 50%；菲利普·莫里斯公司的 ROE 接近 30%；雷诺兹－纳贝斯克烟草公司、英美烟草公司（BAT）和 American Brands 烟草公司的 ROE 也都有 20%。

回顾 20 世纪 80 年代末，公司 ROE 的相对排名就是它们未来投资回报的先行指标。那时候，我深入研究了某些公司 ROE 较高的原因，如美国烟草公司和菲利普·莫里斯公司。这些公司的产品收益高，品牌价值高。美国烟草公司的哥本哈根（香烟品牌）和菲利普·莫里斯公司的万宝路是湿鼻烟和香烟市场的畅销品牌。投资者通过研究公司现金的具体用途，可以更有前瞻性地对资产进行配置。

扩展业务，还是建立价值

为公司创造利润是投资任何项目的前提。公司应该把销售额和利润增长，与项目的成本做比较。对于烟草公司来说，想让已有工厂在生产饱和的情况下再增加产量是不现实的。2016年，奥驰亚公司（菲利普·莫里斯公司和美国烟草公司的母公司）的产品销售成本占销售额的 30%。烟叶、纸张、滤嘴和包装成本不到产品销售成本的一半，而大部分费用花在了法律事务上。营销、研发、管理费用占了销售额的 10%。即使是在扣除 25% 的消费税之后，公司的利润率仍能保持在 34%（标准普尔500指数的营业利润率在2016年约为12%)。如果一家公司有剩余产能可以生产和销售更多的产品,多生产出来的产品可以摊低固定成本,从而使公司的利润率高于平均水平。

尽管烟草行业的固定资产回报率已经远超其他行业,如果扩大产能,公司的固定资产回报率便会出现变化。生产香烟的工厂数量有限,一家工厂增加产量就意味着另一家工厂要减少产量。如果新产能满负荷运营,那么整体的利润率最高可以达到34%左右的水平。很少有公司能有如此丰厚的利润,这完全得益于烟草行业低廉的生产成本。2014年,奥驰亚的销售额为257亿美元,使用的厂房、工厂建设和设备、折旧成本总共不到20亿美元。年营业利润是固定资产价值的4倍。很显然,这一回报率远高于平均水平,平均水平只有约10%。公司兼具独特性和盈利能力,增长速度惊人。

综合世界各地的数据来看,发达国家的香烟销量有所下降(见图10-1)。相比之下,在发展中国家,收入水平的提高带来了香烟销量的增加。在这些国家,扩大产能就可以获利丰厚,尽管销售价格会比较低。出于反垄断的原因,美国品牌的公司在美国境外无法完全控制其公司——万宝路是个例外,它是真正的全球品牌。一般来说,烟草行业具有地域性特征,由于税收和监管的要求,香烟主要还是由本地的机构进行生产和销售。

20世纪80年代末,随着外国市场的开放,雷诺兹-纳贝斯克公司扩大了其出口量,建立了一个规模巨大且高效运作的新工厂。在很多制造企业中,过度投资可能导致灭顶之灾,但对烟草公司来说,巨型新工厂只占用了公司现金流的一小部分。

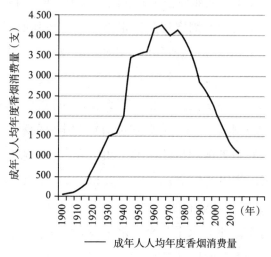

图 10-1 美国香烟消费量,1900～2014 年

烟草公司的市场营销支出要大于资本支出,公司需要知道花在市场营销上的钱是否真的留住了老客户、带来了新客户。广告支出是品牌和经济商誉的投资,也是现金支出,但管理层往往不清楚这些推广宣传最终的效果如何。除非事先签署销售合同,否则这只会是一笔开销。苹果、雀巢、路易威登和迪士尼每年都要花费数十亿美元的营销成本。通常来说,随着时间推移,它们的品牌会因为公司商誉的增加变得更有价值。雷诺兹-纳贝斯克公司曾培育过许多小品牌,而菲利普·莫里斯公司的万宝路品牌则是世界知名的大品牌。

菲利普·莫里斯公司把营销资金花在核心品牌万宝路上，这要比雷诺兹－纳贝斯克公司在众多品牌上投入有更多的潜在好处。雷诺兹－纳贝斯克公司曾在体育营销上投入了数亿美元，旗下合作的运动员有30名。它在体育馆里买了广告牌，以便观众能在电视转播的比赛中看到其品牌。香烟包装也经过了重新设计，卡通吉祥物——骆驼也吸引了年轻烟民和监管者的注意。这使得雷诺兹－纳贝斯克公司在不断萎缩的市场中仍然能够保持相对稳定的市场份额。

从现在回头看，公司所有的利润和损失都来自曾经的决策，有时那些决策甚至来自遥远的过去，也许当初做决定的人已不在公司任职。有时候单纯的运气和正确的决策会带来同样的正面结果。雷诺兹－纳贝斯克公司的首席执行官罗斯·约翰逊曾经开玩笑说："天才发明了奥利奥，而我们则负责继承遗产。"

万宝路曾经以一种"温和"的女士形象进入女士香烟市场，使用红色过滤嘴掩饰口红渍。后来，公司决定要有所改变，于是退出了原来的女士香烟市场，把滤嘴颜色换成了具有男子气概的棕色，并变更了产品名称。事实上，雷诺兹-纳贝斯克公司也有过类似的动作，在它们的广告中出现了粗犷的牛仔形象。在万宝路更名后的几十年里，菲利普·莫里斯公司一直享受着成功市场营销所带来的好处。在25年的时间里，该公司从一个小角色成长为市场的领导者。

如果产品需要打折才能促销，那就表明要么产品价格太高，要么产品与市场需求不匹配。在1984年前后，雷诺兹－纳贝斯克公司重新定位旗下特威尔品牌香烟为平价香烟。在价格大幅降低的情况下，平价香烟的利润率偏低，但仍有吸引力。到了1992年，特威尔香烟成为雷诺兹-纳贝斯克公司销量增长最快的香烟品牌。为了抢占市场份额，雷诺兹-纳贝斯克公司将平价香烟的批发价格降低了20%。公司发现这招有奇效，便在第二年将旗下42%的香烟品种加入促销的行列。万宝路的销量也因此受到侵蚀，所以菲利普·莫里斯公司也开始大幅降价。有时我在想，雷诺兹-纳贝斯克公司品牌实力较弱的原因其实在于公司的营销策略不够独立，是不是其卓越的生产能力反倒抑制了市场部门的营销积极性。

1990年，雷诺兹-纳贝斯克公司投资了一种名为"Premier"的无烟香烟，这项投资饱受争议。Premier的研发成本至少为3亿美元，而整个项目的成本可能超过8亿美元。吸烟者会因为尼古丁而上瘾，但真正危害其健康的是吸入被加热过的焦油。Premier香烟会过度加热烟草，将尼古丁送到吸烟者口中。在发售Premier之前，雷诺兹-纳贝斯克公司也给我送了一盒。我不抽烟，于是把烟送给了同事贝丝，她在投资组合管理部工作，既吸烟又投资烟草股票。她拿出打火机点烟，Premier很难被点着，经过六次尝试后，她终于吸了几口。

"天呐！"她吼道，"这东西需要用喷枪才能点着，而且味道也很糟糕。"

雷诺兹-纳贝斯克公司建议消费者，他们需要至少抽几包Premier才能够对其做出客观评价，大多数人同意这个观点，但贝丝并不想听从公司的建议。大约一年后，Premier 产品下架了。当时，我以为这场惨败只是一场短暂的闹剧而已。后来雷诺兹-纳贝斯克公司将 Premier 的想法沿用至更新一代的产品中。到了 2000 年，雷诺兹-纳贝斯克公司结合电子技术，推出了 Vuse 电子烟，最终获得了良好的反响。

雷诺兹-纳贝斯克公司的现金流收入要比支出多得多。除非公司业务呈指数级增长，否则我认为公司应该用自有资金（包括留存利润）满足自身发展需要。通常我会通过阅读公司财务报告中的现金流报表，以明确公司是否符合这一标准。营运现金流是净收益、折旧、摊销、营运资金变动及其他项目的总和。我会将维持和扩大业务所需的所有资本支出汇总，包括购买土地、厂房、设备和软件投资，但不包含金融投资或收购其他公司。

我对"自由现金流"的定义是"来自经营活动的现金流"减去上述投资行为所支付的全部现金。2014 年，奥驰亚从运营业务中获得 46.63 亿美元，资本支出为 1.63 亿美元，这个数字略低于折旧费用。计算可得，公司仍有 45 亿美元的自由现金流。如此来看，其实烟草公司仅需将其现金流的一小部分用于再投资。自由现金流可以用来收购、投资、偿债，或是通过分红或股票回购来回报股东等，诸如此类的备选方案不胜枚举。

大多数公司的现金流是负数，因为无论 ROE 是否满足条件，它们都试图加快发展。如果一家公司不发行新股、不回购股票，也不支付股息，它的股本增速应与其 ROE 相匹配。尽管最近奥驰亚的 ROE 超过了 100%，但它并没有试图以每年

100%的速度增长。当然，有些行业习惯超出预算使用现金流，例如石油、天然气、房地产、航空等行业上。

为了判断负的自由现金流是否应该担心，通常我会检查公司的营运利润与总资本，也就是它的已占用资本回报率（ROCE）。如果一家公司的ROE、ROCE均为13%，而另一家公司的ROE为13%，ROCE为7%，那么我更愿意选择前者进行投资，因为ROE和ROCE表明前者运营没有负债。在经济低迷时期，有杠杆的公司通常损失会更加惨重。如果ROCE水平较低或下降，则表明管理层运营的项目比较一般，如果这种状态持续了数年，我会更加谨慎，担心公司可能会出现负的自由现金流或者持续上升的债务。

收购会使公司更好吗

研究数据表明，大约2/3的收购项目都无法达到财务目标，因此无法证明其成交价格是合理的。买家如果不支付足够的溢价，收购很难达成。为了赚回溢价，买家一定会让收购对象进行一些变革，通过增加销量、降低成本、节税等，使获利得以提升。

有些交易与金融工程有关，而且依赖便宜的融资，或是买家愿意接受较低的回报率。收购买方的股价在并购信息公布时通常会下滑。一般来说，最好的收购交易是低溢价，以及同类业务合并。

烟草行业的收购业务一直受到反垄断法的阻碍，直到19世纪中期才放开。随后，行业内掀起收购热潮。1994年，American Brands公司将其旗下的美国烟草公司，出售给了英美烟草公司旗下的布朗和威廉姆森公司，并将其更名为"财富"。2003年，英美烟草公司的布朗和威廉姆森公司被合并到雷诺兹-纳贝斯克公司，在合并后的公司中，英美烟草公司拥有42%的股份。雷诺兹-纳贝斯克将其国际业务卖给了日本烟草公司，并收购了湿鼻烟的生产商康伍德。2009年，奥驰亚收购了美国烟草公司。2014年，雷诺兹-纳贝斯克同意收购洛里亚尔公司。据我所知，这些交易都很合理，不仅在价格上很公道，而且管理层都非常了解公司情况，知道如何运营可以节省成本。

雷诺兹-纳贝斯克公司于1991年重返市场，两年之后，私募基金KKR以债务融资的形式将其收购。雷诺兹-纳贝斯克公司出售了部分业务，纳贝斯克则被剥离出去成为一家独立的食品公司。1995年，19%的纳贝斯克公司股票在公开募集中被售出。在收购之前，雷诺兹-纳贝斯克公司的强大品牌为它提供了大量的商誉价值，尽管雷诺兹-纳贝斯克公司和纳贝斯克在20世纪90年代的大部分时间里，ROE仅为个位数，但在收购之后，公司的资产负债表显示其拥有超过200亿美元的无形资产。

收购方必须做一些与以往业务不同的事情，以证明支付收购溢价是合理的。因此，在并购业务结束后，公司能够获得更好的经营结果也并不意外。包装食品和香烟是面向大众市场的一次性消费品，且与农业挂钩。雷诺兹－纳贝斯克公司的高管对市场营销和分销策略的专业程度，要远胜过他们对航运或石油的了解。同样，菲利普·莫里斯公司对通用食品公司和卡夫食品公司的运营情况的了解，也要胜过米松·威久公司的房地产业务。㊀

当收购公之于众时，历史营业利润和价格通常也会被披露，因此分析师可以估算出 ROCE 的数值。当然，这是一个很粗糙的估算，因为它无法反映出对公司未来的影响。雷诺兹－纳贝斯克公司以 310 亿美元被收购（现金加上债务），营业利润为 28 亿美元，ROCE 为 9%。撇开它对收购主体公司的影响，这个比例不算好，也不算坏。

烟草公司的运营推翻了几乎所有"投资需要多样化"的理论，这说明要么是时代已经变了，要么是多元化理论或许不适合该行业。2000 年，雷诺兹－纳贝斯克公司将纳贝斯克卖给菲利普·莫里斯公司，只留下烟草业务，后来改名为雷诺兹－纳贝斯克美国人公司。2007 年，菲利普·莫里斯公司剥离了包括纳贝斯克在内的卡夫食品公司。第二年，菲利普·莫里斯公司被拆分为奥驰亚和菲利普·莫里斯国际公司。在那段时间里，雷诺兹－纳贝斯克公司成为一家独立运营的公司，菲利普·莫里斯公司经营着卡夫食品。雷诺兹－纳贝斯克公司的股票上涨

㊀ 菲利普·莫里斯公司并购了卡夫公司、通用食品和纳贝斯克这三家公司后成立了卡夫食品公司。菲利普·莫里斯公司的房地产业务由米松·威久公司经营。

了 4 倍多，菲利普·莫里斯公司的股票上涨了 2 倍多。两家公司的股价表现远胜于同期市场的平均水平，主营烟草的雷诺兹－纳贝斯克公司的股价表现更胜一筹。后来，雷诺兹－纳贝斯克公司回购了股票，并在市值上超越了菲利普·莫里斯。这算是菲利普·莫里斯收购纳贝斯克的副作用，因为公司在收购中花费了大量的现金，它向雷诺兹－纳贝斯克公司支付了 98 亿美元。

2007 年，菲利普·莫里斯公司剥离出卡夫食品公司，后来卡夫食品公司又剥离出了亿滋。剥离出来的食品公司的股票能够击败市场，烟草公司更是如此。如果这两家公司可以整合，相信没有人愿意错过它。这是一笔难得的大生意。我不认为有人能从植物苗圃、圆珠笔、抵押贷款银行家或航运公司那里收获大幅利润。对大多数高管来说，剥离、出售业务会降低他们的威望和控制力，这是他们不愿意看到的，但当他们意识到只有这样才能将自己的利益最大化时，他们便会持续地推进。

股息

通常股息能够反映公司的盈利状况，但支付股息本身并不能创造财富，它只是在分配公司所创造的财富。在 20 世纪，大多数公司会从盈利中支付一半或更多的资金作为股息发放。而现在，大多数公司发放的股息不到公司利润的 1/2，其中的原因包括税收政策、投资机构化以及日益流行的股票期权等。股息会被征税，而买入股票后所获得的资本利得，只有在卖出时才会被征税。大多数的员工期权计划，都没有在股息上进行优化，因此高管会把精力放在追求股价的绝对高度上，而不会专注于公司的最大回报。

公司将利润的很大一部分用于分红，这有可能会给公众传达两种相互矛盾的信号。第一，高股息率表明一家公司对于计划扩张的项目回报有着较高的标准。由于该公司无法找到符合标准的项目，所以将现金返还给股东，让他们能更好地使用这笔资金。如果一家公司没有向股东返还现金，其股本回报率又不高，则公司投资的项目可能相对平庸。如果公司资产增长强劲，而利润却没有明显增长，这会是一个危险的信号。

第二，是否支付股息表明公司是否发现了有利可图的扩张机会。小公司通常不愿意支付股息，因为他们会持续寻找能够壮大的机会。有些公司对未来发展的前景比其他公司更加乐观、自信。自沃伦·巴菲特上任以来，伯克希尔－哈撒韦公司就没有支付过股息，股票回购也很少见。这一情况表明，伯克希尔－哈撒韦公司有能力比投资者更好地配置资产。除了巴菲特，如果其他CEO也这样操作，我会担心他们过度自信，或是对投资回报的要求标准过低。反观烟草公司的操作则完全相反，他们支付了大约3/4的利润作为股息，并会力所能及地回购股票。

统计数据显示，拥有稳定股息率的股票表现会好于市场平均水平。一般来说，收益较高的股票，其市盈率会比较低，这种公司大多存在于相对稳定的行业中。所以，如果你需要或喜欢稳定的收入，就去寻找这类经常支付高额股息的公司。当然，如果只盯着丰厚股息挑选股票肯定是不够的，你还要确保挑出来的股票有着较低的市盈率，而且是在相对稳定的行业中。另外，最好还要确定该公司的收益超过股息、拥有充沛的现金流、债务和资产配比恰当等，同时也要注意该公司的流通股数量没有突然的增长。

要想在股票投资上获得更好收益，你还需要逆向思维。如果公司的收益和现金流不太好，即使经常有股息分配，我也不会投资这只股票。房地产信托投资基金、有限合伙公司和特许权信托通常以投资项目的年化收益为基础来衡量项目的价值。在这种情况下，分析师对折旧和设备损耗的经济意义存在分歧，尤其是这些会计项目是否应该与盈利归属于相同的会计类别。在一般情况下，我无法判断资产的价值是否会随着时间推移而缩水，或者用普通会计准则来测算资产价值是否会过于保守。如果一家公司股息收益很高，但同期其股票数量和债务水平也迅速提高，那么在我看来，这应该是最差的投资标的。

股票回购

回购股票的核心标准是回购价格是否便宜。如同分红一样，股票回购的意义在于分配财富，其本身不创造财富。与分红不同的是，股票回购可以重新分配股东之间的财富。如果股票是按内在价值回购的,那么这笔交易对所有人都是公平的。但当股票以高于内在价值溢价回购时,利益将会由回购股东转向卖出股票的股东。当股票以低于内在价值折价回购时,卖出股票的股东则会出现损失,回购股东获益。不同的人会利用不同的估值模型计算内在价值,所以回购价格是否合理见仁见智。如果不估算内在价值,人们也无法判断管理层是否能够通过回购股票来增加每股收益。

为了更好地理解财富转移,我们假设一家公司有100股流通股,它唯一的资产是1万美元现金,且不存在任何正在进行的业务。每股的内在价值等于每股所对应的现金资产,即1股对应100美元。假设以每股160美元的价格回购40股,总计6400美元。然后,该公司将拥有3600美元现金,流通股数减少为60股,即1股对应60美元。出售股票的股东从交易中每股获利60美元,而留下的股东则每股亏损40%的内在价值。相反,当一家公司以低于内在价值的价格回购股票时,留下的股东就会获得相应比例的收益。

当公司运营一切向好的时候,回购案例会频频发生,但事实上这是回购最不利的时候。2007年第三季度,美国市场大幅上涨,标准普尔500指数成分股公司回购了总计1710亿美元的股票。一年半后,标准普尔500指数跌至峰值的一半,而在2009年第一季度,市场回购总额只有310亿美元。这是个令人失望的结果,不仅是因为回购不合时宜,还因为市场对回购的信心不足、对未来业务的憧憬都化为泡影。这就是所谓的"盛极而衰"。我研究股票回购案例时发现，很少有公司会因为回购价格低于内在价值而发起回购。

科技公司特别担心员工持股期权会稀释股权。随着股价上涨，期权价值上升，员工会考虑用期权兑现股票，这使得股票数量增加。为了保证原有持股比例不变，公司会在这个时候紧急回购股票。许多公司以较低的价格发行股票，后来却又以较高的价格回购股票。回到我们之前的例子，一家公司有100股股票和1万美元现金。假设它向员工提供50股期权，行权价格为100美元。根据期权定价公式，期权的价值可以计算为每股10美元，或总计500美元。这笔费用将会以非现金支出的形式反映在损益表中。假设股价涨到160美元，所有期权都被行权，则50股股票需要被回购。该公司将从行权交易中收取5000美元，另外需要支付8000美元回购股票，此时公司账目现金余额为7000美元。虽然公司股份数量不变，但在账目中支出了3000美元，即每股内在价值少了30美元。

促使回购股票的另一个原因可能是公司利润已经达到了瓶颈，管理层想把现金返还给股东，但没有任何一条法律强行要求这么做。在市场繁荣时期，内在价值估算的结果会比普通时期要高一些，大家对于资产和负债的比例也不会像平时那么保守。这都有可能促使公司管理层做出不太理智的决定，比如采取更"有效"的资产负债结构来运营公司。这意味着公司有可能要举债来回购股票。如果公司已经处在经济繁荣周期的末期，其利润增长会放缓，每股收益的增长则有可能由借款来维持。

所有烟草公司都在回购自己公司的股票，而且这样做通常会使公司增值。当然也有例外，在20世纪90年代，雷诺兹－纳贝斯克公司由于受到巨额债务的限制，不仅没有回购股票，还不得不发行新股。我很庆幸那时自己已经不是烟草行业的分析师了。随后，雷诺兹－纳贝斯克公司的股价跌破了最初的发行价，后来的很长时间里一直处于横向下滑的状态，跌幅不断扩大，股价越来越低。1990～1998年则是菲利普·莫里斯公司的巅峰时期，在大量股票回购的帮助下，其股价上涨了4倍，表现远超行业指数和雷诺兹－纳贝斯克公司。后来，雷诺兹－纳贝斯克公司加强财务管理，且出售了旗下的纳贝斯克公司，同时加大了股票回购力度，2000年，它的表现再度赶超菲利普·莫里斯公司。

稳定的高回报

菲利普·莫里斯和雷诺兹－纳贝斯克公司在创造公司独特性和资产配置能力上都高于同行业的平均水平，但如果只比较它们两者，那菲利普·莫里斯就会显得更加优秀。20世纪70年代，雷诺兹－纳贝斯克公司的总回报率高于整体市场平均水平，而菲利普·莫里斯是整个行业的领头羊。直至20世纪80年代，菲利普·莫里斯公司在行业中的绝对领导地位仍然没有改变。KKR在雷诺兹－纳贝斯克公司的收购交易中也未能赚钱。时至20世纪90年代，菲利普·莫里斯公司的地位依旧。这种格局在 2000 年以后却发生了逆转。

ROCE 数值持续高而稳定，说明公司的资产配置能力强劲。在过去的几十年里，菲利普·莫里斯公司始终保持着较高、较稳定的回报率。在某些行业，外行人可以使用经验法则，基于项目数量的增长和广告支出来评估收益情况，但这不适用于烟草行业。我认为菲利普·莫里斯公司在兼并收购的项目中运作效率很高。通常并购项目的结果可能非常好，也可能非常差，总体而言令人失望的情况居多。评判这些业务好坏的标准，在于项目定价是否合理。在这一点上，菲利普·莫里斯公司的收购业务比雷诺兹公司更加成功，这也许就是当雷诺兹股价回调至原点时，菲利普·莫里斯公司仍然能够多元化发展的原因。公司开发新产品通常会占用已有资源，但也有可能获得绝佳的投资机会。

如果公司没有办法寻找到优质项目进行投资，那么它应该通过股票回购、分红的形式，将资本返还给股东。20 世纪 90 年代，雷诺兹－纳贝斯克公司不愿将资本返还给投资者，这是其股价表现不佳的主要原因。由于诉讼和税收等原因，烟草类股票的市盈率普遍低于标准普尔 500 指数的平均市盈率。当计算烟草类股票的价值时，所有这些因素都应该被考虑在内。大量的股票回购对股东来说，至少结果是中性的，而且大概率是有积极意义的。

| 第 11 章 |

警惕金融欺诈

马克·鲍姆：这已不仅仅是愚蠢，这简直就是欺诈！
贾瑞德·韦内特：告诉我愚蠢和违法有什么区别？我要让警察把我的小舅子抓起来。

——电影《大空头》(2015 年)

在西方经典电影里，坏人一般都会戴着黑帽子，观众一眼就能辨认出谁是反派。在《哈利·波特》中，黑色的"巫师帽"能分辨出巫师的善恶。魔术师和金融骗子的共同点是他们都能够制造幻觉，当然这也取决于观众对超自然力的认知程度。事实上，魔术师和金融骗子都不能创造奇迹，而是利用"障眼法"把观众的关注点转移到其他地方。甄别欺诈行为就如同侦探勘察犯罪现场，你需要仔细地检查现场所有的蛛丝马迹，包括那些看似无辜的旁观者。

坏家伙确实会有一些共同点，但这些共同点偶尔也会出现在普通人身上。从统计学角度看，当某种比率在样本中测试出来的值大于在总体中计算的值时，意味着按照此模型计算出来的检测结果会与事实出现极大的误差。这种情况在欺诈案例中特别常见。例如，根据统计模型，在随机的一群人中，假设坏人出现的概率为2%。现在我们随机挑选了500人，实际仅有1名坏人。根据统计模型给出的概率来计算，这500人中应该还有9.98[⊖]个坏人。尽管根据统计模型计算出来的9.98个人中可能包含实际存在的那1个坏人，但理论计算值仍与事实相差甚远。由于这样的测试存在相当程度的误差，所以我需要根据其他要素，对那些我认为投资前景不乐观的标的进行筛选。一般来说，经常需要外部融资的公司，欺诈的可能性就更大，而且这种行为也会稀释股权，所以我在投资时会选择避开它们。

除非你从来没有因为好心或内疚而撒谎，否则你应该知道，谁都会有一些不诚实的行为。在做投资的这些年里，我经历过数次失败，这让我对人性有了更多的思考。侦探会以寻找作案手段、作案动机和作案时机这三条线索来破案，在金融案件中，相对应的"欺诈三角形"则是**压力、机会和合理性**。

过度自信的基金管理人

在我合作过的数百名分析师和投资经理中，只有一人成了登上新闻版面的金融恶棍：弗洛里安·霍姆。霍姆在25年前离开了富达波士顿公司，他的不法行为发生在离开公司20年后。

⊖ 根据统计学样本公式 $(n-1)r$，其中 n 为样本数量，r 为概率，即 $(500-1) \times 2\% = 9.98$。——译者注

他的办公室紧挨着我的办公室,所以开始时我们很熟。当时,我认为霍姆只是个聪明、古怪的欧洲花花公子,和骗子扯不上关系。接下来的故事都是公开信息,主要来自霍姆的自传——《无赖金融家》。霍姆出生于富裕家庭,毕业于哈佛商学院,他身高约2米,高大健硕,曾在德国国家篮球联赛中打球,他傲慢自负,却又风度翩翩。在他来公司的第一天,就被分配管理一只基金(我在公司工作了三年后,才开始着手管理基金)。他看上去十分优秀,一切都很招人喜欢。

像他这样的天才人物被赋予了极大的为所欲为的空间,所以后来霍姆麻烦不断我也并不感到惊讶。他思维活跃,渴望刺激,这促使他渴求抓住任何机会。当然,他也认为自己与众不同,不愿受到各种约束。这种魅力领导者的吸引力和危险之处在于,他们能教唆别人做出原本不敢做的事,而这往往是错误的开始。

贪婪是霍姆走上歧途的罪魁祸首,除此之外还有很多别的原因。激励机制不佳和过度的物质诱惑都会对人造成压力,令人铤而走险。霍姆在富达基金工作时,管理了一只小型基金,该基金收取0.55%的管理费。他的工资只是管理费用中的一小部分,而且不是按照既定比例提成。问题出现在2004年,他与别人联合创办了绝对资本管理公司(Absolute Capital Management),这是一家对冲基金管理公司,在鼎盛时期,其管理规模超过30亿美元。对冲基金通常收取资产管理规模2%的费用,相当于每年6000万美元。除此之外,他们会提取总利润的20%，在牛市中这绝对是个相当可观的数目。最初，绝对资本管理公司的基金产品表现不俗，在欧洲金融媒体排行榜上名列前茅。这家管理公司后来在伦敦进行首次公开募股，霍姆是大股东。到了2007年，霍姆已经上榜德国最富有的300人之一，身价达4亿欧元。

如果公司的创始人和高管都是公司的主要股东，那么通常他们的利益是一致的，霍姆那时就是如此。如果公司其他高管持有大量期权，却没有持有公司股份，这种情况则存在隐患。在安然公司，首席执行官肯尼斯·雷和其他高管持有的期权超过持股。股票价格会上涨或下跌，但期权只有在上涨时才有价值。这会导致公司高管不愿公开公司的负面消息，但实际上这种行为是在为股价的大幅上涨和下跌积聚能量。霍姆的利益与其管理的公司利益是一致的，但与其基金持有者的利益相悖。对于一位基金管理者而言，他们本应该将基金份额持有者的利益放在首位。

除了贪婪之外，想要一直获得领先的投资业绩，也对霍姆是一种诱惑。霍姆不仅仅是一位表现出色的对冲基金经理，他的言行在市场中举足轻重。因为他对布雷默·武尔坎公司（Bremer Vulkan）发布空头言论，导致这家造船厂倒闭，所以他被称为"金融恶魔"。他还是德国最大妓院阿尔特弥斯的股东之一。他在德国还是一名英雄，因为他拯救了著名的多特蒙德足球队。

不法行为在被发现之前，可以说已经进行了好几年，甚至几十年之久，接着出现戏剧性的转折，然后就兵败如山倒，如同霍姆在2007年的遭遇。2007年SEC指控霍姆，称其在绝对资本管理公司管理的基金一直在通过对倒操作和拉高出货来操纵市场。他的基金购买了很多交易量较小的低价股票，有时作为私人配售使用，通常由亨特世界市场公司（Hunter World Markets）来执行，而霍姆持有这家经纪公司一半的股权。在那里，霍姆将会以半虚假交易来拉抬股价，或者干脆将价格标高。2006年和2007年市场一片繁荣，募集资金很容易。只要有资金支持，拉高出货这一系列动作可以有条不紊地进行。不仅如此，基金经理还可以利用不断流入的现金进一步拉高股票价格，或者他们可以用这笔资金来降低基金中已经出现暴涨的股票占比。

2007年9月，股市动荡不安，霍姆的基金经历了数周残酷的调整。他拿出了价值3300万欧元的绝对资本管理公司的个人股份，以支撑其价值。然后，霍姆突然辞职，据有关媒体透露，他的基金持有了5.3亿美元的"仙股"，这几乎是公司所有的真实交易。绝对资本管理公司立即叫停了霍姆基金的赎回。后来他潜逃到波哥达，又在委内瑞拉被发现，多年之后，霍姆在意大利佛罗伦萨的乌菲兹美术馆被捕。也许是因果报应，霍姆的多数非法所得最终投资了麦道夫的基金。

麦道夫的钱

大约在2000年前后，我遇到了一位波士顿的理财经理——

哈里·马科波洛斯，他想改变自己的投资策略，将资金转交备受推崇的伯纳德·麦道夫来管理。因为即使在市场表现一般的时候，麦道夫基金也会有相对不错的盈利，当时我也很有兴趣复制他的投资策略（我假设他的方法是合理的），以提高基金的业绩。后来马科波洛斯告诉我，麦道夫是个骗子。马科波洛斯的判断是对的，因为我收集了麦道夫的投资资料，没有找到具体的项目，而且麦道夫所展示出来的投资策略没有任何意义，都是一般性的常识。马科波洛斯曾试图将麦道夫的收益与各种策略和特定的股票联系起来，但也没有成功。

所有关于麦道夫基金的一切，包括确切的数字，都笼罩着神秘的色彩。投资者想要投资麦道夫的基金，必须先被邀请加入麦道夫俱乐部，然后通过"种子基金"或"FOF"来间接投资。他故意设置了与客户之间的距离，这导致客户对自己拥有的资产情况一无所知。大多数客户甚至都没有关于他们账户的投资报告。麦道夫自己亲自交易，实际上这笔资金连托管人都没有。

最终，麦道夫制造了世界上最大的庞氏骗局，使投资者损失了数十亿美元资产。麦道夫是业内知名人士——全美证券交易商协会（NASD）董事会主席，这是一个自律机构，后来被金融监管局接管。他也曾推动了把"粉单市场"的做市商，改造成纳斯达克电子市场。2007年11月，丑闻爆发前一年，麦道夫还大言不惭道："在当今的监管环境下，几乎不可能出现金融诈骗。"像这种自以为能够凌驾于法律之上的人，就算是终身监禁也罪有应得。

我不知道麦道夫的欺诈行为始于何时，也许是1990年或者更早。麦道夫的证词表示，无法达到的预期收益给了他很大的压力，这是他拒绝失败的一种方式。坊间传闻，他曾建立了诸多复杂的多空交易组合，随后出现了大规模的资金赎回。于是，麦道夫把多方的股票持仓清空，但银行拒绝让他退出空方的持仓。据推测，大概是因为亏损严重，而客户已经习惯了持续盈利，他觉得自己必须弥补损失。在这个版本中，一切的缘由都是麦道夫想让他的客户满意。事实上，有些投资者也绝不是无辜者，他们也曾有所怀疑，但认为自己可以随时脱身。

安然公司的管道梦想

1987年，我刚刚研究天然气行业，有一次飞抵安然公司进行调研。在休斯敦的酒店里，我接到了贝思·塔拉纳的电话，她是富达增长基金的基金经理。她说安然公司宣布了1.4亿美元的交易损失，但我对这个情况一无所知。当时没有互联网，也没有手机，于是我给安然公司打了电话，但没有接到回电。我的直觉告诉我哪里出了问题，于是我心中一直刻意与安然公司保持距离。

在安然公司召开的会议上，我对其描述的交易损失细节感到震惊。安然公司的首席财务官承认，其交易员在油价交易中下了重注，导致了这次巨亏。他说，这次亏损发生在9个月前，当时额度已经高达 10 亿美元，但亏损额度又迅速降了下来。如果安然公司当时披露了这个问题，那么交易员需要花更高的成本来扭转局面，并可能会导致债务违约。当时他们关停了石油交易部门，也从可控的亏损中走了出来。但除了亏损以外，这件事还涉及另一个更加严重的问题：公司出现巨额亏损是否应该立刻反馈给公众，还是可以推迟到等情况可控的时候再公布？如果 10 亿美元的损失无法逆转，那就会导致更大的问题。或许，管理层应该更加正视这些问题。

那天，我会见了几位安然公司的高管。首席执行官肯尼斯·雷是一位博士，他对能源行业的见解非常专业。首席运营官里奇·金德，被称为"博士的教练"，他也十分干练。在能源交易部门，我询问了交易风控和持仓限制的问题，他们声称交易风险绝对是均衡可控的。那时候，监管对天然气定价管制宽松，这创造了很多令人兴奋的交易机会和套利机会。我很想知道，在安然公司那些受监管、不受监管的交易中，是否会出现转移成本的交易行为。事实上，能源交易部门与其他交易部门一样，设有电话和计算机，还有自信而有干劲的员工。但在我看来，这家公司负债累累，还频繁出现令人费解的项目支出，资产回报率也很一般，而且现在还出现了巨大的交易损失。1987 年 10 月，股票市场大幅崩溃，安然公司股票下跌了 30%，而这件丑闻直到 2001 年破产时才被人们重视。

最终安然公司破产，欺诈案件的根源仍被掩盖。该案件可能是促使 1992 年会计标准修改的原因，这也使能源交易商在市场交易时更加重视头寸,而不仅仅是成本。会计制度当时肯定存在漏洞,使欺诈行为隐藏得很好。另一种说法是,1996年,里奇·金德离开了安然,继任者杰夫·斯基林毕业于哈佛商学院,曾任安然金融公司董事长,后来是安然的天然气服务公司的董事长,随后安然公司的金融交贸易业务激增。尽管安然公司变得十分有名气,但它的营运现金流一直为负。那时的市场分析人士和记者都发表过令人"敬畏"的文章,《财富》杂志称安然公司是"美国最具创新力的公司",将其评选为管理质量排行榜榜首。

公司被媒体大力宣传其实是个不好的信号,这种情况下出现欺诈的可能性更高。硬推广通常意味着财务危机的到来。作为价值投资者,真正让我担心的是,如果投资者相信炒作,股价必将会被高估。发生过重大会计欺诈的公司,几乎市盈率都很高。在20世纪90年代的大部分时间里,安然公司的市盈率都在20倍左右,后来峰值达到了70倍。如果没有交易端的业务,能源价格又停滞不前,安然公司每年15%的盈利增长目标看起来似乎很可笑。20世纪90年代,美国天然气产量不断增长,但从未回到20年前的峰值水平。1996～2000年,安然公司交易业务的利润微乎其微,销售额从130亿美元增长到1010亿美元,翻了8倍,但财务报告中体现的每股收益仅增长4%。

1998年年初,一家基金公司的分析师——斯嘉丽,哭着给我打电话,说安然公司给她的研究主管打电话,要求她取消对安然公司的调研,并解雇了她。后来得知她的手机被窃听了,自己还被跟踪,她被迫找了另一份工作。同样,美林公司的一名资深能源分析师——约翰·奥尔森,也不是安然公司的支持者。1998年,安然公司竟然采取了报复手段,将美林公司从投资银行业务的清单中除名。奥尔森被迫接受"提前退休"的提议,美林公司的其他分析师也都不允许参加与安然相关的电话会议,或对其提出质疑。杰夫·斯基林还在一次电话会议中称,分析师理查德·格鲁伯曼是个混蛋。现在回想起来,这些都是灾难来临前的信号。

安然公司的员工管理制度也存在很大问题,它们每年会解雇业绩最差的15%的员工。如果有这么多员工必须被解雇,那安然公司在招聘方面的工作一定非常糟糕。人事决策不可避免地会带有主观性、政治性,而团队工作必须大家共同努力,但强制排名将会给团队制造出恐慌的氛围。在股权激励方面,安然公司异常大方,它为高管提供了无法想象的奖励,包括特殊股份(随业绩提升而加速赠予的限制性股票)、股票期权等。

当安然公司倒闭时,公司涌现出大量棘手的问题,包括副董事长克利夫·巴克斯特在内的高层管理人员提前大量抛售股票,底层员工的退休金计划取消,其他账面上的福利瞬间消失,等等。就在巴克斯特要参加国会听证会的时候,他突然自杀了。

安达信支持安然公司,这本身就是个动机有问题的行为。我在商学院读书的时候,公众认为安达信是一家优秀的公司,公司管理层有远见、有原则、薪酬很好,尤其是在咨询业务方面优势尤为突出。20世纪50年代初,安达信为GE开发了工资处理系统，并推荐使用 Univac 计算机来完成这项工作，由此安达信开始了自己计算机系统的业务。在接下来的几十年里，安达信的财务系统整合业务比它原有的审计业务更成功。

咨询业务的成功为安达信提供了动力。同时作为安然公司的审计和财务顾问，安达信审计公司的财务工作，就等于是在肯定自己的工作是没有问题的。通常公司准备财务报表，先内部稽核，然后再由外部会计师审计。如果最后是自己审查自己的工作，那么结果可想而知。

咨询公司是按时间收费的，而且咨询市场比审计市场更大。1991～1997 年，美国废品管理公司向安达信支付的咨询费是审计费用的两倍多。从来没有人认为 300 万美元的咨询项目是个小业务，而安达信的某位董事则称之为"小案子"。当安达信发现美国废品管理公司财务造假时，会计师没有第一时间通知该公司的董事会；相反，审计人员竟然帮助他们掩盖了罪行。

安然公司在 2001 年向安达信支付了 2700 万美元的咨询费和 2500 万美元的审计费，但安达信相信安然是能给出 1 亿美元的客户，因此在最开始安达信并没有像对待美国废品管理公司一样对待安然公司。尽管如此，这笔审计费用也十分可观，甚至可能超过了埃克森美孚。我猜后来安然公司构建了组织结构复杂的实体公司，也有可能是为了创造更多的审计需求，或称之为"封口费"。

审计师和财务系统整合工作的道德标准是不同的。当安达信的咨询业务成为其利润核心时，我怀疑咨询业务人员的话语权早已凌驾于审计标准之上。会计师和投资经理应该是值得公众信任的岗位，但他们也活在商业领域。责任应该重于利润，服务客户应该以满足公众知情权为前提。对于任何一家公司来说，营销都是需要的，但更需要保持低调，因为客户对有些事情不想做出承诺。安达信的首席执行官敦促合作伙伴为他们大力推广市场，增加业绩，这个方式用在咨询业务上无可厚非，但在审计业务上则不然。后来，安达信逐渐将咨询业务从审计业务中抽离出来，咨询部门正式更名为埃森哲。

六件让我警惕的事

1. 撒谎的公司

陷入困境的公司往往不想让大众知道真相。因为如果问题暴露，其他人便有可能抓住机会掌握公司的控制权。此时任何融资都会存在风险，公司很容易成为被收购的目标；员工士气低落，开始向外投简历；供应商可能停止原材料供应，使问题更加严重。

公司可以为欺骗行为找到各种合理化的解释：如果公司必须出售，减少信息披露可以帮助新股东节约处置成本；如果完全披露问题，想要吸引有能力解决问题的优秀高管就更难了。善意的谎言有时看似对每个人都有利。

2. 失职的审计

在金融犯罪中，犯罪机会通常来自常规监管、交叉检查、审计和各部门之间职能的隔离，这导致它们之间信息不对称。外部审计的初衷旨在保护投资者和贷款人，但也没有一个万无一失的方法来确保他们的检查不会存在欺诈。会计师的薪水由被审计公司支付，财务数据也由被审计公司准备，会计师通过与其合作，检查内部财务情况。当然，也不是聘用大牌会计师事务所就万无一失。安永会计师事务所在审计绝对资本管理公司时，从来没有给出过有价值的信息。安然公司与安达信合作时，安达信是全美五大会计师事务所之一。安然公司破产对安达信来说是一个致命打击，它对美国废品管理公司和美国世通公司的审计也饱受争议。麦道夫雇用弗里宁-霍洛维茨公司做审计工作也绝对是个危险信号，因为这家会计师事务所只有一名员工。后来该公司承认，在15年内自己从未进行过任何审计工作。

3. 内部的董事会

公司经营不佳或管理不善应该归咎于公司董事会。原则上，一位优秀的董事会成员应该具备专业知识，能够独立思考，并能从股东利益出发考虑问题。董事会成员的持股情况可以从公司的公示信息中获取，但他们的专业知识和独立性只能通过他们的简历来推断。如果大多数董事都是公司职员和股东的亲信，那这就是一个内部的董事会。这意味着监管层与管理层之间没有完全分离。

对于股东来说，最糟糕的情况是一个由小股东组成的内部董事会。投资者可以将公司 CEO 的薪酬与类似规模公司的 CEO 薪酬相比较,以判断董事会的独立性。如果 CEO 的薪酬比平均水平高很多,那么公司很有可能存在一个内部董事会。即便不是如此,一个不监督高管薪酬的董事会,可能在财务管理上也存在疏忽。

4. 漂亮的汇总数据

光鲜亮丽、快速增长的行业需要大量的资本支持,这可能会导致一系列问题。当业务快速变化时,扩张计划不会永远都有丰厚回报。收购能让公司迅速扩张,但这也扰乱了大家对会计数字的判断。想想所有会计欺诈大案中的非金融公司(安然公司、南方健康公司、美国奎斯特通信公司、美国废品管理公司、美国泰科国际有限公司、上巨电子股份有限公司和美国世通公司),其中任意一家公司都收购过数家公司。我们将会在第 12 章进一步分析讨论。相较于这些机构"调整后"的数据,公司 10-K 年度报表[⊖]所显示的财务报表数据更有价值。公司扩张速度太快,很难保证所有业务都同时运行良好。

5. 金融公司

金融公司是诈骗高手的聚集地,他们总想把手伸向别人的钱包。客户习惯于将资金托付给银行和经纪人。就 10 亿美元的

⊖ 10-K 报表适用于美国上市公司。在每个财政年度末后的 90 天内,公司要向美国证券交易委员会递交 10-K 年度报表,内容包括公司历史、组织架构、高管薪酬、经过审计的财务报告等。

资产而言，大多数银行会持有超过100亿美元的存款和借款。贷款或证券的记录相当于电子或纸质合同，并非实物。即使会计师查看了支持贷款的实物抵押品，他们仍然需要确认相关的质押权限和合同条款。这些文件通常都是保密的，"缺乏透明"和"管理他人钱财"结合在一起，多少解释了为什么许多欺诈案会牵涉金融公司。

6. 阳光灿烂的富人天堂

像佛罗里达这样阳光灿烂的地方吸引了很多富裕的人群，很多骗局也是从这里开始的。富裕的退休人士在工作多年之后，想享受下舒适的生活，带来了大量资金。他们往往不太重视审查调研，于是被专门针对富裕阶层老年人的骗子盯上，或是陷入熟人骗局。麦道夫就是利用这种方式骗取大众的信任，让自己保持低调，同时也减少了必要的信息披露，增加了他的神秘性。麦道夫骗局对整个社会都造成了严重的危害。

除了美丽的海滩和低税收外，佛罗里达还有一个《公地法案》，它保护着价值数千万美元的房产不被债权人没收。《公地法案》历史悠久，主要是为那些财务状况不稳定的人隐藏资产。佛罗里达的房主可以先将房产卖出，只要他们打算在佛罗里达再买房子，那么此前卖出房产所获得的现金就可以得到保护。

像开曼群岛、巴哈马群岛、百慕大群岛和塞浦路斯都是人们隐藏财产的首选之地。和佛罗里达一样，这些司法管辖区都有美丽的海滩，而合法避税和特殊法律更具有吸引力。诸多"无家可归"的公司或个人都在岛上找到了归宿。

许多公司设立在避税天堂，但它们也不想完全脱离法律的庇护。例如系统集成商埃森哲在爱尔兰成立，尽管业务由瑞士协调，其大部分收入却来自美国。这类公司一旦遇到诉讼，会选择在最有利于自己的地方打官司，以寻求最宽松的证券和会计原则。在出现欺诈的情况下，投资者很难行使追索权。如果骗子们"有远见"，万一出事了，还可以卷款逃到没有引渡条约的避税天堂。

即使诈骗的手段、动机和机会得以明确，检察官仍需证明：证券欺诈是被告故意为之。对于我们这些不懂读心术的人来说，其精神状态很难被读懂，很多合理的质疑难以被法庭认可。商业上运气不佳的遭遇常常与欺骗交织在一起。在法庭上，诈骗者通常会用自己愚蠢、无知、疏忽或者运气不好作为开脱罪名的理由。因为安然公司的高管显然已经被贴上了"最聪明的人"的标签，所以陪审团不认同他们是因为愚蠢、无知才做了不该做的事。首席执行官肯尼斯·雷以疏忽为借口，暗示所有坏事都是由其下属所为，自己并不知情。运气不好更是法庭上真正的防守利器。在安然公司出事的那段时间里，还有几家能源交易公司倒闭，但不是因为财务欺诈。Dynegy、Mirant、Aquila这几家公司都在能源交易中受到了重创，它们最终退出了这个行业。安然公司为自己辩解说，能源交易是个冒险的行为，像它们这样运营公司，破产只是迟早的事情。

激进的交易虽然不是违法行为，但是与罗恩·佩雷尔曼这样的人一起投资时，我还是要保持谨慎。2011 年，佩雷尔曼出价每股 25 美元买下了 M & F Worldwide 的股票。这个价格相当于市盈率只有 4 倍，这如同买了棵摇钱树。该公司后来以每股 45 美元的价格回购股票，其股价曾一度高达 67 美元。不要问我为什么那些独立董事和大多数非控股股东愿意以 25 美元的价格卖给佩雷尔曼。亿万富翁卡尔·伊坎曾经评价佩雷尔曼："他就像一个水管工，你付钱让他开始工作；他进来之后，先毁了你的房子，然后告诉你，他想要你的房子，但是什么都不想支付。"（《纽约时报》，1998 年）

如何避免陷入欺诈

如果你想避开欺诈骗局，就要舍弃安然公司股票崩盘前的飙升。选择最终是由性格决定的。有些人无论风险有多大，都不忍错过任何一次看似有利可图的机会，而我宁愿不参与那些小而快的交易，以避免自己遭受毁灭性的损失。如果公司管理层有过犯罪记录或有欺骗投资者的历史，甚至只是感觉可能凌驾于法律之上时，我会立刻停止与他们的合作。骗子不会突然产生责任感，尤其是在利益面前。当有证据可以证明合作者是个坏家伙，但又不那么确定时，我不会考虑投资他。过度夸张的炒作股票通常也是个骗局，我会避开这些股票，因为它们通常定价过高，而且倾向于不断地圈钱。如果公司架构过于错综复杂，即便没有发生什么糟糕的事情，也会加大分析的难度。

我们可以通过压力、机会和合理性这个"欺诈三角形"来甄别是否存在欺诈行为。哲学家汉娜·阿伦特说过："大多数罪恶，是出自没有善恶观念的人之手。"

当公司以大量期权或巨额奖金诱使人们努力工作时，你需要提高警惕；当大家相信某人的神话时，自负会成为此人违法的最大动机；强势的管理层通常会压制董事会、会计师和其他反对者，导致他们无法行使自己的职责；"坏人"会聚集在钱多人傻、监管或审查宽松的行业和地区；宽松的会计标准也是风险点之一；不要去买别人强烈推荐的任何东西。

未能通过上述检查的公司名单就是一份做空清单，避开它们能够降低投资失败的可能性，但你的投资机会并不会因此而减少。

| 第12章 |

会计标准的缺陷

> 应尽量提供所有的信息帮助他人做出判断,而不是仅仅提供那些导向特定方向和结论的信息。
>
> ——物理学家理查德·费曼

尽管每天都有商业欺诈发生,但真正刻意行骗的公司还是少数。大多数公司都是被迫去美化、掩盖一些事实。这些公司会计账目中的问题会有很多类似特点,比如为了伪造收益,它们会虚报现金流,或者调整应收账款、存货、无形资产等。在正常的财务报表中,高额的应收账款、存货,表明公司的销量低于预期。阅读财务报表的脚注内容是发现造假线索的方法之一,但这样做的工作量过于庞大,你只要能识别财务报表上的风险信号即可,比如公司是否存在应披露而未披露的债务信息等。

一旦财务数据公布,市场立刻会有各种解读。财务数据是市场关注的焦点,所以绝对不能令人失望。大多数公司的财报数据都没有严格遵守一般公认会计原则(GAAP)中的要求。例如，当公司高负债运营时，会计通常利用税息折旧及摊销前利润（EBITDA）来调整公司的收入。事实上，公司可以用多种方法，在财务报表上凑出任意一个它们想要的数字，而且这些方法看上去还很合理。

财务报表中的数字只能代表过去的一个瞬间，而投资者更应该关心的是公司发展的全景。数字的加加减减，尤其是投资者最关注的财务指标，在呈现给公众之前必定经过了多重"加工"。例如，公司净收益就是一长串数据加减的结果。报表中还有许多数值是通过估算得来的，它们是各种加权计算的结果，当然也有些是正确的。会计师就像魔术师一样，口中默念"咒语"——调整EBITDA，突然间就给出了大家都想要的那个数字。

好的研究员会跳出报表思考问题，研究他人常常忽视的线索。会计采用复式记账法，即任何项目都必须有另一个项目与之匹配。在虚报利润的同时，一定有些资产的价值被夸大了。此外，会计报表包括损益表、现金流量表和资产负债表，它们之间的数据相互关联，如果其中一张报表被伪造，其他两张报表也会留下痕迹。最终所有数据都会加总在一起，即便是虚构的数字也不例外。尽管公司常常会为"非GAAP"标准和"调整数据"哪一个更准确争论不休，但作为投资者，你应该明白GAAP的报告更加客观。如果投资者关注公司的净收入，就应该研究一下公司的存货、应收账款和资产负债表上的其他项目。当然还有一些线索可能会被遗漏，因为它们常常被隐藏在报告的脚注里。

财务报表的读者可分为三类，即债权方、银行和所有者。每类角色都会关注不同的财务指标。客户和原材料供应商想知道与该公司做生意是否安全，他们的订单是否会被及时交付。银行关心公司的偿付能力、资金流动性。公司是否有足够的资产和现金流来偿付所有的债务？股东想知道自己持有资产的价值，以及他们投资的安全性。投资者只有在确认利润空间足够大时，才会去关心公司资金的流动性和偿付能力。因此，这三类群体很少以同样的视角看待同样的事实。

这三类群体中的任何人，甚至所有人，都有可能成为欺诈的目标。一家深陷困境的零售公司，可能会夸大其现金资产，以确保供应商继续提供货物；也会为了扩大信贷额度，虚报EBITDA。如果债务与EBITDA的比率超过或低于某一水平，便有可能发生债务违约。对大多数高管来说，最有效的激励措施便是股权激励，并与股价挂钩。如果公司盈利不佳，就会影响股价、融资计划和经理人的资产净值。一个谎言能够影响一个群体的利益，这一群体的利益又会影响到另一个群体的利益，所以欺诈的网络通常会蔓延至全部三类人群。

美国财务会计准则委员会（FASB）允许公司在会计准则规定的范围内使用不同的方式来记账，这会导致企业资产的账面价值不同。例如，在石油行业中，"成果法"与"完全成本法"相比较，前者更加保守。如果石油公司钻到了一口干井，在"完全成本法"的核算下，勘探及开发成本将被资本化，记作资产负债表上的资产,从而避免了对利润的损耗。但如果使用"成果法"记账,石油公司应将这笔成本费用化,只有在探明石油储量时,才能把这笔成本予以资本化。

另一个例子是,公司持有的证券价值应以什么价格为准?是持有至到期日的价格,还是目前市场的价格?这两种方法本身都存在问题。如果是在一个不断上涨的市场中,市场价格高于成本价,那么按持有到期日计价的方法会低估其价值;在下跌的市场中,该方法又会出现高估的问题。不管怎样,满足公司需求的计算方式,才是永不过时的方式。

不道德的创新者会不断地设计出新的会计欺诈手段,为了防止被骗,我会重点关注以下四类问题:①提前入账的销量;②收入的真实性;③将成本分摊到过去或未来;④未披露的负债。

应收账款周转天数较高或正在上升,即是前两类问题的警示信号。通常情况下,当公司完成一笔交易时,要么会收到现金,要么会记为应收账款。但有时候,公司会在合同尚未签署之前,或是业务仍然存在不确定因素时,就把这笔交易的销量记录在财务报表中。这种情况下,公司其实是在混淆交易和资产,制造虚假收入,这些都不算真正的营业收入。

公司还可以想方设法将成本分摊到未来,它们甚至可以在一段时间内忽略成本。但这是一种类似赌博的短视行为,就算外部审计人员没有发现问题,他们的债权人终究也会发现。世通公司和美意面食公司(American Italian Pasta)将短期运营费用作为公司的固定资产计入账目,在未来几年里通过计提折旧将其抹去。美国废品管理公司为其垃圾运输处理车延长使用年限，从而降低了每年折旧费用。泰科公司在收购时，创造了准备金资金池，收购完成后，公司利润突飞猛进，因为收购费用被计入了准备金，而没有计入损益表。

最危险的财务欺诈是未披露的债务。如果说财务报表中有蛛丝马迹能够体现公司隐藏了负债，那必定是在报表的脚注中。安然将数十亿美元的负债隐藏在具有特殊目的的实体项目中，但在脚注信息中露出了马脚。最常见的脚注问题包括租赁义务、远期承诺和退休金计划等。如果一家公司报表中的脚注内容过多，我会选择跳过这家公司，因为我认为它试图在隐瞒什么。

贷款容易还款难

弗莱德曼珠宝公司的报表中显示，公司的库存和应收账款都异常超标，即使报表中不存在任何造假，公司也应该尽快提高销量。弗莱德曼珠宝公司服务于低收入客户群体，商店选址一般会在沃尔玛附近的购物中心里，大多数店面位于美国东南部的小城镇。这家公司的销量曾经历过爆炸式增长，因为公司为不具备贷款资格的客户提供信贷。在鼎盛时期，弗莱德曼珠宝公司拥有686家门店，2004年，它成为美国第三大珠宝商。门店经理的奖金提成基数有三个维度：销售额提高的幅度、应收账款增加的数额、收回应收账款的数额。弗莱德曼珠宝公司的所有利润都被重新投入存货和应收账款中，这使其几乎没有现金和债务。

这家公司的股价曾在 5～10 美元游走。它的每股净资本大约为 10 美元，账面价值 14 美元，市盈率是个位数，从数字来看，这绝对是被低估的股票。金饰大多数都可以按贵金属的价格回收、再出售，所以我认为，这些资产可以为公司的价值做一个保底，再加上珠宝公司的盈利能力十足，随着时间推移，公司价值应该能够逐步显现。但是，珠宝公司每年的现金流几乎都是负值，债务还在不断攀升，这说明其收入、营运资金和账面价值可能都是虚构的。不仅如此，公司还在不断地增发新股票。

Zale 是美国最大的珠宝连锁店，它的客户信贷决策集中由总部管理。弗莱德曼珠宝公司则把信贷权下放，交给了门店里没有受过正规的信用评分和信息搜集培训的经理和销售人员，他们的工作目标就是完成销售业绩。他们鼓励客户在商店里消费，购买的产品不受约束。更奇怪的是，一些信誉不佳的客户有时还可以赊账消费，甚至得到更多的贷款。后来，客户的信用记录不断恶化，弗莱德曼珠宝公司将还款周期从 30 天更改为 90 天。当信贷记录无法再延长时，他们干脆撇开信用记录不管，直接开展业务。

失火的香水公司

Allou 医疗保健公司是一家健康美容产品的批发分销商，尤其专注于香水业务。公司的净资产（现金、存货和应收账款）价值高于其所有债务和公司的股票市值。这听起来似乎意味着投资者可以免费获得所有Allou公司的其他资产，其中还包括一家名为"香味柜台"的互联网创业公司。2002年，Allou公司的股价约为每股7美元，低于其每股账面9美元的价值，8倍市盈率也很有吸引力。但现在回想起来，我甚至怀疑它的医疗保健业务是否真实存在过。

2002年，Allou公司公布的销售额为5.64亿美元，毛利润为6300万美元，净利润为660万美元，公司的毛利率为11%，净利润率为1.2%。通常分销业务利润微薄，尤其是当销售端没有资产支持的时候。但是如果库存运转流畅，且库存时间不长，微小的利润率也能获得可观的回报。例如，医药和医疗产品的主要分销商卡地纳健康公司在2015年的毛利率为5.6%，净利润率为1.2%，库存周期为33天，应收账款周转天数为21天。对他们来说，尽管利润率较低，但快速的库存周转率使资本回报率高达19%。

Allou公司的库存价值1.85亿美元，相当于135天的供货量。Allou公司表示，医疗保健产品库存比香水周转得更快，但利润率较低。我向Allou公司的CFO询问关于香水的时尚风向问题，但被告知品牌营销和时尚设计不是他们的考虑范畴。更令我担心的是，由于周转周期较长，香水会不会变质，尤其是当它们暴露在高温或日照的环境时。香水销售具有较强的季节性，所以其库存周期较长，而且在淡季还会有很大的折扣。为了更好地了解库存较高的原因，我向香水制造商打听 Allou 公司，我本以为他们是一个行业圈子，但他们对 Allou 公司竟一无所知。

当财务报表显示公司能够产生利润，但另一端又在"流失"现金时，我们应该选择更加重视后者。Allou 公司在 2002 年的运营中，净流出 1740 万美元。在过去两年中，Allou 公司的净利润分别为 250 万美元和 700 万美元，但流出的现金为 3400 万美元和 2700 万美元。在这三年中，该公司先后更换过三家会计师事务所，分别是梅耶尔·里斯普勒（Mayer Rispler）、安达信以及毕马威（KPMG）。聘用大型审计机构通常是个好消息，但频繁更换事务所会让人猜疑。管理层似乎对他们的债务感到担忧。Allou 公司在 Congress Financial 和花旗银行有 2 亿美元的信用额度。即使投资者看好"香水柜台"公司的前景，其市值也仅为 1 亿美元。事实上，Congress Financial 和花旗银行各自在自己的口袋里放了颗定时炸弹。

2002 年 9 月 25 日午夜前后，位于布鲁克林威廉斯堡街区的 Allou 公司仓库发生 3 级大火。尽管纽约市有 245 名消防员立刻响应，大火仍然到了下午才完全扑灭。消防官员判断仓库是人为纵火，仓库里有 4 个起火点。Allou 公司向保险公司索赔 1 亿美元，但保险公司拒绝理赔。Allou 公司的高级主管又试图贿赂消防官员篡改报告，但消防官员将情况告知了警方。最终 Allou 公司申请破产，股东资产清零，银行损失了 1.77 亿美元。

运输砖块

大多数时候，公司无法在库存或应收账款中做手脚，套出现金，但 MiniScribe 公司精心策划了两起骗局，暂时能将资金变现。这家磁盘驱动器制造商失去了 IBM 这一大客户后处境艰难。在 1987 年盘点库存时，公司发现实际库存比报表中显示的 8500 万美元总库存少了 1500 万美元。为了填补盘损，MiniScribe 公司要求其科罗拉多仓库，以及新加坡和中国香港的工厂，将过时的存货重贴标签和包装，假冒新货寄给分销商。分销商在收货后会自动扫描产品标签上的条形码，随即就是付款流程。MiniScribe 公司滥用这套自动化系统，硬是将产品出货给没有下单的经销商。

1988 年年底，MiniScribe 公司用砖块冒充磁盘，包装、贴标后出货给仓库，等待为期数周的检查，待收到货款，公司便召回砖块，换成真的磁盘。MiniScribe 公司在 1989 年准备故技重施，收到货款后再召回产品。但在圣诞节前的大规模裁员中，公司许多参与包装和运输的工人都被辞退。愤怒的工人把这些事实曝光给了当地的报纸。1990 年的第一个工作日，MiniScribe 公司破产了。

费用转移

美国泰科国际公司在首席执行官丹尼斯·科兹洛夫斯基的

领导下，非常热衷于收购，但它调整记账方式，转移了当期费用。泰科国际收购的业务包括防火设备、安全监控服务、电子元器件、流动控制产品、医疗保健用品等。当泰科国际收购其他公司时，常因为他们对有形资产的核算过于保守而被诟病。他们会通过增加存货、保修费和坏账准备金将资产水平降至最低。收购价格实际上大部分都付给了商誉或其他无形资产。投资者应该重视重组费用和商誉摊销，遇到这种情况必须警惕。

这种记账调整减少了本期支出，增加了本期收入。由于财产和设备的估值较低，所以折旧费用也降低了。事实上，低估折旧费用通常会使公司花费更多，因为需要购买新设备来替换旧设备，但泰科国际可以用这个办法隐藏资本支出，因为它的设备是租来的，并非通过购买。当公司某个部门运营不佳时，它可以有选择地出售存货，或者收回应收账款，或者冲减之前过度计提的准备金来增加收益。好在泰科国际只是试图让好的生意看起来更好，而不是在掩盖糟糕的状况。后来，泰科国际被起诉，这为投资者提供了买入的好机会，科兹洛夫斯基最终被送进了监狱。这是他坚持自己的"投资信念"的恶果。

EBITDA造假

有些人说EBITDA不能造假或被操纵，但世通公司曾经的确夸大了EBITDA。世通公司将其部分线路的成本记为采购设备的成本。线路费用是当一家电话公司不拥有另一端电话的网络，却又需要完成一次通话时，支付给另一家电话公司的费用。2000年，世通公司报告说，尽管美国电话电报公司（AT&T）的网络规模很大，但其线路成本仍然占营收的42%。事实上，如果去掉不恰当的资本化成本，世通公司的真实线路成本占比确实与之接近。2001年，长途电信服务市场竞争激烈，世通公司降低了价格，当年的销售收入下降约10%。与此同时，世通公司2001年的线路成本上升了10亿美元，利润率也因此受到了影响。

SEC提交的调查报告显示，2001年，世通公司的实际线路成本被低估了30亿美元，其中27亿美元被当作采购设备记为资本，而不是线路成本开销。之后，这些资本会随时间推移折旧贬值。如此一来，成本就不会在2001年集中显现出来，而是一点一点地消耗掉。线路费用显然是一项开销成本，与任何设备资产都无法匹配，因此不应该被资本化。世通公司2001年的设备总量增长了18%，尽管EBITDA可以伪造，但公司不断上升的资产和债务还是露出了马脚，其长期债务从2000年年底的177亿美元飙升至410亿美元。2002年7月，世通公司申请破产。

一些公司公开承认，他们不认同某些"开销"属于成本范畴，并阐明这是一种会计原则的分歧。大多数会计可能倾向于遵从某些原则和解释，但这不能说明少数人的观点是错误的。在石油和天然气开采过程中，有人认为如果没有一系列失败的实验勘探，成功的开采是不可能实现的。但我认为，并不能因此就把失败的勘探成本记作资产，直接记成本的方法更加合理。可是，FASB 允许这样的操作。当石油和天然气公司使用不同的会计准则时，它们的财务数据肯定不可同日而语，投资者只能比较它们之间具有相同标准的部分数据。

虽然 FASB 在应用标准方面给会员一定的自由裁量权，但对大家来说自由的空间仍然不够宽松，这刺激了非 GAAP 的发展。不同的术语能够带来不同的感觉，"潜在收益"或"现金收入"听起来比 GAAP 里的"收益"更加复杂。科技公司在某些记账方式上也存在很大的争议，比如当员工薪酬以股票或期权支付时，是否会产生成本？因为无形资产的寿命不确定，所以它们在报表中的摊销或减值都不能算作真正的成本。

现在有很多互联网服务公司，我对它们的业务情况都持怀疑态度，比如 MarchFIRST。MarchFIRST 调整了公司会计报表，显示其在 2000 年的前 9 个月公司实现盈利，但全年每股亏损 6 美分。在 2000 年的 GAAP 报告中，公司全年的亏损为每股 53.27 美元。在 GAAP 报告巨亏后两个月，MarchFIRST 便申请了破产。

一些损失确实是一次性的，却会对未来的收益产生影响。借款人必须提前支付一笔高额的贷款利息，但利率在未来可能会下降。刚开始遣散和关闭工厂需要现金支持，但以后或许可以节省开支。对于一个每年都出售资产，且从未实现过任何承诺，或者总在并购和重组的公司，你能拿它怎么办？所以，研究非 GAAP 的数据是否比 FASB 的数据更真实，意义并不大。

脚注中的隐藏负债

最可怕的会计问题是隐藏的债务，它在财务报表上几乎不留痕迹。如果有的话，它们也只能在报表的脚注中发现。检查脚注的内容要包括企业年金、退休金计划、资本和经营租赁、远期承诺、衍生品、合资公司信息等。公司有三个主要的表外资产和负债的类型：①未合并的法律实体；②待履行的合同；③或有负债。如果公司的债务没有被追溯到母公司，那么证券化、合资公司和杠杆项目都可以避免被合并到报表中披露。租赁和远期购买协议属于公司未履行的合同。或有负债包括诉讼、环境补救、担保和其他意外赔偿等，这都说明公司存在潜在开支，但金额无法确定。

当现金大于债务时，公司很少会破产。但在2008年，美国第二大电子消费产品零售商美国电路城公司却不是这样。如果忽略了脚注，你会发现美国电路城公司的资产负债表极具误导性。截至2008年2月，该公司经审计显示账面现金为2.96亿美元，长期债务为5700万美元，普通股价值15.03亿美元。

在报告的脚注中，美国电路城公司披露了一份约有56亿美元业务的合同，其中包括40亿美元的经营租赁付款。在这些表外负债中，有6.37亿美元必须在2009财政年度支付。加上负的经营现金流，美国电路城公司最终难逃破产的命运。正是因为美国电路城公司的这个案例，FASB调整了租赁记账的会计准则。

在2008年破产之前，雷曼兄弟选择使用"回购105"（Repo

105）向债权人和监管机构展示公司资产负债情况良好。回购协议的内容是出售一种证券，并承诺在未来的一定时间内，以更高的价格回购，同时证券认购者可以保留在此期间证券所支付的股息或利息。实际上，这是一种由证券担保的短期贷款。贷方有担保的法定所有权，并将担保价值减去一个称为"头息"的准备金，通常高质量债券为1%～2%。这一准备金保护贷款人利益，以防借款人违约。雷曼兄弟实际上花2美元购买了价值100美元的证券，资产负债表将显示出价值100美元的债券和98美元的回购负债。在全球金融危机期间，金融机构都希望自己的财务报表中能显示更多的流动性现金和较小的资产负债。

雷曼兄弟对其低等级债券使用了"回购105"的方法，因为债券等级较低，所以头息比例更大（超过5%）。投资者购买价值1亿美元的债券，雷曼兄弟会投入500万美元的头息。在报表中，这被记为一份价值500万美元的远期合同，而回购债务则没有出现在雷曼兄弟的资产负债表上。雷曼兄弟以这种方式隐藏数百亿美元的债务。即使是仔细阅读脚注，这些业务也没有办法完全搞清楚。与大多数财务调整方法不同的是，"回购105"并不能改变报表的利润数字。

Miss Kitty 公司做了什么

当我阅读安然公司2000年的10-K年度报告时，我发现了很多问题。批发服务在利润贡献中被分成了资产投资和商品销售服务。对我来说,"资产投资"听起来并不像是一项经营业务。2000年,资产投资贡献了8.89亿美元的税前利润,占安然公司总利润的1/3以上。商品销售服务包含了3.81亿美元的证券化销售收入,其中的一部分卖给了安然公司持有50%股权的子公司Whitewing。另两家子公司JEDI和JEDI II,一共贡献了2.55亿美元的收益。如果再继续深究,这些利润到底是来自经营业务、商品交易、证券化还是出售资产,就不得而知了。

安然公司的资产负债表不断膨胀,投资和其他资产总计234亿美元。这个数字是房地产、工厂和设备等实物资产的两倍。未合并公司的投资和预付款总额为53亿美元。在一年内,风险管理的资产从29亿美元跃升至90亿美元。为了了解这些资金的投资情况,我研究了10-K项目中的第21项,这是数百家子公司和合伙公司的名单,但其中没有提供任何关于投资情况的详细描述,所以我根本无法得知Bodyflash.com和Merlin等公司的主营业务,以及资产究竟有多大。在公示信息中,完全没有给出公司股份的分配比例,但是Miss Kitty公司的名字多次出现在名录中。

我的猜测是,Miss Kitty公司应该与安然公司的许多子公司都存在利益关联,所以名字才会多次出现。安然公司并不想披露其拥有实体公司的具体信息。与此类似,安然公司持有一半股份的名为Atlantic Water Trust的公司拥有Azurix公司68%的股权,这意味着安然公司拥有这家公司34%的股份。2000年,Azurix亏损4.7亿美元,这导致安然公司损失了3.26亿美元,而这样算来安然公司的损失占比为69%。安然公司美化了财务数据，使每股收益增加了40美分，希望转移投资者的注意。我感觉安然公司试图用大量复杂的信息来误导研究人员。这些信息毫不匹配，对我来说没有任何意义。那时的我真的很想弄清楚安然公司到底是如何赚钱的，以及它的资产到底价值几何。

不过人生苦短，何必把时间花费在没有意义的地方，市场上还有成千上万只股票可供选择。但投资者确实需要深究脚注中的细枝末节，以避免成为诈骗的受害者。研究安然公司对于银行和保险分析师来说是分内工作，但是对于基金经理来说，不买安然公司股票就可以了。一家架构复杂的公司，通常都是为了隐藏一些不为人知的事实，即便其信息披露相当全面，投资者也要谨慎对待。

除了脚注以外，库存和应收账款的异常增长通常也是一个危险信号，即使无法证明公司存在欺诈行为，这两个指标的异常增长也说明公司在销售端存在很大的压力。不断上升的投资、无形资产和其他资产也有类似的警示作用，尤其是对于一家一直开展收购业务的公司来说。世通公司事件证明，EBITDA可以造假，但负的现金流和不断飙升的债务水平足以说明公司存在问题。投资零售股的投资者，应该重点审查脚注中有关租赁的内容；对于注重工会权利的行业来说，退休金说明尤为重要。如果脚注太过含糊不清，投资者就应该干脆跳过这家公司，避开风险。

| 第四部分 |

赚得多，不如活得久

BIG MONEY THINKS SMALL

| 第13章 |

企业的生命周期

我不想通过我的作品永垂不朽,我只想永远不死。

——美国导演伍迪·艾伦

　　人生无常,难以预判,商业战场更是如此。许多人在评估股票价值时却忘了这一点。大部分投资者会忽视长久存在的重要性。收益和成长总是令人振奋,且容易被量化,而公司的衰亡和确定性则相对模糊,且这个话题很敏感,但对股票估值来说,它们都是很重要的。根据现金流贴现公式,股票的内在价值是公司从现在开始到结束的所有现金流以公允利率贴现的总和;当然,有些人会用股息替代公允利率。从宏观的角度来看,影响价值主要有四个要素,即盈利能力或收入、生命周期、成长性和确定性。

　　有的行业具有一定的优势,可能利润更高、生命周期更长、增长速度更快或者确定性更强。尽管每个行业的价值要素相同,但其中每个要素的程度并不相同，它们会以多种方式组合在一起。在接下来的4章里，我们将深入探讨其中的一些组合，尤其关注生命周期和确定性这两个要素。从宏观层面来看，利润丰厚的公司，在经营确定性较强的情况下，行业的周期性越弱，存活的时间就越长。除了规模较小的非耐用消费品行业，大部分公司很难兼得确定性和快速增长。

现金流贴现公式经常被误用，有人会将几乎完全确定的事件和几乎不可能的事件混为一谈。有些预测逻辑性很强，而且十分合理，而另一些则纯属胡扯。投资者要有辨别信息是否可信的能力。事实胜于雄辩，通常已经发生的事情比所谓专家预判要可靠得多；对未来预判越长远，出错的概率就越大。没有人能百分之百准确地预测公司未来现金流。投资者要将一连串预测的现金流数据换算到现在，这就是永续价值。

我认为沃伦·巴菲特将"不安全边际"最小化以应对不确定性，但他从未对此进行公开讨论。他关注的是市场中价格已经跌穿了一个极端保守值的股票，而不是预测公司未来现金流的情况。事实上并不存在永续价值这一说法，在大多数情况下，使用永续价值的方法实属无奈之举，它是各种可能性叠加在一起的产物。认识到这一点你就会发现，股票几乎从来无法以低于其价值的价格出售。如果你将"不要赔钱"的投资原则放在第一位，那么如何减小"不安全边际"则是你需要重点考虑的问题。

如果公司的生命周期和确定性很容易被衡量，那么我很想知道它们对不同行业的股票价值的影响。而事实上，它们无法被量化，所以我们只能使用一些主观指标加以判断。随着时代的发展，行业会发生变化，昨天热门的行业或许明天就会过时，所以我们需要用行业属性对行业进行分类。要想发现未来能够胜出的行业，研究行业现状会比研究行业过去的表现更有用。

行业寿命和产业结构：铁路过时了吗

伦敦商学院的三位学者埃尔罗伊·迪姆松、保罗·马什和迈克·斯汤顿，汇总了美国和英国股票市场的历史统计，从1900年到2016年，他们研究了15个行业中所有股票的表现。在此期间，世界经济发生了巨大的变化。占1990年股市市值80%的4/5的股票在如今已黯然失色。蜡烛和火柴制造都曾是社会的关键产业，100多年过去了，为了保证这些"夕阳"行业的统计延续性，迪姆松将它们归集到了"杂项制造业"中。

在迪姆松的研究中，美国市场上表现最好的行业依次是烟草、电气设备、化工、食品和铁路；最糟糕的行业则是船运、纺织、钢铁、造纸、公用事业和煤炭行业。在英国，表现最好的行业是酿酒业。如果美国没有实施过禁酒令（1920～1933年），这种情况在美国也有可能发生。

1900年，铁路行业几乎可以代表整个股票市场，它们的市值占比达到了美国股票市场总市值的63%，在英国股票市场占到近一半的市值。如今，铁路股在两个国家的总市值中占比不足1%。现在人们出行方式多样，乘坐飞机或开车都可以替代火车。以前由轮船或铁路运输的货物，现在可以由汽运或空运代替。尽管铁路被卡车和飞机所取代，但铁路股票的表现仍优于货运和航空公司股票。

美国货运公司和航空公司股票分别在1926年和1934年上市。上市以来，这两个行业一直表现不佳。尽管铁路运输行业在市场的主导地位变得微不足道，但股价的表现一直是运输行业里最好的，而且分红也是投资收益中的重要组成部分。长期来看，铁路股与市场走势具有一定的相关性，虽然不是线性相关。20世纪70年代初，铁路公司纷纷破产，其中包括铁路巨头宾夕法尼亚的中央运输公司。

铁路运输行业的利润完全被新的运输方式侵蚀。其客户不断流失，其市场权重被严重削弱，利润空间极度萎缩，就像航运、钢铁、造纸和煤炭等行业一样。到了20世纪70年代，铁路客运陷入财务危机，1971年5月，政府将几乎所有的铁路客运服务收归国有。铁路货运似乎也接近崩溃。铁路的替代品成本低廉，其他优势也很明显。当两个或两个以上的人外出旅行时，开车购买汽油的成本要比铁路客运车票低得多，而且旅行者可以随意选择出发或返回的时间。

在货运业务上，汽运和空运尽管速度较快，但铁路具有价格优势。铁路公司还通过削减成本、提高效率进一步强化这一优势。一级铁路的就业人数从1947年的135万骤降至2016年的15.2万。随着铁路柴油机车和双层集装箱设计的出现，铁路运输的效率几乎是原来的 3 倍，且需要的人手也远少于从前，后台的调度、安全和跟踪维护工作也都交由计算机自动化来完成。

铁路具有地方垄断属性。在乘客和货物运输市场萎缩的情况下，这一属性保护了行业的利润。一旦在两个点铺设了一条轨道，就很难再建立另一条有竞争力的轨道了。客户可以选择另一种运输方式，但通常无法选择另一条铁路线。空运、汽运和航运要在相同的线路上面临竞争。尽管汽运和空运为交通运输创造出了巨大的市场空间，但由于竞争态势远比铁路公司严峻，所以货运和航空公司股票的回报率并不高。每年都有更多的乘客乘坐飞机，但激烈的竞争使航空公司的利润飘忽不定。尽管汽运行业没有航空运输那样的竞争，可是它们的盈利能力还是弱于铁路运输。国际航运是运输行业中最糟糕的业务，它的重要性越来越差，而且竞争对手众多。

日常消费品行业的投资回报要高于其他行业，因为客户很稳定，他们不能或不愿使用其他品牌。烟草行业具有垄断性，而且是寡头垄断。品牌影响力在烟草和酒精产品中尤为重要，它们分别是美国和英国表现最好的行业。大多数喝 Jack Daniels 威士忌的人都不会接受 Pabst Blue Ribbon 啤酒作为替代品，同样，万宝路的用户也不会选择 Bonus Value。

电气设备是一个非常多样化的类别，以产品为基础进行竞争。在 20 世纪，电气设备是增长最快的产业，发动机和灯泡取代了手工劳动和蜡烛。化工类股票的强劲表现，可能是因为 1900 年医药行业纳入该板块。

走下坡路的行业

1900～2016年,许多行业被替代品和竞争拖垮,比如航运、纺织、钢铁、造纸等,它们之间竞争非常激烈。煤炭市场的购买者会将各家公司热能煤的热含量、清洁程度和货运价格放在一起进行比较。如果你在这样的行业中工作,你会觉得任何工作都比自己所在的这个行业要好。总的来说,大宗商品行业的利润平平,通常这是一个资本密集型行业,公司往往在大规模倒闭和繁荣之间来回摆动。2000年,北美钢铁行业中约有一半的工厂破产,6年后,竟然又再次崛起。

如果一家公司在行业中没有替代品,也没有竞争者,那么它往往会获得较高的回报,存活时间也会很长,其价值不言自明。电力公司看起来与上述特征相匹配,但事实上并非如此。电力是一种消耗品,其应用范围仍在不断扩大,而且没有任何替代品,这类公司在当地一般都是专营服务提供者。可问题是公用事业公司的产品定价会受到严格的管制,通常是公司的成本加上一个合理的回报率。国家监管机构认为,公用事业公司的主要资金来源是低成本融资,所以其股本回报率也应该很低。

在电力行业成立早期,公司竞争激烈,它们游说政府希望得到国家的统一监管。到了20世纪,市政当局将特许经营权授予了多个公用事业公司,这导致在得到授权的公司之间又出现了一场混战。它们再次抱怨竞争激烈,又开始认为电力供应要自然竞争形成垄断。后来许多城市的电力公司开始合并,形成了当地的垄断公司,并提高了电力的价格。根据罗切斯特大学的格雷格 A. 贾雷尔的说法,在激烈的竞争中,有的州率先采取措施,在高度竞争之下,电价比平均水平低 45%,这导致人均用电量提高了 25%,但电力公司的利润降低了不少。而电力公司被统一监管后,电费也随即增长。对这些公用事业公司来说,公司的生存和业务确定性远比追求高利润重要得多。

盈利能力决定投资收益

发掘价值首先要做的就是辨别公司的盈利能力。如果你筛选的公司盈利能力很强,那么接下来要考虑的就是这种能力能持续多久。答案是否会因行业的不同而有所区别?迪姆松的研究还没有涉及这些问题。历史数据表明,公司在经营超过 25 年之后,多少都会变得有些瑕疵。我从 1965 年开始使用穆迪公司提供的数据库,剔除银行和保险公司之后,里面还有关于 1000 家公司的完整研究报告。我挑选了 1964 年利润率大于等于 20% 的 90 家公司,它们的分布并不均匀。其中有 14 家公司属于铁路行业,12 家公司属于制药业,还有许多消费品行业和矿业公司。我对 32 个行业进行分类,依据销售收入最高、市值最大、利润率最高等几个标准组合,各选出一家有代表性的公司。需要说明的是,零售业、货运、钢铁、汽车、半导体和主流食品行业中,没有一家公司能达到 20% 的利润率。

到了 2014 年,这些入选公司的优势不断缩小,但它们的利润率仍高于标准普尔500指数的平均水平10.5%。在表13-1中，我列出了这些公司具体的利润率，按2014年的数据由高到低排列。其中有7家公司已经破产，许多公司被收购，而大多数公司不得不与时俱进。这90家公司曾经都是32个行业的翘楚，但随着时间的推移，它们中的大部分都回到了市场的平均水平。在那些高利润的行业，如制药、铁路、消费品，它们的盈利能力依然较强，这也许是因为这些行业拥有护城河。基础材料行业的表现则比较例外，因为这个行业会受到大宗商品价格周期的影响。

表13-1 来自32个行业各家公司的利润率

公司	继承者	行业	1964年利润率	2014年利润率
百富门		酿酒	27	33
宾夕法尼亚-纽约中央运输公司	1970年破产/诺福克南方公司	铁路	27	31
富诺兹烟草	雷诺兹烟草	香烟	27	30
沿海天然气	金德尔摩根	天然气	29	27
史克必成	葛兰素史克	药物	34	26
大都会	迪士尼	影视	34	23
3M		综合	22	22
国际香料公司		香料	24	19
IBM		电子	27	19
好时		糖果	23	19
吉列	宝洁	剃须	24	19
丹碧丝	宝洁	女性用品	43	18
雷欧尼尔		林业	22	18
安普	泰科电子	电子	21	16

(续)

公司	继承者	行业	1964年利润率	2014年利润率
哈比林沃克	2002年破产/哈里伯顿	耐火材料	21	15
多姆矿业	加拿大黄金	黄金	30	15
雅培		医疗	21	13
杜邦		化学	25	13
卡特彼勒		装备	21	12
美国石伟	2000年破产/Chic. B&I	工程	35	10
施乐		复印	30	8
隆斯塔	布吉联合	水泥	20	7
美国商业驳船航运	2009年私有化	航运	24	7
道琼斯	新闻集团	传媒	22	6
美泰克	惠而浦	应用	25	6
西北航空	2005年破产/达美航空	航运	25	6
英国石油		石油	22	6
雅芳		消费	27	5
美国石膏	2001年破产/USG	墙板	25	5
诺兰达	嘉能可	矿业	22	2
冠军火花	辉门/2001年破产	自动化	27	0
柯达	2012年破产	摄影	27	−1

品牌消费品公司在过去半个世纪的利润率要高于其他任何行业。剔除摄影公司，在这段时间里该行业无一家公司破产。它们的收益不太受原材料成本、经济周期的影响。在真正有价值的公司必备的四个要素中，品牌消费品占了三个，盈利能力强、生命周期长和确定性强，唯一欠缺的就是销量的爆发。酒类股票是英国市场近100多年以来表现最好的，但人均酒精消

费量实际下降了。香烟公司的情况也比较类似，它们的销量都在下降，但收益不减。尽管肥胖和浪费问题日益严重，但是食品消费的增长速度不太可能比人口的增长速度更快。像食品和烟酒这类品牌消费品的利润一直具有较强的确定性，也许是因为需求的稳定和不断改进的产品，以及行业壁垒阻碍了新的竞争者参与。

经过研究，我发现半个多世纪以来，有两家公司有着极高的利润率水平，即香烟生产商雷诺兹和杰克·丹尼威士忌生产商百富门公司（Brown-Forman）。还有些平价消费品公司也保持着良好的盈利能力，销量一直保持着强劲增长，比如好时公司和宝洁公司。前者一直是美国市场最受欢迎的巧克力生产商。后者在收购了吉列和丹碧丝之后，利润率一直维持着18%的水平。宝洁公司的报告显示，2014年剃须板块业务的利润率为24.4%，与50年前吉列公司的利润率基本持平。公司没有透露丹碧丝女性护理业务的利润，但明确指出该业务的利润要远高于公司的平均水平。

有些消费品公司则表现相对平庸，比如雅芳和伊士曼柯达。消费类的弱势股往往品牌效应也比较弱，有时甚至无品牌可言。有趣的是，雅芳的问题并不在这方面，雅芳是全球知名化妆品牌，当然伊士曼柯达也是世界知名品牌。它们表现欠佳是因为其分销体系远远落后于时代的发展。购物中心和互联网购物的普及意味着化妆品可以在任何地方购买，同时雅芳的销售方式也因为更多女性步入职场而过时。现代职业女性可能会使用更多的化妆品,但她们不愿意从上门推销的女售货员那里买化妆品。随着女性就业机会的增加,愿意从事雅芳上门推销的人数也越来越少。

胶卷行业的完结

伊士曼柯达是一家知名的小型消费品科技公司(以下简称"柯达"),但科技的进步对它造成了致命的打击。20世纪60年代和70年代,柯达是市场上最具吸引力的股票之一。尽管它的竞争对手宝丽来公司推出了拍立得这样出色的产品,但是柯达彩色胶卷的利润率仍然非常可观,而且发展势头强劲。宝丽来的创始人埃德温·兰德能力出众,他个人拥有533项专利,仅次于爱迪生,但这也使公司的股价一直处于被高估状态。技术创新对宝丽来造成了极大冲击,公司于2008年破产。四年之后,柯达公司的利润也因为竞争对手强劲等原因被侵蚀,最终也以破产告终。

高科技公司一般初期增长强劲,盈利能力令人震惊,投资者往往趋之若鹜。可惜这些公司要么生命周期短,要么具有极大的不确定性。在表13-1中的32家公司中,施乐公司的市盈率为54,是所列出的公司中最高的,IBM、柯达两家公司的估值也不低。20世纪70年代,这三家公司都是"漂亮50"(Nifty Fifty)的成员,是最受欢迎的成长股。在变化迅速的行业中,公司只有不断创新才能生存下来。IBM的良好业绩持续了超过

50年,它的业务较之前也彻底改变了,从计算机硬件销售到软件服务。施乐公司也想向多样化外包服务转型,同时仍在继续着销售、出租复印机等业务,但这些业务的利润率都在萎缩。柯达一直专注于胶片和相机业务,在2012年终未能摆脱破产的宿命。

石伟公司也是一家因技术革新而受害的公司,它的主营业务是设计、监理核电站。当时它与美国的每个核电站都有合作。核电本应使电价低到无法计算,但因公众抗议核电建设,导致建设成本大规模超支。在1979年美国三里岛核事故之后,公用基建公司取消了所有核电建设的订单,并停止了正在进行的核电建设工程。石伟公司连计划数量的一半都没有完成。后来公司开始拓展经营一些利润较低的业务,转型成为一家工程建筑公司,并努力参与招标揽业务让员工们忙碌起来。

技术开发人员通常只专注于研究技术是否能达到预期,而忽视其副作用,但意想不到的后果足以毁掉一家公司。比如石棉诉讼就使Harbison Walker、Federal-Mogul和USG三家公司破产。有些技术本身确实很有优势,但是它们对公众的间接影响也是需要考虑的关键要素。石棉具有耐高温的特性,这给它贴上了"神奇矿物"的标签。但如今石棉已被其他材料所取代,其中包括用于肯特香烟的过滤嘴,它曾被认为是"香烟史上最伟大的健康保护发明"。在无法使用阻燃剂的地方,使用石棉是合法的,所以它仍被应用于垫圈、吊顶和地砖中。

如今的主流报道警示世人要注意石棉、核能、烟草和酒精的危害。这是否意味着在下一代产品中，它们会被舍弃？禁酒令的颁布及后来的废除表明，在特定的时代，大家会觉得一种产品的好处，超过了其对社会的损害，之后觉得危害更大，但后来发现禁止后的危害更大，因此又回到了起点。有人认为，互联网使政府和广告商能够全天候地监控所有人，他们也因此掌握了大量客户的隐私数据。然而，目前的共识是，互联网的优势仍远胜过劣势。基因工程在促进农业生产力方面获得了极大的认可，但也有人担心产品可能引发基因突变。未来会怎样？我们并不知晓。

确定性和不可知的未来

研究非周期性需求、政府监管、垄断、品牌忠诚度等，对判断未来市场有一定程度的帮助。对于周期性很强的公司来说，市场平均需求水平可以大致计算出来，但在特定年份里，销售量和利润又可能与预测值相去甚远。如果监管或垄断阻碍了公司间的竞争，因争夺市场份额和价格战所引发的风险就会大大降低。强大的品牌效应意味着公司有着大量忠实的顾客和一定程度的定价权。更新缓慢的产品不容易被其他产品所取代，而且市场份额相对稳定。

采购销售合同以及债务和租赁合同，可以使公司未来的确定性提高或降低。有的采购和销售业务是长期合同，在未来几年里，投资者可以据此公司的收入、支出、定价做出一定的预测。而自动续订期刊、电话服务或软件维护等"长期"业务，通常是依靠客户的依赖性来维系，而不是被合同约束。合同在一定程度上可以保证公司的利润，但表述不明确的合同也会造成一定的不确定性。在经济低迷时期，公司希望所有的成本都是浮动成本，而非固定成本。大多数公司都有债务和租赁义务，它们会承诺用未来不确定的收入偿付确定的债务。

宾夕法尼亚-纽约中央运输公司和美国西北航空公司都是因为负债累累和沉重的劳工成本而破产的。1968年，宾夕法尼亚铁路公司和纽约中央运输铁路公司合并，尽管新公司垄断了许多运输线，但强势的工会阻挠公司施行裁员计划。20世纪60年代，宾夕法尼亚-纽约中央运输公司的客运业务大幅下滑，客流量不断减少，公司人员过剩。1966年，宾夕法尼亚把长岛铁路（一条通勤线路）卖给了纽约，但保留了其他亏损的通勤和城际客运线。货物运输一直是有周期性的，由于公司的成本结构，以及33亿美元的"债务"导致公司无法继续维系，公司于1970年申请破产。

1964年飞机客运业务刚刚起步，美国西北航空公司的发展空间很大，而且当时航空管制严苛，竞争很小，所以国内航线一直是处于盈利状态。美国西北航空公司财务状况良好，负债不到股本的一半，还有多架现代化客机。它的业务还外延至亚洲，尽管远东地区飞机着陆的位置通常会受到严格限制。如今亚洲航空旅行业务增长迅猛，机票价格相对昂贵，所以航空公司会通过各种满足顾客需求的方式来相互竞争。在全球最佳航空公司排行榜中，有许多来自亚洲的航空公司。

1978年，美国航空管制解除，国内航空客运竞争激增。美国西北航空公司与美国共和航空公司合并，以巩固其在圣保罗和底特律航运枢纽的统治地位。1989年，美国西北航空公司出售了许多飞机和国际房地产，又将它们租了回来。整体来看，这家公司的发展出现了分裂的特质，它们在东京的航线上提供精致的服务，但同时在不断压榨员工利益。有一段时间，美国西北航空公司取消了诸如提供小吃和枕头这样的服务，以降低成本，它们在亚洲航线上却没有这样操作。杠杆化收购和多年的亏损让美国西北航空公司在2005年背负了数十亿美元的债务和租约，资产净值为负值，飞机老旧，而且也没有多余的资产可以剥离。所有保护美国西北航空公司发展的东西（政府管制、垄断市场、低负债和租赁成本）都不复存在了。一些乘客戏称它为"最背航空"。

优步（Uber）的出现对出租车行业构成了严重的威胁，而且它还找到了很多方法绕开监管。纽约市政府给出租车颁发运营牌照，并且会控制牌照数量以遏制恶意竞争。在大萧条时期，出租车行业不景气，车费一降再降。曾有人提出在纽约设立垄断出租车行业的提议，但后来有报道指出，市长吉米·沃克接受了出租车服务商 Parmelee Taxi 公司的贿赂后，这项提议被废除。1937年，纽约发放了大约13 000张牌照，每张价格10美元。到2013年，牌照的交易价格为110万美元，复合年化收益超过了15%。这简直是疯了，就算是一辆配备齐全的全新出租车的成本也还不到这一数字的 1/10。

对于那些没有牌照的司机来说,牌照制度是合法的但是并不合理,但对于一个投资者来说,这提供了确定性极大的投机机会。牌照持有人可以以每年 7 万美元的价格将牌照租给司机,年化收益率为 6%,这个收益率绝对在无风险收益之上。租金收入相当稳定,出租车的运营风险和燃料成本都由司机承担。1980 年,Checker Motors 是一家上市公司,我曾是这家公司的忠实用户,它同时拥有数千张出租车牌照,其中一部分由 Parmelee Taxi 公司持有。我当时认为公司股价太低了,就买了一些股票,但不久之后,Checker Motors 公司被私有化。事后来看,收购的公司完全窃取了公司的股份。如今,Uber 和 Lyft 的运营方式都没有对牌照的需求,而且是以较低的价格提供优质的服务,司机的工资与持有牌照的出租车司机的薪酬相当。牌照的价格也因此大幅下跌。

几十年来,读者的订阅模式和习惯使报社的经营状况很好预测。政府限制传媒行业的竞争,但即使没有监管,大多数城市也只有一家报社。随着互联网媒体的发展,受众群体数量不断增长。除了房地产和求职广告,大多数广告都不具有周期性。当同样的新闻在报纸上曝光的时候,在互联网上早已成了旧闻。客观来看,未来充满了不确定性,无论你的预判是来自法律、垄断、合同、税收、习惯等方面,都会存在缺陷。

与公司价值直接相关的四个要素(盈利能力、生命周期、增长性和确定性)反映了人类社会行为的规律,这与物理学的定律有所不同，比如高利润率能够反映买家对产品的渴望程度，但这种程度无法量化，也不知道会维系多久。无论什么原因，当公司产品的需求下降时，公司的寿命就会缩短，除非它们在其他方面有所建树。如果公司销量增长，则说明要么是它的替代产品退出了市场，要么是产品使用反馈良好，获得了市场的认可。判断确定性的核心要素是人类行为的普遍惯性，了解这一要素才能明确产品销售延续的可能性。投资是具有挑战性的活动，在过程中投资者需要避免不切实际的期望。历史已无数次地证明，许多公司在缺少盈利驱动之后，其价值终究会归零。

| 第 14 章 |

成也石油，败也石油

大宗商品市场对投机者来说是乐园，对投资者来说则是雷区。

商品期货市场中的交易品种与现货市场相关，这在一定程度上反映了市场的供求关系。在交投活跃的市场中，大部分信息都围绕着需求端，实际上投资者应该更关注的是供给端。成本最低的生产商利润率最高，增长也最快。如果商品的价格稳定，我会寻找价值被低估、生产成本较低的标的进行投资。

因为价格是竞争的基础，所以在竞争过程中，商品价格会一直波动，有时波动还会非常剧烈。当商品价格处于高位时，供给会随之增加。由于竞争对手对这些变化的反应不一，生产者的相对成本也将发生变化。在一个活跃市场中，尽管低成本生产商的盈利能力会比较强，但假如价格调整不够灵活，它们也会错失良机。在经济低迷时期，低成本生产商通常能够坚持到最后。如果公司维持低成本运营已经十分困难，那么投资者就应该谨慎，因为资产的价值可能会转瞬归零。

举例来说，开采和生产一桶石油的成本是无法事先预知的。会计师会把公司的成本分成三组：①勘探石油储藏点；②开发储藏点；③开采和生产石油或天然气。寻找储藏点不仅需要勘探技术，还需要一点运气。在任何情况下，钻探结果都是不可预测的，即使是最优秀的勘探专家也无法保证勘探一定成功。因此在估算成本时必须考虑同一地理位置内所有勘探活动的历史平均成本。如果一家石油公司的成本比较低，则说明它在地质学、技术和结构学等方面都比较出众。

开发成本可归属于特定油田或项目，所以预算的成本应该与储油量直接挂钩。有些油田虽然在勘探阶段的成本不高，但是在开发或生产环节的成本十分高昂。反之亦然。对于石油公司来说，维持盈利能力的首要原则就是开发成本不应超过销售价格的1/3。当每桶油价为45美元时，其每桶成本不应超过15美元。

运营成本比开采成本更容易预测，它们由税收和特许开采使用费组成。这些费用通常在法律或合同中约定，会从公司收入中提取一定的比例。从深海油井中提取石油的成本要高于浅海油井。公司进行首次开采时，通常会选择难度最小、成本最低的项目，但随着项目难度增加，其成本也会上升。世界各地的财政法规和地质情况都不相同，因此每桶石油的成本也都存在区别。

由于人们对未来供应和需求的预期不同,所以油价不断波动。价格上涨表明需要更多的商品,但是新的矿产资源需要数年时间才能完成开发。有时这种滞后需要时间来消化,所以人们不禁会有疑问:价格与供给究竟有没有关联?2008年7月,油价触及每桶145美元的峰值,2015年美国的石油产量仍在上升。石油与其他矿物不同,它不能回收和再利用。与农产品也不同,石油是一种不可再生资源。均衡价格是一个理想的概念。如果人们基于这一概念认真思考石油价格的问题,就会发现石油市场极为复杂多变。

石油交易商知道,要想获利,他们必须预测未来市场价格的变化,而非现货价格的变化。几乎所有期货市场的交易标的都是在一年之内完成交割的。对投资者来说,最重要的是对更久之后价格变化的可能性进行预测,尽管这很有难度。此外,个别石油和天然气标的的定价标准也会因不同的报价平台而不同。

我通常会避开大宗商品交易。如果你必须投资一个大宗商品,那就去买石油吧,因为石油的供应量有限,且需求端相对不易发生变化。当一种资源可以重新补充,其成本就集中于勘探、生产和重置上。个别石油公司或许能补充储量,但在全球范围内,资源的意义就在于不可替代,其储量尽早会消耗殆尽。当全球石油的储藏量被开发掉一半的时候,"哈伯特峰值"⊖便

⊖ 哈伯特峰值即"石油峰值",该说法源于1949年美国著名石油地质学家哈伯特。他认为,石油作为不可再生资源,任何地区的石油产营都会达到峰值,达到峰值后该地区的石油产量将不可避免地开始下降。——译者注

会出现。尽管有人认为，通过技术改进可以找到更多石油，但地球上的资源终究会有耗尽的那一天。

目前，石油市场需求稳定增长。从2005年至2015年的10年里，世界原油产量最少的一年较前年下降了1.6%，而在最多的年份里增长了2.7%。在汽车的新能源技术进一步改进之前，石油作为运输燃料还没有找到更好的替代品，即使全球气候变暖是事实，全世界也不可能停止使用石油。但这仅仅意味着石油行业今天仍有存在的意义，并不能保证个别公司或者整个行业未来仍将稳定增长下去。

谁有权利拥有不可再生资源？对于石油公司来说，不同的答案会导致不同的开采成本。由于石油是自然产生的，而且数量有限，所以大多数政府都对其采取了一定的管制。在许多国家，国有石油公司对资源开采具有垄断权；还有的国家规定，石油和天然气的开采、销售公司需要承担税收和特许使用权等费用。

其实能源开采的成本还不仅仅是这些，有些社会损耗（如中东战争、环境破坏和道路建设）也应该计入其中。想想那些在中东战争中死去的人吧。当中东战争爆发时，油价供给受到影响，价格便会上涨，这为各国政府发动战争提供了资金。在过去的一些年里，我断断续续地研究过中东资源密集区域的文化，以及油田、管道和港口的位置，但是我仍然没有得出任何对投资有用的结论。我感觉一个人可以花一辈子时间来研究阿拉伯文化和历史，但永远不会因此而发现一只成功的股票，所以我的结论是不要投资这一区域。

税收、特许权使用费占去了石油收入的大部分，这些费用是由政府机构所决定的，而不是公司的投入成本、销售价格。这意味着在石油市场根本就不存在一个价格均衡点。政府、土地所有者和公司都希望尽可能多地从石油公司的收入中截取一部分利润，但他们也意识到，如果要的太多，就不会有人去生产石油了，那就什么也得不到了。

1980～2003年，能源价格基本持平，但广义价格水平翻了一番，因此石油和天然气生产商不得不大幅削减成本。自2008年以来，能源公司再次被迫削减开支，将所有的成本都汇总起来考虑。一个成本较低的项目可能具有较高的开发或开采成本。拓展现有油井以及开发周边油田的成功率很高，而开发"野猫井"的风险则很高（如果在未曾钻探过的地区钻一口探井，这类探井在石油探勘上就被称为"野猫井"）。许多公司放弃了传统的探索，转而投资那些胜算更大的项目。

新技术提高了石油的采收率，并降低了寻找油井的成本。20世纪80年代初期，钻井人员普遍预计石油的采收率为20%，50%的采收率是非常罕见的。而现在，通过二次采油方法，能够将采收率提升至60%。在钻井过程中，通过水平钻探，可以开采出更多的石油（较少的水和天然气等副产品）。利用"水力压裂技术"还可以打开页岩以释放被困在地下的石油。

通常，页岩开采和增强采收率的项目涉及更高的开发或生产成本。加密钻井通常只能冲击一个相对较小的目标，因此每桶石油的成本就会明显增加。随着油田的老化，会产生渗水和废气，处理废水等问题的成本可能会很高。许多页岩油井的寿命相对较短，大部分石油或天然气的产出在两三年内便已衰竭。页岩油生产商比较容易看到现金流，但油井生命周期短暂，这意味着他们需要不断地维护和开发新油井。任何试图摆脱这一循环的页岩气生产商都躲不开产量下降的结果。

地质有优势，而且税收和特许使用权费用较低的地区对石油生产商极具吸引力，当然政府腐败和战争也是他们极力避开的要素。通常，最大、最赚钱的储油区域往往最先被发现，地质学家称这种开采规模递减的模式为"分层曲线"。就目前来看，还能开发石油资源的地方就只剩下深海和政治动荡地区了。

俄罗斯的石油故事

21世纪初，俄罗斯石油公司私有化吸引了很多外国投资者的注意，包括我。俄罗斯是世界上最大的石油和天然气生产国。在储量方面，其天然气和石油排在全球第8位。尽管俄罗斯采用的开采技术不够先进，但由于地质条件优越，其开采成本仍低于平均水平。2000年以来的全球市场，最便宜的能源股都在俄罗斯，无论你看的是市盈率、平均每桶石油储备价格还是对资产折现的估值。

在俄罗斯，财产所有权的概念并不明确，至少整个石油行业是这样的。当俄罗斯将企业私有化时，政府官员往往会成为企业主。比如俄罗斯能源公司尤科斯（Yukos）在私有化时，尽管有人出价更高，但公司仍以 3.09 亿美元的价格出售给了 Menatep 银行和 Mikhail Khodorkovsky 公司，而且是以贷款的形式完成交易的。尤科斯公司的真正盈利能力和价值无法确定，因为很多信息没有公开。众所周知的是，尤科斯公司的年收入为 80 亿美元。20 世纪 90 年代末，尤科斯公司股票的市盈率很低，仅为 0.5，市值仅相当于公司 6 个月的利润。

2001 年，尤科斯股票在纳斯达克市场上市，价格约为 10 美元，即 1.5 倍的市盈率。尤科斯公司实际上是将自己的石油储量证券化。2002 年年底，尤科斯公司持有约 40 亿美元现金和有价证券，长期债务为 3.78 亿美元，相当于每股有 7 美元的现金。

在开采许可证到期前，尤科斯公司已探明的石油储量为 59 亿桶石油，其中大约 2/3 的储量已完成开发。如果尤科斯公司在许可证过期后继续获得续签许可，那么其又将多出 46 亿桶石油可供开采。此外，它还拥有 4.6 万亿立方英尺[一]已探明的天然气储量。即使在 2003 年 10 月，尤科斯公司的股价涨至 68 美元之后，其市值所对应的石油储量价格仍仅为每桶 6 美元。相比之下，美孚公司的股价在 40 美元时，其石油储量为每股 1.7 桶，天然气为 8500 立方英尺，按照 1∶6 的比例将天然气转换成以桶为单位，美孚公司的石油储量价格约为每桶 13 美元。

至于尤科斯公司的资产价值几何？在 SEC 授权的 10-K 或

㊀ 1 英尺 = 0.3048 米。——译者注

20-F 年度报告中，提供了对石油和天然气生产商资源储备价值的估算。这是石油公司年度报告中最重要的一张表。它给出了该公司对其已探明储量价值的最佳分析，还包括了公司未来的发展。SEC 的标准比较保守，其排除了地质条件、市场或获批难度不确定的投机项目。除非油价下跌，需要下调前几年的储备预估，只能说明报告分析的信息缺乏完整性。

按照 SEC 的标准，假设在 2002 年年底，尤科斯公司的产品价格、成本和税收制度保持不变，同时 2002 年 12 月原油价格为每桶 28 美元，再假设尤科斯公司在石油采收能力方面有一定的发展趋势，以尤科斯公司的资源储备来计算其收入，税后利润以 10% 的贴现率贴现，那在许可证到期之前，尤科斯的股价应为 54 美元，如果许可证能够续签，其估值更是能到达 62 美元。可以说这是一个保守的预测，没有计入尤科斯公司的现金、精炼厂、加油站或其他更多的资源储量。

2003 年，俄罗斯政府对尤科斯公司进行了一系列的欠税评估，总计达 270 亿美元。超过了其 2001 年和 2002 年的收入，相当于 2003 年收入的 83%。政府冻结了尤科斯公司的资产，并以 94 亿美元将其最大的子公司 Dresdner Kleinwort 拍卖掉，尽管其估值高达 150 亿～170 亿美元。

里约热内卢的狂欢

我曾问过一家离岸的石油服务公司：它们的哪个客户最有

发展潜力？这家公司的回答是巴西石油公司（Petroleo Brasileiro）。巴西石油公司成立于1953年，当时是国有石油公司，21世纪90年代末公司私有化，随后便垄断了整个巴西的石油市场。巴西的所有石油勘探都是由巴西石油公司完成的，而且持续了很长时间。其他石油公司在巴西的业务很少。从石油销售服务公司的角度来看，巴西石油公司是一个拥有大量油田、技术手段丰富的离岸生产商。

巴西石油公司的石油勘探成本低于世界平均水平，而且其存储量迅速增加。21世纪90年代，巴西石油公司的石油产量几乎翻了一番。2000年后，其产量继续增长。从2000年开始到2004年年底，巴西石油公司发现和开发的石油存储量是已经产出数量的两倍。在此期间，巴西石油公司的全球石油储备从83亿桶增加到99亿桶。它是石油公司中的成长股的代表。

理论上，巴西的税收和使用费制度与北美相比具有竞争优势。我把巴西石油公司勘探和开发的成本固定在每桶大约4美元。2003年，公司的开采成本在不计政府提成的前提下为每桶3.48美元。在后来的几年里，巴西石油公司设定了一个目标，将开采成本降至3.00美元一桶，政府每桶收5.14美元，大约是售价的20%。世界石油价格在每桶25美元左右，巴西石油公司的营业利润率超过50%。而且公司在2003年几乎没有采取任何避税措施。巴西石油公司作为一家拥有强大地质优势、现代化开采技术和政府背景的石油生产商，应该是整个行业的领头羊。

2000年8月，巴西石油公司的ADR（美国存托凭证）在纽约证券交易所上市,这是时任巴西总统费尔南多·恩里克·卡多佐的私有化政策的一部分。

从这些积极因素来看,巴西石油公司的股价似乎确实被低估了,2003～2004年,公司市盈率在5～6倍。相比之下,2004年美孚公司的价格处在最低点,其市盈率也有13倍。果然,2002～2004年,巴西石油公司的股价翻了一番,但我所预估的价格要比这个高得多,好在它的价格还在继续攀升。

基准原油价格在五年的时间里,从每桶25美元飙升至145美元。2007年,巴西石油公司发现了Tupi油田(后来更名为"卢拉油田"),该油田拥有60亿桶的石油储量,随后又突然发现了几个储量达几十亿桶的油田。这些发现一改30年来全球未发现新油田的颓势。巴西似乎是地球上唯一能找到新油田的国家。

巴西石油公司的股价势不可挡。2005年,它的股价翻了一番,两年后再次增长一倍,在2008年上半年股价又进一步上涨。从2004年到2008年6月,巴西石油公司股价共上涨10倍,这远远超过了大多数石油公司。巴西石油公司成了我的基金中持仓比例最大的公司。

此时如果抛售巴西石油公司的股票,看起来可能是一个错误的决定。2008年6月,巴西石油公司的股价为71美元,其股票市值超过了2500亿美元,市盈率超过了30倍,这两个指标都超过了微软公司。当我把公司的资本转化成公司储备的每一桶石油时,股价看起来确实很贵。巴西石油公司的大部分石油储备还未被开发，这意味着仍有大量成本会被提前支出。如果按每桶计算，未开发储量的价值已经不像已开发的那么多了。

想要证明继续持有巴西石油公司的股票是合理的，我就需要对石油储量和公司未来的运气进行更加乐观的预测。后来的事实表明，巴西油田的数量的确超出想象。2010年，Libra油田被发现，其储量大约有80亿桶，比Tupi油田的储量还要大。同时，在Libra油田附近还发现了拥有45亿桶储量的Franco油田。还有其他储量约为10亿桶的盐膏层油田（它们被困在离岸1英里①深的盐层下面）。巴西可能会成为一个规模极大的石油出口国。财经媒体也开始关注巴西。

当大宗商品价格上涨时，就算成本增加，生产商也要提高产量，不然就会错失良机。当原油价格为每桶25美元时，成本为每桶20美元，但石油价格达到每桶145美元时，即便是特许权使用费和税收同时上涨，对于生产商来说也是有利可图的。在这种时候增加一个成本为每桶100美元的油井，可能会降低公司的利润率，但会增加利润。巴西石油公司和OGX（一家在2007年以贷款形式建立的巴西钻油公司）都抓住了这一高成本获利的机会。Tupi油田曾是巴西最大的油田，但在近海盆地中，仍有许多潜在的区域具有开发前景。

2009年，两名巴西石油公司的经济学家——Rafael R. Pertusier和Mileno T. Cavalcante发表了一份报告，题目是："油

---

① 1英里 = 1609米。——译者注

价和石油成本有关吗？"他们的回答为："是的！"2002 年，布伦特原油的价格在每桶 25 美元左右，布伦特原油市场理论上的均衡价格大约为每桶 20 美元。那时国际主要石油公司的勘探和开发成本平均为每桶 5.40 美元。2008 年，布伦特原油价格飙升至 100 美元以上，该行业理论上的均衡价格为每桶 86 美元。尽管勘探和开发成本已经增加到了 5 倍，达到每桶 25.52 美元，而且设备租赁商提高了石油开发商使用钻井平台的费率，但是在油价上涨的情况下，花更多的钱去多生产一桶石油仍然有利可图。

巴西石油公司在坎波斯和桑托斯盆地发现了数十亿桶石油，但仍然面临巨大的成本压力。部分油井需要在地下 2 万英尺深处开采；还有一些油井在离岸 200 英里的近海处，仅仅设备就位，就需要花费数年时间和巨大的协调成本。在开采 Tupi 油田之前，他们也没有如此大规模作业的经验。

巴西政府希望通过一系列法律，来维持石油经济的现状。巴西油田的巨大容量使得它们需要更多的开采设备。曾经在巴西近海使用的钻井平台中，只有不到 1/5 是巴西的，如今已增至 3/5。高科技国际石油设备服务商倾向于找到当地的合作伙伴，通过调整游戏规则来获利。巴西石油公司可能会成为巴西所有新油田的运营商，而且至少会获得 30% 的股权。它们确信"石油市场是我们的"！这也意味着公司将在未来几年里，每年都需要举债数十亿美元。到 2015 年，其净债务超过了 1000 亿美元。

巴西石油公司不再是一个低成本的生产者了，其开销超过了已有的现金流，债务在不断上升，股票价格也不再明显被低估。最重要的是，2008年油价从每桶145美元跌至36美元，随后触底反弹，2011年回升至125美元。像石油这样的大宗商品行业，一般都有很强的周期性。在下跌周期中破产的公司，要么是因为成本过高，要么是因为负债过度，要么两者兼而有之。所以，在基金的持仓中，我出清了所有巴西石油公司的股票。

我在下跌中不断出售巴西石油公司的股票，回想2008年，当时的股价曾达到72美元的高点，不过我一点都不后悔。油田开发进度落后，费用超支了数百亿美元，而且巴西仍是石油进口国。原计划建造的四座新炼油厂，其中三家位于巴西贫困而且人口较少的东北地区，有两家还成了烂尾项目。因为石油必须在世界市场上进行交易，而汽油产品的价格又受到各方面的管制，因此导致巴西石油公司的炼油业务亏损了数十亿美元。如今，巴西石油公司的员工人数超过了美孚公司，但收入不及其一半，这也表明公司人员过剩。

2014年年底，巴西石油公司因贪腐丑闻股价暴跌。

在判断石油这样的资源行业时，对勘探开发成本的研究可以告诉你公司、行业过去的情况，但投资者应该结合地质特点、财政条款的稳定性以及公司的开采技术等多方面因素来综合评估行业发展。总的来说，在资源丰富但欠开发的地区，发现油田的概率和开发成本应该都会低一些；在民主国家，税收和使用权制度相对稳定；有些公司拥有优越的技术和专业的地质勘探能力，这也能降低开采的成本。

大宗商品价格的剧烈变化会吸引投机者，也会阻碍投资者参与进来。预测石油价格是愚蠢的行为，但如果没有那些价格预测，收益和资产价值便无法估算。在计算资产价值和收益时，一个公认但有瑕疵的方法是，以当前的现货价格或10年平均价格水平中较低的数值作为计算的标准。我的方法是寻找有确定性的安全边际，包括：①低廉的生产成本；②政治稳定；③对资产价值有折价；④低市盈率；⑤很少或没有债务。忽视安全边际的投机者，必定会得到教训，正如丹尼尔·普莱恩维尤在电影《血色黑金》⊖中说的那样："我完蛋了。"

⊖ 《血色黑金》（*There Will Be Blood*）是一部历史剧情片，讲述了19世纪末20世纪初的世纪之交，美国西海岸的油田工业蓬勃发展的时期，一个挖井工丹尼尔·普莱恩维尤发现了一个大油田，成为石油大亨的故事。但这不是一个成功故事，而是一部悲剧，它讲述了一个人泯灭良知，失去灵魂，最终沦为赚钱的机器。

| 第15章 |

科技股票和科幻小说

技术改变生活，而我关注什么不会被改变。

——亚马逊创始人杰夫·贝佐斯

科技界没有沃伦·巴菲特

在《福布斯》富豪榜前400名中，没有一个人是通过投资科技股发财的。的确有许多风险投资家、科技公司企业家和核心员工成了亿万富翁，这是因为他们具有普通投资者并不具备的特殊优势。他们能前瞻到前沿趋势，他们会把他们所有的资本、时间、精力甚至灵魂都投入一家公司中，他们会长期持有公司大部分的股票，期望实现长期价值复利增长。

科技界中的亿万富翁不仅要具备卓越的洞察力，还需要绝佳的运气。两者兼得才能让他们从一个并不多元化的投资组合中获得巨额收益。运气这一要素常常会被忽视，因为成功实在太过于突出。事实上,失败无处不在,却无人关注。对每一个"扎克伯格"来说,背后都有数以百计的科技企业家和员工,他们在成功之前的多年努力几乎无人知晓。比如在影视娱乐领域中,詹妮弗·安妮斯顿和桑德拉·布洛克在成为电影明星之前都是女服务生。在洛杉矶地区的7万名服务生中,大多数人从来没有得到过表演的机会。如果你只选择一只股票,并希望它成为下一个Facebook,这种可能性微乎其微。即便选到了幸运之星,其光环也可能转瞬即逝。

要想使这样的"好运"长存,初创企业需要在专有技术和低成本这两个方面均有所建树,尽管从一定程度上来看,两者之间的关系是互斥的。以技术为重点的公司会在研发上花费大量的资金,它们会以牺牲当前的盈利为代价。而财务驱动型公司会将包括研发费用在内的各项成本降到最低,但这会使创新技术相对落后于市场。最令人无奈的是,即使是最好的科技产品也都会有自己的生命周期,会随着时间推移而变得平淡无奇,而公司则需要在产品更新和财务投入的选择上做好平衡。投资者要么以"未来主义者"的视角看待发展,要么以财务的角度关注公司的收支,或者他们有能力两者兼顾。财务分析无法准确地理解创新的过程和效果,技术专家也会存在相应的知识盲区。我也正在试图填补自己知识架构中的漏洞。

改变世界的理想与现实

与《星际迷航》的情节类似,大多数科技创业者和投资者都勇于大胆尝试那些未知领域。他们被无法预料的成功的可能性所吸引，严格来说其结果毫无确定性可言。改变世界的发明不可能过时，也不会面临竞争，因此谈论成本和竞争会让这些有远见的人感到无聊而乏味。他们立足于单一的逻辑，希望造就具有创新产品的公司，并能够获得爆发式增长，赚取巨额利润。然而，在探索新领域时你会发现，新世界往往会伴随着失望和失败。

想象力是无限的，一切皆有可能，投资者却生活在现实世界中。在科技领域，最基本的约束是，你的愿景不能与已知的事实矛盾。正如物理学家理查德·费曼（Richard Feynman）所言："想象一个你从未见过的东西，它与众不同，但每一处与众不同之处都必须客观合理。此外，它必须有明确的定义，不能只是模糊的命题。"成功的未来主义者会从观察细节开始着手，尤其注重实验的结果，并会为失败的实验思考解决方案。

理想化的故事是这样的：一位超级科学家有了一个绝妙的点子，并将它转化为一种受青睐的产品，然后批量生产，占据市场主导地位，而且这一产品还不会被其他产品所替代。科技史讲述了无数个关于天才的故事，他们创造发明却未能因此名利双收，另一些人则利用这些发明赚取了巨大的财富。例如，著名物理学家朱利叶斯·利林菲尔德（Julius Lilienfeld）获得了第一个晶体管的专利，AT&T 的贝尔实验室制造出了第一个应用晶体管的设备，而英特尔公司则基于晶体管的产品赚取了数十亿美元。还好有个物理学奖项以朱利叶斯·利林菲尔德之名命名，算是对这位科学家的认可。

伟大的科学家通常志向远大，而不是一心想成为亿万富翁。爱迪生是天才发明家，他创立了通用电气，也是硅谷思维模式的先驱者。他说："我人生的主要目的是进行更多的发明创造。"与之类似的是Alphabet公司（谷歌公司重组后的母公司），其使命为"整合全球信息，使人人皆可访问并从中受益"。为了防止对这一宏伟使命造成任何干扰，避免股东出现贪婪和愚蠢的行为，Alphabet的一半股份都是不具有投票权的，而其两名创始人（拉里·佩奇和谢尔盖·布林）的股份，有10倍投票权。

最伟大的科学家，是那些基础科学的发明家，他们的科研成果能衍生出无数的应用。在通常情况下，赚大钱的是应用基础科学的人，而不是发明创新的科学家。查尔斯·巴贝奇（Charles Babbage）发明了第一台计算机，但IBM完善了它，并为其开发了软件应用程序，创造了一个巨大而持久的产业链。搜索引擎是以互联网为基础的应用，而互联网是以计算机为基础的应用，但搜索引擎本身也是一个基础发明。加拿大麦吉尔大学的三个学生艾伦·埃姆蒂奇（Alan Emtage）、比尔·希兰（Bill Heelan）和彼得·德伊奇（Peter Deutsch）发明了网络搜索引擎，但是他们都没有像谷歌创始人那样富有。

最接近于市场端的研究项目通常会被认为是最安全的。越远离市场，问题就越多。即使是再小的问题，反反复复研究核实，对财务分析师来说成本都是极大的。高新技术公司的大部分研发项目都非常烧钱。Valeant公司收购其他制药公司，削减了研究端的工作和预算,却加大了市场开发和营销的投入。同样,苹果公司在设计和开发上获得了巨大的回报,但它在专利诉讼上的花费要比研究经费更多。

预期之内的发明和意想不到的发明

在《未来概况》(*Profiles of the Future*)一书中,作者阿瑟·C.克拉克(Arthur C. Clarke)认为,进步的关键在于运气,他把人类重要的发明归类为"意料之内"和"意料之外"(见表15-1)。克拉克所谓的"意料之外"的发明,意味着发明者并没有刻意寻找,而且古代的科学家也不知道它的目的或工作原理。黑洞就是一个意料之外的发现,古代的科学家对其感到困惑,今日的科学家也仍未解开其中的奥秘。古希腊人和达·芬奇都曾尝试建造飞行器。

表15-1 "意料之外"和"意料之内"的发明

意料之外	意料之内	意料之外	意料之内
人造器官	飞机	核能	迷幻药
黑洞	人工生命	量子计算机	器官移植
DNA指纹	汽车	雷达	机器人
生物进化	手机	超导体	太阳能电池板
激光	死亡射线	电视/广播	宇宙飞船
微波炉	全息甲板	虚拟现实	蒸汽机
MRI扫描	永生的细胞	X射线	潜艇

资料来源:kk.org.

这种区别给投资者创造了两个投资方向。首先,意料之外的发明更有可能成为罕见的基础发明（在此基础上可以衍生其他应用）。科学家无法预测它们的应用范围，因为它们处于未被开发的知识领域中。因此，意料之外的发明往往会更有研究价值。意料之外的发明往往不受关注，反而可以更容易地扩展到其他领域，衍生出新的发明。其次，因为意料之外的发明一般是其他研究的副产品，所以我们可以认为它们是没有成本的。相比之下，意料之内的发明研究成本极高，如无人驾驶汽车、廉价的可再生能源（和存储方式）、智能送货无人机、增强现实技术和量子计算等。

失败是成功之母，过程中的失败是任何一项科学实验都可能碰到的情况。会计师对失败的定义与科学家不同。会计师认为，一项没有达到目标的试验就是失败的，要计入成本。科学家则会认为，如果实验没有佐证他们假设的结论，也就是说，如果他们没有从中学到任何东西，那就是失败。目前还没有一种方法来合理评估这类成本。

意料之外的发明是研究的副产品，只有那些足够灵活的人才能发现它们的用途。伟哥最初是用来治疗心脏疾病的药物，而它在临床试验中得到了男性的认可。3M公司的研究员斯宾塞·西尔弗曾尝试研究一种超强力的胶黏剂，最终却得到了一种非常弱的黏合剂；十多年后，另一位3M研究员阿瑟·弗里把它应用在了便利贴上。

科学技术专家对意外发现不愿谈论太多，因为偶然事件可能会有非常黑暗的一面，意想不到的后果会随着时间推移而变得明显。药品沙利度胺的应用便是结果糟糕的例子。科学家发现沙利度胺作为治疗癫痫的抗痉挛药物，确实能减轻呕吐症状，还有镇静剂的效果，于是它就被应用于治疗孕妇晨吐症状。事实证明这是个可怕的应用。20世纪50年代末和60年代初，约有1万～2万名新生儿因孕妇服用沙利度胺而死亡或畸形。目前，沙利度胺仍被用于治疗因癌症、艾滋病和麻风病引起的各种症状。

许多发明来自重新组合已知的技术。例如，互联网是计算机和电话技术的结合，Facebook结合了电话、互联网和照片；无人驾驶汽车将汽车、传感器和互联网结合；施乐公司复印机将摄影与静电印刷结合，但该公司用了22年时间，才将关键专利转化为可售产品。施乐公司没有使用普通的平版印刷，而是利用了一种能在黑暗中被控制，但在光线下可以进行工作的元素——硒，公司在1955年取得了一项专利，使它垄断了硒在复印机中的使用权。

有时候，最初的发明创造与成功的产品之间需要花上几十年。一个世纪前，尼古拉·特斯拉曾预见到无线电的出现，但当时并未完全实现。电动汽车是19世纪发明的，在1910年左右的汽车市场上占了大约3/8的份额，但由于它们的续航里程短，又缺乏充电站，其使用受到了限制。这听起来是不是很熟悉？费迪南德·保时捷博士在1900年制造了第一台油电混合动力汽车，但直到1996年丰田推出普锐斯之后，混合动力汽车才为大众所接受。

在商业中，好用的产品比实验室的发明更重要。

赢家通吃

大多数知识产业背后的模式都具有规模效应,即规模越大,边际成本越低。换言之,一家小型创业公司推出的产品,其成本一定不会是全市场最低的。规模效应也是硅谷公司都能快速发展的原因。英特尔公司的创始人之一戈登·摩尔提出了摩尔定律:集成电路上可容纳的晶体管数量,约每隔18～24个月便会增加一倍,性能也将提升一倍。从理论上来说,累计生产的半导体器件越多,成本就会越低。因此,英特尔公司应该只专注于开发生产少数几款核心产品,每当产品销量增加时,其成本则在降低。摩尔定律适用于任何电子产品,比如磁盘驱动器等。

网络和软件业务都受益于高速扩散效应,随着越来越多客户的参与,服务也变得越来越有吸引力,而且信息还可以重复使用。eBay、亚马逊的供应商不断增加,它们对买家的吸引力也越来越大,网络购物的参与者也在不断增加,而大量的买家又会吸引更多的卖家。Visa 和 MasterCard 在全球各地都被广泛接受,一个重要原因就是它们建立、维护了个体之间支付的信任。在构建这种网络效应的时候也需要小心谨慎。美国在线因为不断增加的用户而收益颇丰,但它并没有持续完善用户体验。Myspace 在社交平台上率先拥有网络效应的优势,而用户现在却更喜欢 Facebook。

网络效应会使边际成本不断降低,所以在科技行业出现了很多赢家通吃的现象。2015 年，罗素 2000 指数中 2/3 的科技股表现落后于市场加权平均水平，只有 1/3 的股票表现较好，而且大多是大型科技股。10 年前罗素 2000 指数中的科技股，至今仍留在市场的公司数量不到一半。一些公司是因为被收购而消失，大多数公司最后都倒闭了。这些数据说明，科技行业中有许多失败者，也有少数成功胜出的大赢家，但它们的生命周期还是个未知数。

由于投资者认识到精确挑选最终"赢家"很难，所以他们会购买科技股 ETF，它代表了一篮子股票，诸如软件、云计算、3D 打印、网络主机或智能手机都包括在内。我认为，只有当这类股票的整体价值相对于其他行业低估时，这种方法才是可行的。在这种情况下，市场中的大牛股不仅能弥补一篮子股票的亏损，或许还能使投资者收益颇丰。但是在大多数情况下，这种方法就像买彩票，投资者购买了所有彩票，最后奖金却不能抵消高昂的"成本"。对于价值投资者来说，他们对选定的标的通常都有极高的期望，这种方法不仅不能保证一篮子股票的盈利，事实上还有可能承担长时间的亏损。

我们假设如下场景：投资者在一个行业中，等额投资 100 家公司（见表 15-2）。10 年或 20 年后，有 1 家公司成为行业的领导者，其股票涨了 100 倍；还有 1 家公司成为市场中强有力的竞争者，上涨了 50 倍；有 50 家公司的股票停滞不前，仍保持其原有价值；剩下的 48 家公司破产。通过计算可得，你的整体资产组合价值翻了 1 倍。一年中投资翻倍是惊人的业绩，但如果是 10 年或 20 年才能翻倍就显得有些平庸了。

表 15-2 以乐透的模式看待股票——赢家通吃

	数量	回报	收益
超级大奖	1	9 900%	100
大奖	1	4 900%	50
平局	50	0	50
破产	48	−100%	0
资产组合总计	100	100%	200

以上假设大致展现了曾经的计算机硬盘驱动器行业的发展状况。如今，该行业已经十分成熟，1990 年，投身这个行业还很令人兴奋。从那时起，每年个人计算机和磁盘驱动器的销量都会增长 20 多倍，累计超过 200 家公司生产硬盘驱动器，后来有许多公司被淘汰，也有不少公司进行了合并。Seagate 和 Western Digital 是仅存的两家龙头公司。在过去的 20 年里，Western Digital 公司股票已经飙升了 50 多倍。Seagate 公司在 1982 年市值 1.8 亿美元，2000 年后公司私有化，其市值也是曾经的 100 倍。如果你买了 10 家硬盘驱动器公司的股票，其中至少有 8 家会走向破产，也有可能 10 家公司都不复存在。

Seagate 公司的战略是正确的：大批量生产、垂直整合、专注公司客户、添加软件模块服务。Seagate 公司股票走好的真正原因是公司在软件方面的大力投入。当 Seagate 公司在 2000 年私有化时，股东收获了 190 亿美元的市场价值，大约是 IPO 时市值的 100 倍。Seagate 公司将其软件业务出售给了 VERITAS 公司，换取了价值约 170 亿美元的股票，实际仅为磁盘驱动器业务支付给 Seagate 公司不到 20 亿美元现金，这是一笔非常划算的交易。今天，硬盘驱动器已是一个寡头垄断的市场，人们担忧的问题则变成了"固态硬盘是否会取代磁盘驱动器"。

游戏规则改变

当一家公司拥有一款畅销产品，并在市场中逐渐成长起来后，它面临的问题就会出现变化。首先，公司必须有充足的人员负责生产、营销、财务，这些工作相对简单、常规、可重复，与研究创新产品相比较，技术含量较低。大多数计算机硬件制造商都会将一些工作外包给其他公司，以节省成本。这样做还能规避因管理大量不同类型员工而可能引发的文化冲突。2015年，苹果公司有 11 万名员工，其代工厂鸿海集团则拥有 129 万名员工。

软件工程师长于技术开发，而不擅长管人，当然也有些"极客"两项技能兼备。管理一群绝顶聪明的"码农"，与管理财务部门的做法和理念是完全不同的。但科技公司的管理者必须协调两者，让他们学会合作或相互轮岗才能使公司高效运营。在这一问题上，施乐公司处理得非常好。施乐公司创始人约瑟夫·威尔逊（Joseph Wilson）富有远见卓识，带领公司成为美国最有价值的 20 家公司之一。他的继任者彼得·麦格拉（Peter McColough）拥有法律学士和哈佛 MBA 学位，曾在 Lehigh Coal and Navigation 公司工作，他的商业智慧后来也得到了市场的认可。

科技公司要尽可能避免产品过时和行业竞争，否则很快就会消亡。公司的技术团队会更热衷于产品创新，而财务团队则更加强调降低成本、提升利润。一家关注当前利润的公司，将以长期生产相同产品、减少研发成本为目标，属于低成本生产商的类别。有时，管理层不愿去进行产品创新，因为成本会随着老产品产量的提升而下降。但互联网公司如果不创新，最终一定会被市场淘汰。

施乐公司的运营模式与众不同，它们专注于租赁、维修打印机以及销售墨粉，而不是销售昂贵的设备。对于施乐公司和它的销售人员来说，这样的模式为他们带来了更稳定、更持续的收入。由于有了稳定的现金收入，公司预算有了更大的空间，这使公司的财报数据为分析该公司状况提供了有价值的信息。对于客户来说，复印机的租赁费用可视为运营成本，通常不需要得到上级的层层审批。作为一个近乎垄断的复印机制造商，施乐公司可以通过建立更多的标准化合作模式来降低成本，但是公司作为废弃租赁设备的潜在拥有者，又不愿轻易改变已有的合作模式（原有合作模式的改变会危及已有的设备）。正如史蒂夫·乔布斯所说："产品设计人员最终带着他们的手艺被赶出了施乐公司。"

其实，早在1969年，施乐公司就开始了公司史上最杰出的研究工作，并建立了帕罗奥图研究中心（PARC）。没有这家研究中心，苹果、个人计算机和互联网都不会出现。现代计算机的雏形就源于这家研究中心，如以太网、图形界面、鼠标、电子邮件、文字优化处理、排版系统、视频会议等。施乐公司有着对"未来办公室"的憧憬，最鲜为人知的就是施乐公司发明了激光打印机，而惠普公司则更加成功地利用了这一技术。

众所周知，施乐公司未能将这些改变世界的发明转化为市场化的产品，更不用说占据市场份额了。有意思的是，苹果、微软、惠普和其他公司在施乐公司周围建立了庞大的产业帝国。史蒂夫·乔布斯在一次会议上指责微软公司的比尔·盖茨剽窃了苹果公司的想法。盖茨回答说："史蒂夫，我认为可以从多种角度来看待这一问题。我想我们都有一个叫施乐公司的有钱邻居，我闯进来想偷他的电视机，却发现电视机早已被你偷去了。"

当PARC的研究人员研究出了可以销售的产品时，他们遇到的问题是，无法说服施乐公司帮助他们制造和销售产品。例如，Alto可能是市场上第一台个人计算机，但当时市场尚未成形。有人建议施乐公司利用达拉斯的打字机工厂进行批量组装，但调整生产线的成本高昂，还会扰乱已有高利润率产品的生产。于是在1979年，施乐公司将其个人计算机技术转让给了苹果公司，换得了苹果公司的股份。

PARC第一个对外销售的发明是以太网，但销售部门对此并不感兴趣。施乐公司的销售团队没有接受新产品的培训，因为他们需要为新产品开拓新顾客，而其中的利润或许还不如销售打印机。新产品的毛利率不高，而复印机和墨粉的利润率则明显具有优势。新技术的应用前景不明，新技术的市场空间也是一个未知数。第一代技术没有经过市场打磨，也可能存在一些瑕疵，所以古板的世界500强施乐公司是不会愿意接受新技术的。

竞争和壁垒

除非有行业壁垒作为保障，否则利润丰厚的行业必定会吸引更多的竞争对手。施乐公司使用了硒元素专利抵御竞争，这的确使其处在相对安全的地位。1975年，施乐公司同意取消该技术壁垒以解决一起反垄断诉讼。直到20世纪80年代初，市场竞争才真正开始。那时候，核心专利技术早已过时，竞争对手找到了其他变通的技术方法。佳能和理光等日本公司从施乐公司的市场中抢走了大量的份额，尤其是国际市场。

与日用消费品不同的是，电子产品一旦有了更好用或更廉价的替代品，品牌忠诚度几乎毫无作用。康柏和IBM曾经是个人计算机的领军品牌，现在都已成为过去。就在它们退出个人计算机行业之前，IBM发现个人计算机产品不会因为贴上了IBM的标签而卖得更好，客户注重的是性价比。只有当产品服务真的被认可时，品牌效应才能为产品加分。进入互联网时代后，即使是美国在线这样的品牌都没能阻止用户的离开。

到了20世纪80年代初，复印机市场出现了来自日本的竞争对手。施乐公司需要通过高定价才能覆盖其运营成本。曾经，施乐公司就是复印机的代名词，它能从市场上赚取30%的营业利润，完全不用考虑制造成本。涨价可能会使公司的状况雪上加霜，因此施乐公司试图打造高端的品牌形象。但施乐公司发现，相较于竞争对手，它的产品缺陷更多。于是在20世纪80年代，施乐公司又尝试使用标准作业流程，以控制成本，结果也未能成功。尽管施乐公司还能保持大部分的租用收入，但它的产品价格和利润率下降了很多。

科技行业生存之难

当分析师预测一款产品的潜力时，他们常常幻想，仅靠这款产品就能使股价暴涨，还希望该产品在市场上能永远独占鳌头。1994年，美国在线拥有100万用户，2002年达到2700万，几乎达到了年化50%的复合增长率。美国在线的股票价格在其登记用户数量达到峰值的前两年见顶，随后股价暴跌了80%。10年后，美国在线的付费用户仅为300万。同样，黑莓的销量和收益在其陷入亏损前的5年里增长了近10倍，但股价见顶的时间要比销量的拐点提前3年。由于高速互联网的接入和智能手机的销量持续增长，美国在线和黑莓被优秀的竞争对手超越，从此一蹶不振。

施乐和柯达背景相似，它们都是从纽约罗彻斯特起家的摄影行业公司。在日本竞争者到来之前，它们都是世界上的知名品牌，但最后只有施乐公司存活了下来。我认为长期存在的实体和制度，通常能持续存在。如果它已经存在了一段时间，那么它大概率会继续存在一段更长的时间。由于化学摄影和印刷图像已经存在了一个多世纪,而静电复印技术仅存在了几十年,所以我认为化学摄影的生命周期将会超过静电复印技术。

电子工程行业对"过时"更为敏感——柯达在化学技术方面拥有丰富的专业知识,对社会需求和电子工程的认知却相对较弱。随着数码拍照手机进入市场,人们发现只有在特殊场合才会使用专业相机。早期智能手机的图像质量平平,消费者对产品的价格十分敏感。柯达强调高品质的策略看上去很明智,但它对电子产品的认知相对匮乏,因此我怀疑它与智能手机的正面交锋是否明智。也许,柯达最好的策略就是强调产品质量,强调他们是为坚固、便携的专业相机服务的。然而,随着运动电子相机 GoPro 的出现,柯达的产品就沦为小众市场了。2012年,柯达公司申请破产。

意想不到的后果

投资者通常会对发明创造感到兴奋,很少会考虑新技术可能引起的涟漪效应。汽车改变了人口的分布,也改变了人们的购物方式,还创造了"免下车"的外卖餐厅。平面媒体和音乐光盘都败给了互联网。三里岛核事故后,核能应用逐渐减少。长期以来,科幻小说作家一直在描绘一个监控摄像头无处不在和收入两极分化的社会,互联网实现了这个想法,但人类似乎还没有遭遇到小说中所描述的攻击。公众也没有像小说描写的那样奋起反抗,也许是因为大家都认为网络利大于弊。

个人的隐私信息对销售业务很有价值。政府和公司一直都有个人信息的数据库，但这些数据从来没有如此全面、如此有价值、如此集中化和可检索化。这些信息大部分是未经人们同意而收集的，这与黑客行为一样，它赋予了政府前所未有的管控能力，公司还可以利用它来引导消费者。

庞大的互联网信息系统使人们毫无隐私可言，但法律没有与时俱进。众所周知，亨丽埃塔·拉克斯（Henrietta Lacks）㊀的后代在没有经过她本人同意及授权的前提下，提取并研究她的癌细胞，而且还培养成用于医学研究的海拉（HeLa）细胞。同样地，我们利用大数据可以推断，商店中的某个高中女孩在她父亲不知情的情况下就已怀孕。广告领域也是一个很好的应用场景。在欧洲，人们通过改变个人信息的法律地位来保护个人隐私，当然这会影响到广告销售的准确性。

即使全天都泡在网络上，我们也只能接收一定数量的广告。据说，普通美国人每天看电视的时间超过 4 小时，其中包括将近一个小时的广告时间。互联网广告到底是取代了电视广告，还是对整个广告业的补充？我不得不说，分门别类的广告日益分散了消费者的注意力，大家只会对广告的反应越来越迟钝。如果互联网确实使产品的价格更加透明，货物必将以更合理的

㊀ 亨丽埃塔·拉克斯是一位生活在 20 世纪的身患癌症的美国黑人女性，1951 年医学研究者非法从她身上提取癌细胞，被用来制造第一株"永生的"人体干细胞，并获得了医学突破。这类细胞被后人以她的名字简称命名为海拉（HeLa）细胞。2017 年根据真实故事改编的电影《永生的海拉》（*The Immortal Life of Henrietta Lacks*）上映。

价格出售，那广告的预算也应该随之减少。

如何判断价值

价值理论的前提是：投资者可以对公司未来的现金流进行估算。诚然，考虑到发明、竞争和淘汰等各种情况，这种逻辑似乎有点牵强。概率、统计、会计和财务分析的大多数方法都是为一个平均数的世界而设计的，在这个世界里，重复的模式和标准为预测未来事件提供了一个通用的指南。一般来说，一家公司花费100万美元生产的货物，在不同的时间，成本大致相同。但情况并非总是如此，比如复制一份互联网软件，几乎是不需要成本的。因此在面对这样的问题时，我们需要引入新的工具和假设。

想要在层出不穷的新闻报道中挑选科技股进行短线投机交易，这种方式就如同扔飞镖。当有太多的可能性摆在面前时，投资者只会考虑那些眼前的问题，比如"季度收益是否增长"和"即将公布的收益是否超过了华尔街的预期"等。令人遗憾的是，频繁交易并不能使投资者赚钱。1972年，施乐公司的股价达到了一个世纪以来的最高水平，而这一价格是其2016年市场价格的两倍。1972～1980年，施乐公司的盈利持续增长了一倍多，但其股价大跌60%多。很显然，施乐公司的股票应该在1972年高点时卖出，价格并非会随着公司盈利而同步增长。投资者需要有一些评判价值的原则，比如市盈率达到41倍就说明股价可能已经高估了。

当然仅凭市盈率并不能直接判断股票估值是否过高。想要估算当前价值，你必须使用一些不同的方法，比如透视公司的整个生命周期，关注别人可能忽视的特质等。如施乐公司一样，它是一家以爆款产品起家的公司，那么它是否能够做到继续开发新技术，并将其转化为能够在市场上销售的产品？在管理相关人员和财务系统时，能否避免官僚化，以至于公司运作不会受到影响？创新产品被超越的可能性是极大的，当这种情况发生时，公司是否会因之前的成功而变得"迟钝"，以至于在成本上不再具有竞争力？

我并非否定经典现金流贴现的方法，而是希望基于公司自身的生命周期特点，寻找一种相对可靠的估值方法。一般来说，我会避免投资于那些时尚潮流类产品或明显会过时的产品，同时也会避开竞争过于激烈的行业。除非未来利润空间清晰可见，否则我也不会投资已经出现亏损的公司。

ANSYS公司就是一个很典型的例子。它是一家软件公司，并在专业领域居于领导地位，它可以为特定需求提供解决方案，能避开竞争和产品过时的挑战。工程师可以使用ANSYS公司的多物理建模软件（multi-physis-modeling software）测试产品设计中的缺陷。例如，航空工程师会测试风力，或其他力量对不同飞机机翼的影响，建立振动、温度、速度和气压相互作用的模拟试验。机翼需要承受极端的温度或速度，如果两者同时出现极端情况，机翼的承受可能就会出现问题。因为物理定律不会过时，所以这个软件的逻辑应该也不会过时。不仅如此，该软件在医疗设备的设计上也有广泛的应用。

服务业也不太容易过时，并可以从技术进步中获益，但在介入时需要仔细排查行业壁垒。信用卡支付不太容易过时，且具有垄断定价权的行业壁垒。由于银行受到监管，巨量资金都需要通过支付系统划转，因此该行业存在很高的门槛，以保护商家、客户和银行的资金安全。如果没有进入门槛，我也无法解释为什么处理一笔划款转账需要花费商家 3% 的费用。

低市盈率是选择科技股的可靠指标

与传统观点相反，以低市盈率和高现金流为基础的选股方法来挑选科技股，往往是可行的。因为在快速变化的科技行业中，追踪竞争者动态和产品是否过时是一件极其有难度的事情，以至于许多分析师都很难以此为标准。此外，财务分析需要一直保持诸如谨慎、客观、精确等比较极端的状态。如果你是优秀的财务分析师，你可能缺乏成为一名技术专家所需的创造力、灵活性、适应性，反之亦然。

相较于科技领域的未来主义者，我自认为在财务分析方面更为专业，所以我通常更倾向于寻找大概率向好的标的，而不是寻找可能会极端杰出，但只有很小成功概率的标的。我更在意市场对产品的接受程度，而不在意科学技术是否能够改变什么。我最喜欢的是低成本生产商，因为他们在慢慢变成行业的寡头。我可以通过粗略估算未来现金流来评估公司的价值，不会过于激进而犯下严重的错误。

有时候将自己暴露在可控的风险中，运气可能也会带来一定的回报。我所谓的运气，并非是让投资者去买彩票，而是在风险可控的情况下，以一定的原则来挑选科技股，这是从技术未来主义者和财务分析师两个角度来看待问题。如果数十家社交媒体股票都估值极高，你买其中任何一只股票都无异于买彩票，失败了便是满盘皆输。有时短线交易者的情绪波动会引起股价大幅波动，如果运气好，你也许可以在这种波动中获利。如果你想碰运气，你必须知道，网络和电视上宣传的机会往往很难让你获利。

我的方法看上去十分单调乏味，但很少有投资者能兼具分析、风投和科技知识。尽管有多位著名的哈佛辍学者创业成功，但这也离不开他们多年的商场历练。经过仔细研究，这些公司通常会以低价进行投资，而且高层的管理技能卓越，并有着良好的客户关系、明确的公司战略，是这些特质才使公司能够持续运营多年。

科技股投资者往往忽视价值，不考虑行业竞争和产品过气的问题。疯狂、草率的交易，最终结果往往令人失望。如果他们稍加改进，把注意力集中在有收益、有现金流的公司上，并充分考虑股票的价格与价值，那么他们的业绩将会明显改善。我们从风险投资者那里得到了宝贵的启示：在投资科技股时，应该注重公司的创新能力和稳定的日常收益。

| 第16章 |

多少债务才算多

> 重要的不是在你状态好时你的表现有多好,而是当你状态不好时你的表现有多好。
> ——女子网坛传奇运动员玛蒂娜·纳芙拉蒂洛娃

企业失败通常是从行业周期波动、技术变革或商誉等问题开始的,但压死骆驼的最后一根稻草往往都是因为负债过高。当借贷者渴望借钱,银行也愿意放贷时,一切都很美好。投资者和银行在经济繁荣时期都要投入资金,而且对收益和成本不会考虑太多。一旦经济开始衰退,公司最好的保护便是拥有大量的现金、可靠的合同以及宽松的债务偿还期限。对于公司来说,将负债偿还时间错开是明智的行为,至少遥远的期限能够给予市场一定的想象空间。当低价出售资产成为公司唯一的现金流入时,公司便已走到了尽头。

大多数违约源于审核贷款存在瑕疵,或未能完美地匹配时间与风险。银行认为,只有客户的可支配收入能够轻松还款,或有足够的担保客户的偿还能力才是值得信赖的。一些银行愿意接受较弱的抵押品担保，因为客户的收入十分丰厚，如果其收入一般，就会要求他提供更多担保。在此我列出以下两项原则，供投资者参考。第一，期间契合原则，即公司应用净资产或长期债务来购买长期资产；第二，风险契合原则，即风险资产应匹配有风险承受能力的资金，无风险资产应匹配没有风险承受能力的资金。

资产净值为正数就安全吗

邓白氏公司㊀、穆迪公司㊁和麦格劳－希尔公司㊂的负债都超过其有形资产，达到"破产"的定义，但这些公司都是可以投资的，因为它们拥有强劲的现金流和强大的无形资产，这些资产大多没有体现在资产负债表上。作为业界信赖的重要财务信息提供商，它们不太可能受到竞争或产品过时的影响，也不会有其他行业所谓的周期性问题。美国政府指定穆迪公司和标准普尔公司作为公认的统计评级机构，其评级具有特殊的法律地位，这是一种长期稳定的行业壁垒。

㊀ 邓白氏公司是国际上最著名、历史最悠久的企业资信调查类的信用管理公司。

㊁ 穆迪公司成立于1900年，是著名的债务评级机构。穆迪公司最初是邓白氏的子公司，2001年邓白氏公司和穆迪公司分拆，成为独立上市公司。

㊂ 麦格劳－希尔公司始建于19世纪中叶美国工业革命期间，一个多世纪以来，其凭借真实可信的信息和分析成为信息服务领域的领导者，标准普尔、麦格劳教育等均为其知名品牌。

几十年来，大城市中的报社如同摇钱树一般，资金规模不断扩大。由于订阅报刊属于日常消耗品，所以报社收入稳定而且可预测。在没有重大资本支出的情况下，报社仍可以增加发行量，并能够把大部分现金流用于偿还债务、股息或收购。它们是"债务融资收购"的完美标的。当媒体行业的资产被交易时，价格中的大部分都被支付给了商誉，例如报头或电台执照，而付给实体工厂的部分则很少。随着现金流的攀升，商誉价值也随之上涨。

2007年，芝加哥房地产大亨山姆·泽尔（Sam Zell）收购Tribune公司，支付了几亿美元现金，并通过员工持股计划和拆借支付收购款，公司因此产生了超过110亿美元的负债，这是Tribune公司12亿美元的EBITDA的9倍。除非有形资产能够覆盖债务，否则债务与EBITDA的比率超过4倍通常是极其危险的信号，但Tribune公司旗下的《芝加哥论坛报》和其他媒体资产是很好的担保品。该交易还包括计划出售一些不太盈利的资产来减少债务，如芝加哥小熊棒球队。

仅在收购一年后，Tribune公司申请破产。2008年其广告收入下滑，或许是因为经济衰退，或许是因为互联网侵蚀了传统传媒市场。Tribune公司的其他媒体资产，包括有线电视网络和互联网网站的市场价格都出现了暴跌。当Tribune公司在2012年走出破产保护时，山姆·泽尔的投资确认失败，其雇员只得到了微薄的报酬。债权人获得了重组后公司的多数股权，但仍不足以弥补损失。

警惕债务雪球

竞争护城河和强大的品牌是真正的长期无形资产，如果没有它们，商誉是极其脆弱的。最令人担忧的是"负债雪球"，公司不断地进行融资并购。在交易狂热的时候，管理层很少有时间去了解公司管理状况和业务发展进度。进行大量的交易，使管理层无法深入思考护城河或者产品定价问题。资产负债表上的商誉可以反映公司的长期无形资产价值，这是评估并购价格的重要线索。投资者必须弄清这一点，因为会计师不会在意资产负债表上的商誉是否与长期无形资产的价值相匹配。

20世纪90年代末，Global Crossing公司以疯狂的速度进行收购，并建造了连接七大洲的跨海光纤电缆。1997～2000年，这家公司的全球资产增加了50倍，负债总额增加到150亿美元。全球一半以上的资产负债表处于高风险状态，这意味着有形资产净值为负值。随着光纤产能过剩情况的出现，公司有形资产的价值开始萎缩。Global Crossing公司从未有过净收益或营收现金流。2002年1月，Global Crossing公司申请破产。

2008年，NCI公司的负债展期时间很长，这不仅违反了期间契合和风险契合原则，而且因为它的主营业务对信贷市场状况十分敏感，也使自己暴露在另一风险之中。作为最大的金属建筑公司，NCI公司的产品线十分丰富，分销系统良好，产品也能匹配当地市场的需求特征。但是，进入金属建筑行业的门槛并不高，顾客对价格十分敏感，而且产品销售也具有周期性，这种情况使得商誉价值很不稳定，也相当不可靠。

事后来看，NCI未能将长期资产、长期融资、风险资产相匹配。无形资产占了NCI公司总资产的一半。再考虑到金属建筑材料销售的周期性，NCI公司的商誉简直就是一项长期高风险资产。根据经验来看，债务低于股本，并低于3倍EBITDA的确是一个相对安全的区域，但不能忽略NCI资产的构成以及债务到期时间。

2008年年底，NCI公司的流动资产为4.66亿美元，约为2.35亿美元流动债务的2倍。大部分流动资产是存货和应收账款，而不是现金。随着2008年销售的大幅下滑，未售出的库存增加了40%，这对现金储量又是一次不小的打击。流动负债还没有包括在一年内即将到期的其他巨额负债。随着负债到期日的临近，债务被重新归类为短期借款项目，在两个季度内，短期借款从100万美元飙升至4.76亿美元。当任意一笔债务到期时，便是公司"行刑"的日子，这种说法用在NCI的案例中再贴切不过了。

2009年，NCI公司的营业利润几乎减少了一半，这使人们对其无形资产的价值产生了怀疑，并在会计报表中减去了6.23亿美元的无形资产价值。在核算重组费用、再融资成本和运营亏损之后，NCI公司每股亏损33.58美元，这使其净值大幅缩水，但在"调整后的会计报表"上，NCI公司每股只损失了39美分。

由于NCI公司的大部分债务将立即到期，营运资本和资产净值均为负数，公司全权归属债权人，股票也被用来抵押债务，股票数量从2000万股激增到2.707亿股，其股价跌幅高达98%。

负债累累的航空业

重资产行业（房地产、能源、公用事业、航空公司和金融）以其看似充裕的抵押物来吸引放贷机构，但是如果没有财务杠杆，这些行业的股本回报率乏善可陈。根据风险契合原则，相对于风险较高的资产，规模较大的资金更应该匹配相对安全的资产（比如政府债券）。这些行业具有周期性，所以在不同阶段，大家对其也会有不同的风险认知。黑天鹅事件常常以不一样的形式出现，当看起来应该是最乐观的时候，风险却是最大的。放贷机构认为，信贷周期越短就越安全，这样便迫使借款人不得不重复"借新还旧"的动作。

重资产行业中倒闭的公司，大部分最终是被银行和其他金融机构击垮的。高杠杆投资者青睐资本密集型产业，而其中的风险不匹配最终会酿成灾难。汽车、航空、航运、钢铁和煤炭等其他重资产行业最近也出现了大量的破产。这些行业与科技行业不同，不存在被竞争对手轻易击倒的机会，胜出的唯一方式就是进行良好的资本配置，包括在竞争对手投资之前先进行投资，在对手开始投资时收手。

在大宗商品行业，公司倒闭往往如潮水一般，都会集中在同一时刻。这些公司会在同一时期遭受同样的定价或成本压力，同时蒙受损失。它们也会集中在个别时期承受来自债权人的压力，因此被迫低价出售公司资产。房地产行业比较而言会具有一定弹性，通常会根据情况重新规划，而高度专业化的设备则比较难处理。二手货轮和油轮购入时价格高昂，最后却都以废铜烂铁的价格卖出。2008年以1.37亿美元买进的超大型油轮，四年后仅以2800万美元的价格售出。航运业就是这样，要么所有公司都陷入困境，要么全部发展良好。

自1978年解除航空业管制以来，这个行业便不断受到冲击，申请破产的航空公司数量超过了200家。2011年，航空公司AMR申请破产。AMR出现了巨额亏损，营运资本为负值，净资产值为-71亿美元。在过去的十几年中，AMR仅在2006年和2007年两年有盈利。AMR的股价在2007年达到顶峰，超过了40美元，这也使该公司的股票市值超过了100亿美元。AMR借势增发股票，暂时渡过了难关。但是随着业务持续亏损，AMR的账面又变得很难看，其股票最终也变得一文不值，租约的终止和不满的工会最终决定了AMR的命运。2013年，AMR被重组为美国航空公司。杠杆、周期性、垄断的定价能力对美国航空十分有利，其股价在2014年上涨了一倍多。

在竞争的行业中，公司账面价值、内在价值和市场价值往往是完全脱节的。在二手飞机市场，官方的定价即可代替账面价值。航线可能是一种隐藏的资产，在破产时，航线的价值被劳工协议的债务所抵消，实际上其价值远远超过了债务；即使在盈利的年份里，AMR的利润率也很低。所有这些都表明，

AMR 的账面价值（负数）是对其 2011 年投资价值的公平甚至慷慨的估计。

汽车公司的悲剧

2005 年，通用汽车公司（GM）庞大的资产负债表上充斥着不透明的资产和难以辨认的债务。公司总资产为 4740 亿美元，加上未来的合同承诺，总额超过了 5000 亿美元。其中股东权益仅为 147 亿美元，长期债务为 325 亿美元，合计仅占总资产的 10%，而应计退休金和退休福利金之和比通用公司的长期债务还要多。

通用汽车公司的资产负债表受旗下保险和融资业务——通用汽车金融服务公司（General Motors Acceptance Corporation，简称"通用 AC"）影响，通用 AC 的负债高达 2950 亿美元。1999～2005 年，尽管公司的汽车和卡车销量减少，但是通用 AC 的资产翻了一倍多。通用 AC 的所有资产增长都来自抵押贷款，尤其是次级贷款和商业贷款，其赚取的利润高于汽车金融行业的平均水平。2006 年，通用 AC 将其商业抵押贷款业务出售，更名为 Capmark 金融公司，最终该公司在 2009 年破产。

2006 年，通用汽车公司将通用 AC 51% 的股权出售给私募基金 Cerberus，从而简化、缩小了其资产负债值，从资产负债表中剥离了 3140 亿美元的资产。通用汽车公司在通用 AC 的剩余股权价值仅为 75 亿美元。Cerberus 在次年收购了克莱斯勒公司，随后通用AC开始为克莱斯勒的汽车提供融资。

即使资产负债表中没有了通用AC，通用汽车公司的资产和负债仍然很模糊。2006年，公司将375亿美元的预付养老金列为资产，而养老金的负债超过620亿美元。2006年，作为公司资产的递延所得税达到了近450亿美元。抵消掉169亿美元的"其他负债和递延所得税"后，股东的权益已不复存在。

对公司来说，如果负债不用提供担保、没有付款契约、无须支付利息或立即偿付，这样的负债就是有利的。这些项目在会计上通常被称为"浮存金"。递延所得税也可以算是"浮存金"，但也不完全是。税法允许会计在计算过程中进行一些调整，比如加速折旧、提前预支，这会减少当期应税收入，未来再增加。换言之，就是增加未来缴纳的税额，而不会受到付款契约、担保或利息的限制。这给会计师提供了很大的调整空间，因此便会存在不为公众所知的"另一个付款日"。

养老金和退休福利没有强力的法律约束与担保，但必须遵守募资条款和相关条例。这些承诺的价值取决于假定的贴现率或收益率。像通用汽车这样有大型退休金计划的公司，可能会使用高到不切实际的贴现率，从而将这些负债的现值降至最低。例如，在30年的时间里，每年支付100万美元的费用，总额为3000万美元，以贴现率为2%来计算，现值为2300万美元；以8%来计算时，就只有1200万美元了。

通用汽车公司财务状况的问题持续不断。2007年，公司每股亏损68.45美元，2008年亏损53.32美元。2008年12月，通用汽车公司和克莱斯勒汽车公司获得了联邦政府的紧急拨款。2009年第二季度,两家公司都申请了破产保护。在提供紧急贷款后,政府参与了整个重组过程,通用汽车在38天后结束重整,克莱斯勒在41天后结束重整。

在法律形式上,通用汽车公司的重组是"预先包装"好的交易,其中最具吸引力的资产和"老通用"的某些债务被卖给"新通用"。根据法律,破产公司的债权人可以得到补偿的"绝对优先权",这有一系列非常具体的法律规定。在现实中,债权人实际获得的补偿是双方谈判的产物,很少有人直接使用"绝对优先权"。有担保的债权人通常会在无担保的债权人之前获得赔偿,而在通用汽车公司庞大的资产负债表上,大部分债务都是无担保的。

有争议的是,那些没有明确贷款给通用汽车公司的债权人,成了重组计划的最大受益者。美国汽车工人联合会(UAW)分别通过持有新公司17.5%的股权以及65亿美元的优先股,获得了大部分未担保的债权偿还。相比之下,那些明确的贷款债权人认为,政府将部分原属于优先债权人的利益给了别人,而通用汽车公司的股东则失去了一切。

别把公司当成银行来运作

当通用汽车公司拥有通用AC时,它便拥有了一家金融公司的资产负债表,实际上它仅用小部分的股权来支撑大规模借贷。金融公司可以承受巨大的杠杆压力，只要它们遵循风险契合原则。厌恶风险的资金既要契合安全的标的，也要充分考虑它们的资产流动性和负债期限。问题是通用AC没有遵循这一原则。在全球金融危机爆发之前，通用AC深陷次级抵押贷款市场。与汽车金融业务相比，在通用AC的业务中，住房融资占了更大的比例，而且它的汽车信贷业务也已经扩张到信用不佳的客户。

  金融公司贷款的爆炸性增长是金融危机发生的预兆。货币是终极的商品。金融公司只有通过降低利率或降低信用标准才会换来业务的快速增长。高收益反映了市场对高风险的态度，在没有经过充分研究的前提下，你不能轻率地假设市场是错误的。随着通用AC大举进入高风险贷款市场，它的出借额度不断攀升。2000年，通用AC的1美元股本对应12美元的资产；到2006年，达到了20美元资产。不仅是通用AC，华盛顿互惠银行、Countrywide信贷公司以及其他金融机构也做了类似的事情，结果都非常糟糕。

  谨慎的公司会将资产期限和负债期限相匹配，但如果完全这样做的话，现代银行体系就不可能存在。银行接受活期存款，并利用这些资金以较高的利率进行长期贷款。在现实中，存款人很少同时进行大规模取款，而银行会在概率上估算出其流动性的需求。如果银行出现了意外挤兑的情况，就可能迫使其抛售贷款和证券。如果这些数字足够大，挤兑便将威胁到银行的偿付能力和流动性。在挤兑过程中，央行会受命向银行提供紧急流动性资助,但不会向非银行金融机构提供流动性。

在 2008 年金融危机期间,通用 AC 陷入绝望境地。公司缺乏资金,持有的抵押品风险较大,可以说是资不抵债,又不具有银行的角色。为了恢复其偿付能力,美国财政部在三次救助中总共购买了 172 亿美元的优先股和普通股。通用 AC 申请成为一家银行,并最终被接受,这样它就有资格向美联储借款。通用 AC 改名为 Ally 银行。美国财政部在救助通用 AC 的过程中很可能损失了几十亿美元。

既不借款,也不贷款

债务能把好事和坏事放大。对于公司来说,账面上通常有一些负债才能使其运作效率最大化。负债的程度要取决于当下的市场和公司情况,同时需要遵循风险和债务周期契合的原则。包装食品或受监管的公用事业公司都是非常稳定的行业,可以通过借贷来提高盈利能力和成长性,而且不会危及公司生命或盈利确定性。公司的现金流可以准确地匹配未来能够承担的债务。即便如此,这样的公司也应该准备一个现金池,以防范意想不到的风险。

大多数周期性公司会在权衡当前利润和公司生命周期的问题时左右为难。有些投资者不懂得居安思危,一旦公司倒闭,股东就再也不能从公司获得任何好处。对具有周期性和营收不稳定的公司进行预测,不可避免会出错,这类公司的有些资产无法变现，同时高负债会使这类公司极其脆弱。我最喜欢的是那些不使用杠杆，仍然具有盈利能力，并能够实现增长的公司。

冲绳的饮食公司

日本公司的平均寿命比较长，对此感兴趣的投资者不妨对其特点进行深入研究。长寿公司模式的创造者、管理学家阿里·德赫斯（Arie de Geus）的研究显示，在全球范围内，共有967家公司成立于1700年之前，其中一半以上是日本公司。当然，榜单上肯定没有今天的高科技公司。这些长寿公司所涉及的主要是那些传统的、刚性需求的行业，比如清酒、糖果、茶叶、食品、餐馆、酒吧和宗教制品等。改变让生活更加美好，但那些必须不断改变的公司，注定会在某次改变时做出错误的决定，最终走向灭亡。

如果你把公司看作超长期资产，而且是风险资产，那就应该像日本人那样，完全不加负债地运作。在日本，有超过一半的上市公司，账上现金超过债务，这在发达国家是绝无仅有的。在它们的资产负债表上，你会发现它们给商誉的估值同比其他地区也相对偏低，尽管日本人拥有享誉全球的知名品牌和坚不可摧的特许经营权。

公司的寿命取决于期间契合原则和风险契合原则。日本人认为公司是由人组成的"小社区"，客户、雇员和供应商都会在这个群体中扮演一个角色，他们的选择最终会决定哪些公司能够存活下去。他们适应了这个社区，并保持着独特的性格和使命，他们的业务线可能相对单调。1700年前后的大部分公司都是家族公司，所以大部分长寿公司也都是由家族控制，这使他们的分工更加明确。美国学者发现，上市公司中拥有集中控股股东的公司表现，比股权分散的公司要好得多。

对于投资者来说，理想的公司是既有盈利又保持成长，这才能保持公司的永续经营。财务杠杆不会摧毁公司，但它的确会给公司带来很多隐患。寻找那些尊重契合原则的公司：将低风险的资金与安全的资产相匹配，将长期资产与长期债务相匹配。易受大宗商品周期影响、产品容易过时或消费偏好容易发生变化的公司，投资者应该进行仔细甄别。如果明显存在资金问题，那就去寻找无须担保、可延期还款、还款日间隔时间长、契约贷款宽松以及友好的贷款人。现金缓冲和未使用的信贷额度有时也能帮助公司渡过难关。

| 第五部分 |

价值几何

BIG MONEY THINKS SMALL

| 第 17 章 |

低价股一定会上涨吗

> 预测可以告诉你很多跟预测者有关的事,却不会告诉你任何跟未来有关的事。
>
> ——沃伦·巴菲特

预测什么股票能获利,或预测任何一种资产类别的收益或无风险利率,都是看似合理,其实荒谬的问题。估值只有在对应合理贴现率的基础上才是合理的。如果使用的贴现率是 6% 而不是 8%,那么永续年金的价值就会比原来增加 1/3,而这种差异对安全边际造成的影响不可估量。投资者无法回避这个问题。他们需要更多合理的理由,才可以决定投资股票,而不是债券、房地产或其他资产类别。此外,他们还需要一种客观的排名方式,从数百个潜在的机会中进行选择。

股票的回报率取决于投资者买入时所支付的价格,随着时间推移,它们看起来更像是对标的公司的投资回报。主动投资者总是在寻求能战胜市场平均水平的公司。他们确实也无法肯定，自己所使用的贴现率就是未来会出现的那个数字。当他们对自己预测的收益不满意时，又会小心翼翼地对预期贴现率进行调整，以证明所投资标的具有较高的价值。本章所讨论的收益测算，既不确定也不精准，只是长期的猜测。除非你对市场可能出现的各种问题完全做好准备，否则就不应该开始投资。

净收益率＝投资回报率？

我使用收益率（市盈率的倒数）作为估算股票未来回报的第一道筛选标准。纯粹主义者力求完美，他们对这一方法也许会嗤之以鼻。稍后我们讨论的方法是在此基础上的提高。如果阅读这一章使你感到疑惑，你也不必着急，只要记住：永远倾向于投资低市盈率的股票，远离高市盈率的股票。收益率、预期收益率和无风险利率都能帮助投资者找到更具吸引力的证券、时机、行业和市场。在这些数据中，收益率是最直观的，预期回报和贴现率需要花时间进行测算。在此过程中，一分耕耘未必能立马换来一分收获。

投资者还应注意，会计利润与现金流并非完全相同，它并不能代表股东的实际回报。一般来说，人们总是相信，会计报告中1美元的收益会转化为投资者1美元的回报。如果想让这个理论成真，公司会计报告中的收益就需要反映真实现金流，而且用于再投资的1美元，必须能使股东权益增加1美元。这里还存在一个潜在假设：公司当期的收入可以永久地持续下去。

另外，当期收益率也有可能误导正处于周期性高点和低点，或处于无可挽回的衰退中的企业。

1美元的利润用于再投资，其价值或增或减，这取决于它对未来盈利增长和现金流的贡献。有的公司拥有经验丰富、诚实可靠的管理层，它们在一个有生命力的行业中，能提供独特的产品或服务，再投资的利润几乎总是能提高股东的投资回报率，而且远超最初收益，有时收益还很惊人。正如一句格言所述：时间是好公司的朋友、坏公司的敌人。我们要寻找一条护城河或竞争壁垒，以确保好的公司随着时间变化仍然保持优势，使之成为投资回报的核心。在通常情况下，收益率表现惊人的股票至少会存在一个缺陷，无论是周期性，还是大宗商品化，或是财务造假，甚至是不可靠的管理层等。这些缺陷会损害股东的收益，使收益率接近预期回报率或贴现率，但两者并不完全相同。

在美国金融史上，股票的回报率通常超过公司最初的收益率。这很正常，公司对行业较为了解，总能够事先准确地判断出业务增长的可能性。不过这也并非绝对，在许多个5年、10年，甚至20年的周期里，主要股指的回报率都低于它们的起始收益。但长期而言，大多数的1美元再投资的增值确实创造了超过1美元的价值。

在诸多过度简化的经济学假设的前提下，低市盈率效应（低市盈率效应是指由低市盈率股票组成的投资组合的表现，要优于由高市盈率股票组成的投资组合的表现）似乎不应该存在，但历史数据证明这个效应还是存在的。表 17-1 使用了来自达特茅斯学院的肯尼斯·弗伦奇（Kenneth R. French）教授的数据。当股票按收益率分类排序时，收益最高的组合股价表现最好，而收益最差的组合股价表现最差。这些研究数据大多来源于以 GAAP 为准则的会计报告，尤其是一些时间周期跨度较长的数据，也有人使用了最近一系列被调整和估算过的数字，但仍得出了类似的结论。

表 17-1　弗伦奇教授 E/P 10 分位数排序的年化回报率（1951～2015 年）

	低 10 分位数	D2	D3	D4	D5	D6	D7	D8	D9	高 10 分位数
价值加权	9.1		8.9	10.4	10.5	11	12.5	13.3	13.9	14.8	15.6
等量加权	9.1		11.4	12	13	13.7	14.4	15.2	16.2	17.4	18.6

资料来源：Kenneth R. Freneh (Tuck), Salim Hart (Fidelity).

低市盈率效应与小盘股的特点有关。在表 17-1 中，价值加权意味着，如果美国股票的总市值为 20 万亿美元，那么高 10 分位数包括了收益由高到低、市值之和为 2 万亿美元的所有股票。等量加权意味着，如果调查样本是 3000 家公司，那么高 10 分位数包括了公司收益排名的前 300 家公司。收益率极高的股票大多是小盘股。通过持有少数投资者听说过的股票，等量加权组合的收益明显优于价值加权组合。当然，价值加权组合的收益也远远超过了平均水平。从这两种方法的结果来看，低价股组合的收益明显要高于高价股组合的收益。

一般来说，高收益股票的表现会强于市场的平均水平，但这个法则不是在每只股票上都能应验。在 1951～2015 年的 1/3

时间里，等量组合排序中，收益最优公司的股价表现落后于市场平均水平。这一现象主要集中在牛市的后期，市场投机氛围浓重，这类股票会提前结束上涨。周期性行业公司在经济衰退阶段中，其股价必然会出现下跌。只有当资产价值被严重低估时，惊人的投资价值才会显现。最终，这些高收益公司的股票组合产生了优异的业绩，这也算是对投资者耐心等待的回报。

大多数投资经理，包括我自己在内，都不会完全投资收益率最高的股票。我不这么做的原因是低市盈率的股票往往规模较小，而且我一般会限制自己的交易次数。在这项研究中，肯尼斯·弗伦奇教授每月都会对这些组合进行调整，这对我来说是不现实的，因为这会导致频繁交易，提高成本，而且在市值规模较小的股票上频繁操作，也有一定的难度。表17-1所示的投资组合是每年进行调整。当然，年度调整并不意味着会出现极大变化，大部分股票在重新组合之后仍会处于同一组。

投资沃尔玛

在通常情况下，投资者会关注比市盈率更吸引眼球的东西。以1999年12月的沃尔玛为例，它正是我所追求的那种类型的公司。公司的运营模式简单、持久、独特，诚实、管理团队卓越。当时，沃尔玛发展势头很强，盈利持续增长了几十年，股本回报率高达20%以上。就像今天的亚马逊一样，它是所有其他零售商敬畏的对手。还有什么生意，能比以超低价格销售所有人都需要的日常必需品更加坚不可摧呢?

沃尔玛在1999年以每股69.13美元的价格收盘,2000年1月公布的年报中显示,其每股收益为1.25美元,高于上一年度的0.99美元,其收益率为1.8%,也就是55倍的市盈率。很显然,投资者更希望投资于股本回报率为20%或收益增长率更高的标的,而不是利润微薄的公司。对于快速成长者来说,我会将增长率和收益结合起来。为了达到8%的收益,沃尔玛的每股收益需要达到5.53美元(=8%×69.13美元)。我利用假设的增长率计算出,要达到这个目标需要多少年。如果情况良好,这并不需要花费很多年,我相信我的预测,也相信当它达到预期的时候,公司仍将处于强劲增长的状态。

我认为沃尔玛会持续增长,也许增长速度不会太快。在接下来的一个财年,沃尔玛的收益率接近12%。作为已经在许多领域占据主导地位的美国本土零售商,沃尔玛是否能无限期地占有市场份额还是个未知数。尽管沃尔玛在墨西哥市场取得了惊人的成功,但它在国际其他地区的扩张一直处于喜忧参半的局面。假设以12.1%的复合收益率增长,沃尔玛需要13年的时间才能在最初的价格上达到8%的收益率。一些分析师对沃尔玛未来的增长很感兴趣,并相信它会以更快的速度达到目标。但是,我在计算中忽略了这13年中货币时间价值的复利效应,所以目标应该比计算出的结果更高。从历史数据来看,很少有公司能够以年化收益率12%的速度持续增长。

令人惊讶的是,在接下来的13年里,沃尔玛的收入以

11.3%的复合增长率增长，但其股价停滞不前。2012年沃尔玛的股票价格低于57美元，加上累计略高于10美元的每股股息，其股价的总回报为负值。沃尔玛在2012年的平均股价接近于1999年的价格，这意味着其资本增值为0，它的股息就是股票的全部回报。它的累计收益率和股息率增长更接近于最初价格的1.8%，而不是收益增长率或净资产收益率。不同寻常的是，1999年买进沃尔玛的股东并没有要求以更便宜的价格购买股票，或许是因为大家都认为这个"故事"未来的想象空间实在不可抗拒。

沃尔玛的实际回报低于我使用的8%的贴现率，部分原因是其收益不及预期，市盈率倾向于均值回归也是原因之一。沃尔玛的实际每股盈利为5.02美元，与最初5.53美元的目标相去不远。但在13年复利效应的影响下，每年预计收益与实际收益之间的偏差使最终结果差异巨大，如果想要达到8%的目标收益，需要更高的盈利目标。我也不得不问自己，是否应该相信过长的期间的预测。

这种市盈率的回归现象并不只发生在沃尔玛，而是整个市场。统计学家需要用最广泛的数据来进行比较。在沃尔玛"生命周期"的大部分时间里，其业务都是以几何级数增长，理应得到数倍的溢价。几乎没有公司能重现沃尔玛的壮举。如果想用某段时期的市盈率估算公司的未来，它的未来也必须像过去一样辉煌。标准普尔500指数包括了各个周期阶段的公司，却没包含沃尔玛。事实上，1999年，沃尔玛的市盈率已超过了历史峰值。到 2012 年，标准普尔 500 指数的市盈率开始收窄，而沃尔玛的市盈率则跌破了 14 倍，与市场大致相当。判断沃尔玛的收益率为 8% 是错误的。在任何时刻，我们都需要谨慎对待影响均值回归的因素，因为随着时间推移，这些因素将起到决定性的作用。

当市场指数市盈率很低时，回报率才会很高

1999 年不是买进股票的好时机，那时标准普尔 500 指数的市盈率已在 30 倍以上。当收益较低时，市场的平均回报率也会趋于平庸。研究机构 Ned Davis Research 将美国市场市盈率分为 5 个级别（第一级别市场价格最便宜，第五级别市场价格最贵）。从价格最便宜的级别开始看起，标准普尔 500 指数在未来 10 年里实现了 11.6% 的年化复合回报率（剔除通货膨胀率）。随着价格上涨，剩下 4 个级别对应的复合回报率分别为 10.0%、9.6%、5.3% 和 4.4%，其相关性十分明显。有趣的是，如果将市盈率转换成收益率，基于均值回归的逻辑，收益率上涨 1% 通常会给投资者带来大于 1% 的投资回报。

价格便宜的股票当然也有可能令人失望。在第一级别中，标准普尔 500 指数的 10 年复合实际回报率有的年份高达 19.4%，但也有的年份低至 0.3%，这一数值低于第五级别的平均水平。在第五级别的数据中，最好的 10 年的收益是 15.7%，这远高于第一级别的平均水平。在以 1 年为周期的时间里，市

场指数的市盈率具有一定的可预测性,但也有很多不确定性,我不敢用它作为市场择时的依据。均值回归是需要时间的。它在长期资产配置的决策领域有更好的用武之地,我认为这是一种长周期市场的择时工具。

在某些时期,如 1999 年,许多市值很大的成长型股票非常昂贵,等量加权指数最能反映这类市场的高估值情况。还有些时期,甚至连普通股票都非常昂贵。在等权重的前提下,中位数法比加权平均值法更有优势。我研究了 1962 年到 2016 年 6 月以来 3000 只股票市盈率的中位数。我发现,市盈率中值小于 15 倍的时候,市场在未来 10 年里的回报率为 317%;市盈率中值高于 25 倍的市场,10 年回报率仅为 65%(见表 17-2)。通过累计的数据(不是每年),我想说明的是:①复利的力量很强大;②低市盈率在 10 年之长的周期仍然有效。

表 17-2 不同市盈率级别对应的市场未来收益率(市场市盈率中位数,1962 ~ 2016 年,以美国市场 3000 只股票为样本)

初始市盈率	平均		
	1 年回报	5 年回报	10 年回报
0 ~ 15	18%	102%	317%
15 ~ 20	13%	71%	188%
20 ~ 25	10%	58%	130%
大于 25	3%	38%	65%

资料来源:Factser, Salim Hart (Fidelity).

基金经理的思路通常会被限定在使用何种预测方法才能提高长期回报的问题上。资产配置可以将资金从股票转移到债券、现金或其他可以提供更好预期回报的资产中。但作为一名股票基金经理，我不打算这么做，我想从一堆股票中寻找最好的那一只。我不追求最高的潜在回报，而是聚焦于利润的持久性和预测的确定性。

几乎在市场的每一个顶部，市盈率都处于历史的高位，但通常在此之前，高市盈率已经持续了一段时间。1929年，道琼斯工业平均指数的市盈率为27倍，标准普尔500指数为20倍。标准普尔500指数在1962年达到22倍的峰值，在20世纪60年代的大部分时间里保持在略低于20倍，直到1974年才开始崩溃。同样，标准普尔500指数在2000年市盈率达到32倍之前，在20世纪90年代，有7年超过20倍。直到千禧年，股市崩溃（当时，有一位受人尊敬的对冲基金经理采取了谨慎的态度，他的基金在整个90年代都表现不佳，如果他将一半的资金投进标准普尔500指数基金，其余资金放着不动，也能取得不错的收益）。

周期平均市盈率（CAPE）

股市崩盘都发生在公司收益率和市盈率同时达到异常高点的时候。以近几十年的市盈率水平来看，很难想象标准普尔500指数，在1929年的市盈率最高只有20倍，便足以引发大崩盘和大萧条。但是自从1921年通货紧缩和经济衰退严重打击了公司收益后，标准普尔的市盈率就没有这么高了。1929年，标准普尔500指数的收益率是1921年的5倍，市盈率也很高。

事实证明，1921年市盈率的飙升不足为虑，因为当时的收益率低迷。1929年的市盈率略微下降，但仍在高位，应该引起重视，因为那时的收益率已经达到了峰值。

为了平滑经济衰退和经济繁荣导致的阶段性影响，耶鲁大学经济学家罗伯特·希勒提出利用过去10年的平均收益来计算市盈率（"希勒市盈率"，又称周期调整市盈率）。依据这种方法来看，1921年的标准普尔500指数价格不算高，而且实际上还被低估了，周期调整市盈率为5倍，这是自1933年到1974年以来的最低点（见图17-1）。1929年，标准普尔500指数的周期调整市盈率达到了顶峰的33倍，直到科技股泡沫的出现才打破这个纪录。2000年，科技泡沫时期，标准普尔500指数的周期调整市盈率是44倍。在极端情况下，周期调整市盈率是展望长期走势极佳的指标。

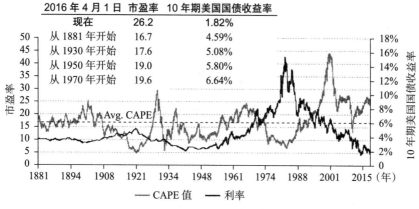

图17-1 历史CAPE与美国国债利率

一般来说，周期调整市盈率比当前的收益率更能预示市场指数的未来回报率。1881～2015年，标准普尔500指数的估值最高的一组（见图17-2），平均调整市盈率为30.3倍，相当于每股收益率3.3%，而未来10年的平均实际回报率仅为0.5%。在估值最低的一组，其周期调整市盈率为9.6倍或更低，对应的10年实际回报率为10.3%（已根据通货膨胀率进行调整）。以上数据都是以平均值来计算（并非所有个股都适用）。

近几十年来的周期调整市盈率与历史平均水平相比明显偏高。有人说，当今世界的会计准则已经发生了变化，现在的周期调整市盈率所传达的信号并不准确。持反对意见的人，有一部分原因是他们不愿接受在未来几年市场走势不佳。也许他们是对的。还有一种说法是，会计准则随着时间推移和其他因素的变化而发生变化，而且没有反映出新技术所创造的价值，因此利润在今天被低估了。另一种观点则是紧盯低利率，现在我们正在经历前所未有的普遍的负利率，因此市盈率应该更高。还有第三种观点认为，高速增长的互联网公司对我们的经济发展特别重要，所以高市盈率是值得的，但我并不认同这个观点。实际上，国内生产总值的增长速度并未加快，因此其他行业必定萎缩或增长放缓，而这可能导致市盈率更低。

不可否认的是，会计的确无法反映科技进步的价值。GAAP会计准则是否比过去更保守，我也并不清楚。调整后的收益比过去更有想象力，但GAAP的初衷可能并非如此。在过去，股票期权的成本会被忽略，现在已经被列入开销项，但仍然会被

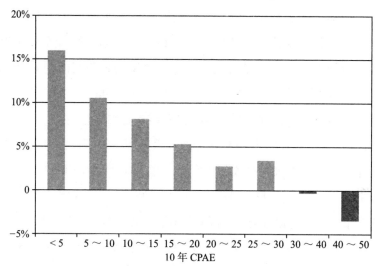

a）美国股票平均复合回报与 10 年 CPAE 对照

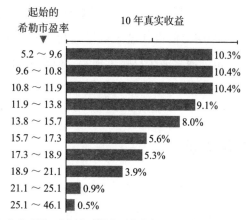

b）收益对照：市场的希勒市盈率较低时，投资回报往往较好
（经周期性调整后的市盈率）

图 17-2

加到调整后的收益中。如今，高管薪酬涉及金额巨大，且增长迅速，尤其是在股票期权方面。在2001年之前，所有无形资产的生命周期都被认为是有限的，并且摊销的最长时间为40年，这比今天的方法更加保守。现在，巨额冲销可以集中在某一个会计报表周期内，这使得财务报告的结果更加不稳定。

在2008～2009年的全球金融危机期间，银行、保险公司和其他许多公司都大幅冲减资产价值，这可能会大幅影响"希勒市盈率"。如果会计原则允许把资产价值冲减到与市值相符，而不允许在市值上升时提升资产价值，那么这种要求是合理的。相反地，认为次级贷款的所有获利都是真实的，而且没有出现亏损，这显然很不合理。随着时间推移，贷款证券化和出售收益的会计原则逐渐宽松。几十年里，银行储备了大量贷款损失准备金，这对收入起到了平滑的作用，但也让盈余数字显得保守。我的观点是，今天公布的收益可能或多或少反映了现实，但其波动性肯定更大。我认为，这种状态实际上使"希勒市盈率"更加具有参考意义。

股票、债券和票据

从理论上讲，股票收益率应该与债券和国库券等其他资产的回报率同步波动，但事实并非如此。历史记录显示，股票收益率受到一系列长期的社会政治制度和均值回归的影响。在1959年之前（1929年除外），股票的股息收益率几乎总是比债券高，再加上公司的利润保持增长，因此股票收益更高。大萧条和两次世界大战的到来，使许多人认为股票是危险的，而美国政府的债券是安全的。20世纪40年代，债券利率如同今天一样很低。如果市场上的市盈率相当保守且稳健，那么给予股票更高的估值应该是合理的，这是购买股票的绝佳时机。给予高估值的根本原因到底是公司的收益提升了，还是股票相比债券的收益更有优势呢？

长期以来，欧洲人一直对政府债券收益即是无风险收益的表述持怀疑态度。德国政府债券投资者在1923年几乎失去了一切。投资者认为政府的投资结果最终也是一样，他们的报价非常混乱，而且数据不完整。1948年，德国国债在老版德国马克过渡到新版德国马克的过程中被大量注销。通货膨胀是政府减轻债务负担最常见的方式，债务违约、债务重组和暂停偿债也是选择。莱因哈特和罗格夫在其著作《这次不一样》⊖中说，在某种程度上，几乎每个主要国家都采取了上述一种或多种经济应急措施。

1981年，债券的风险得到了广泛认可，以至于其收益率超过了股票收益率。这种预期准确地指出了当时债券具有的高风险。债券的名义收益风险要比股票低得多，而20世纪80年代债券的回报却与股票不相上下。从理论上来说，这种情况对股市来说是个不祥之兆。前所未有的债券收益率和公司盈利预示了股票和债券的收益都会相当惊人，而当通货膨胀经过调整后，国债收益率会比较差，股票的回报率也会随之下降。

尽管通货膨胀率和税率都在持续降低，但在20世纪80年

⊖ 该书中文版已由机械工业出版社出版。

代、90年代和全球金融危机爆发之前，债券的收益率一直保持在"希勒市盈率"的水平之上。1990年的希勒市盈率并没有表明股票会在未来10年里获得创纪录的收益，盈利也不会超过债券。有时均值回归要花费太长时间！截至2000年，"希勒市盈率"从未下降，与债券收益率的差额也从未如此之大，这都是对股票市场的警示。

悲观的预言在2000年后开始慢慢应验，但债券收益的优势一直持续到了2009年。首先是科技股和成长股泡沫在2001年破裂。利率下行，债券价格上涨。利率的下跌导致地产市场的繁荣，许多住房融资贷款来自次级抵押债。2007年，一位著名的证券策略师感觉到有什么地方不太对劲，并力荐客户挑选高质量的股票。在全球金融危机之前，这是一个极好的策略。为了做得更加细致，他还提供了一些顶级公司的名单，像强生和微软这样的蓝筹股，还有一些拥有AAA信用评级的金融公司，如AIG和AMBAC。尽管如此，这些金融公司和其他公司在房地产泡沫破灭和熊市到来的时候，还是不可避免地出现了崩盘。投资者再次确信，股票是赌博，政府债券才是安全的。

在低利率的条件下，股票市场确实不会出现什么惊人的收益，但是股票的风险溢价会随着时间推移而大幅上升，而花哨的市盈率最终会带来糟糕的投资回报。战争、萧条、通货膨胀和税率变化总会时不时地出现，所以在收益方面，没有理由能够支持股票就应该比债券更具优势的观点。撇开这些因素，当债券的收益率可以忽略不计且市盈率很高时，投资者就应该警惕市场有可能会出现的糟糕情况。

国家

如果投资者不被战争、通货膨胀等宏观因素所影响,选择市盈率比较低的国家股市,通常能得到不错的回报。如图17-3所示,资产管理机构 Grantham Mayo Van Otterloo 绘制了1980年16个发达国家市场的市盈率图,以5年内的平均收益来对照未来35年里的实际平均收益。以35年为周期肯定是一种保守的方法。日本、挪威和奥地利(三个价格高昂的市场)表现最糟糕。而4个被低估得最严重的市场都产生了超过中位数的回报率。

图中的样本只包括发达国家,它们处在一个繁荣的时代,而且是在通货膨胀下降且没有战争的繁荣时代。如果要进行更广泛、更长期的全球投资,肯定不会那么简单。例如奥地利市场,通货膨胀率经过调整后,其市场负收益持续的时间最长。在过去的90年里,随着奥匈帝国在第一次世界大战期间解体,许多事情都变得很糟糕。第二次世界大战期间,奥地利被纳粹德国吞并,随后被同盟国占领长达10年之久。高税收和不受欢迎的政府参与,使该国工业发展缓慢。难怪奥地利经济学家对宏观经济理论一直抱有怀疑态度。德国、法国和意大利也有超过半个世纪的时间没有真正的回报。

在预测未来回报时,我们会遇到一个问题:像美国那些幸运的国家,是否会继续保持高水平发展;像奥地利那样不幸的

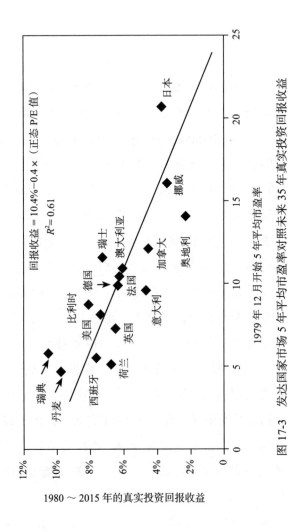

图17-3 发达国家市场5年平均市盈率对照未来35年真实投资回报收益

国家，是否将继续萎靡下去？作为一名美国公民，我绝对希望美国的繁荣发展会持续下去，但我知道，从统计学的角度来看，只有在我能确定美国具有前瞻性优势时，才能说这样的话。否则，对未来回报的预测应该基于所有发达资本主义国家的整体样本之上，而不仅仅是美国。德国恶性通货膨胀的经验对每个国家的投资者都具有风险警示作用。我认为，因为已经有过这样的经历，所以德国再次发生恶性通货膨胀的风险实际上要比其他地方低得多。

这一结论对于饱受战争摧残的发展中国家的股票市场来说并没有太多指导意义。我不知道这些股市实际的投资回报率。研究人员偏向研究数据完整的课题。从历史角度来看，美国股票的价格连续性很强，即使在内战时也没有中断过。我们该如何应对关闭市场或市场停止交易的事件呢？1900年，俄罗斯股市占到全球市值的11%，1917年十月革命将其彻底摧毁。1900年的中国和埃及都是全球前15大股票市场，两者后来都停止了交易。1931年，在24个国家的股票市场中，有10个被关闭超过一年，主要是因为战争。有7个市场暂停交易不到一年，最终只有7个市场没有中断过交易。

收益率、贴现率和回报率

灾难和意外之财会造成初始的盈利收益率与实现的回报率之间出现差异，在一开始投资的时候，投资者就需要考虑到这一点。你的投资结果将取决于你如何处理这个问题。20世纪90年代末，俄罗斯尤科斯石油公司的盈利收益率高达200%，这是俄罗斯资产极不稳定的前兆。早期持有尤科斯公司股票的投资者，还可以通过投资分红回本，而后期进入的投资者必定损失惨重。你对现状的反应，对投资结果的影响也很大。有时候情况很糟糕，但你视而不见，就表明你根本不了解情况的严重性。

在一个"完美的"市场中，投资者可以计算出潜在事件的概率和严重性，然后修正缺点，提升优势，拉近预期收益率与盈利收益率之间的距离。但是，现实并不存在完美的公式，投资者只能从某些因素中推断出未来可能出现的情况。优质公司的股票增长势头会超过市场的平均水平。我会买进盈利收益率较高的公司，希望从均值回归中获得利润，并且我知道缓慢的增长可能会降低回报率。但只要公司不破产，产生的现金不会被浪费掉，我就很满意了。对于一个长期投资者来说，需要面对许多风险和不确定性，特别是宏观和行业的不确定性，这些都是不可预测的。

大多数投资者会根据某种标准将股票排序，从而选择投资标的，而我会比较股票的盈利收益率，对收益率相似的股票，我会权衡它们的风险及不确定性，剔除那些我无法承受风险的标的。原则上，这是为了避免让我出局的情况发生。我仍然持有少量涉及百科全书、钢琴、报纸和摄影的公司股份，我把这些都视为一个文明社会长期存在的基础设施。在技术领域，一切都在不断变化。大宗商品具有周期性，其生产商必然会在某一时刻碰壁。高负债的公司也难逃末路。在某些地方，贪污腐败、巧取豪夺、任人唯亲的事情不可避免，我绝不会在这样的地方投资。

寻找低市盈率标的

简而言之，在进行价值投资时，首先，要剔除那些不能将报表中的利润转化为现实回报的股票。如果公司的利润不能转化为股东的收益，那么公司的会计必然存在问题，这是在为意外事件埋下伏笔。当现金流与现值的增加不匹配时，必有资源浪费的情况存在。随着品牌和知识产权变得更加重要，它们将越来越多地出现在我们面前。当公司在愚蠢的事项上浪费资金时，其价值也会流失。如果现值没有反映在现实的回报中，那么很有可能是管理层在中饱私囊。

其次，收益应该用一段周期的平均值来衡量，并需要加上具有说服力的条件才能应用。希勒公式需要10年的平均收益数据，这些收益通常已经覆盖了两个商业周期。对于某些股票来说，平均收益会使快速成长股看起来价格不菲。相反，我倾向于用10年平均利润率或股本回报率乘以当前的销售额或股东权益来估算正常收益。投资者需要谨慎地使用这种方法，有些行业的周期很有深度，比如汽车或钢铁，它们当下的销售可能很高或很低。同时，投资者还需要寻找有竞争力的"护城河"，以保护公司免受时间的摧残。

再次，要预判公司在未来几年内是否有合理的想象空间，并证明其发展足以支撑公司估值的合理性，沃尔玛就没有通过这项测试。在这种情况下，贴现率通常比初始盈利收益率更能反映未来收益的增长。事实上，如果公司在出现问题时有更多的可选择空间，那么预期的回报可能会更好。这种方法也可以反过来使用，如衡量现金流失的速度，判断在数年内，现金流是否还能支持当初购买的价格。对于那些幻想可以预测公司永久现金流的人来说，想用一个成熟的现金流贴现模型计算出一个精确的回报率是不现实的。

最后，我把平均盈利收益率相似的股票分门别类，再摒弃那些我无法忍受其风险的股票。我的风险承受力和你的也许不一样。你的风险容忍度可能反映特殊的知识背景，例如你是俄罗斯人，或者是风险投资家。风险容忍度也与集中和分散投资等要素密切相关。集中的投资组合总是会产生最好的或是最差的绩效。在一个集中的投资组合中，小风险也可能产生十分可怕的后果。我也会试着去发现一些存在机会的风险，例如不会吸引竞争者进入的增长缓慢的市场。

大多数投资者关心的是未来的回报率，并以此作为衡量投资机会的标准。盈利收益率则是判断这种机会的一种公正客观的指标。除此之外，你还需要剔除那些可能不会将盈利转化为股东回报的标的，并通过计算平均收益，找到能保障盈利的护城河，明确能够增值的要素，避免那些可能带来毁灭性打击的风险。简单来说，你要寻找的是低市盈率、高质量、高成长，对长期前景有高度确定性的股票。

| 第 18 章 |

你想要多少收益

> 客户指着一堆文件问：金额总计有多少？
> 会计师答：那得取决于你想在报表上看到什么样的数字。
>
> ——会计笑话

长期而言，公司收益决定股票价值。收益的定义不同，估值的结果也截然不同。收益既有财报上的数字，也有不确定的预测数字。通常投资者会比较关注公司的季度收益，而我更倾向于将当期收益视为公司过去和未来现金流的纽带。从公司所有者的角度来看，高质量的收益与现金流相匹配，这些现金流可以作为股息支付。分析师调整财报数字的手段层出不穷。在通常情况下，股权激励、重组和摊销成本都会被加回净收益中，创造出非依 GAAP 准则的、更高的数字。EBITDA 的标准非常宽泛。尽管这些指标在特定背景下都各有作用，但是我认为GAAP 收益、所有者收益和现金流才是衡量公司价值最清晰的指标。

有些调整有助于解释特定问题,或是与公司过去的业绩进行比较。比如,分析师经常会剔除报表中的非经常性项目,以分析公司当前的利润是否比前一时期有所改善。为了正确评估公司的利润率,忽略部分不常见的盈利和亏损是必要的。为了判断管理层的工作质量,一些分析师会将股权激励加到利润中。但有时,衡量标准是经过刻意选择的,其目的是将结论由坏变好。因此,在没有充分解释的前提下,这些调整很可能会对投资者造成误导。

调整通常会使公司之间的比较缺乏公平性。没有一致认同的会计原则,如GAAP,标准最宽松的公司就可能成为看上去最好的公司。如此一来,公司之间的财务状况就不具备可比性。GAAP标准也并不总是正确的,但在大多数情况下,这个标准更贴近于记录公司真实发生的经济行为,而不是为了调整收益。在面对不同的会计标准时,我也感到很无奈。

虽然净收益和现金流的概念有些类似,但也有区别。净收益衡量的是由业务活动而增加的所有者权益,但利润不总是意味着现金的流入,因为其他资产或负债也会影响现金流。当现金流低于净收入时,通常是由库存积压或应收账款增加造成的。投资者需要比较现金流量表和损益表,以确保公司账目上的增减传达的是相同的信息。

研究现金流应从公司经营现金流开始,它是用来维持、扩大业务以及分红的资金。接下来要关注的是投资现金流和筹资现金流，跟踪经营现金流的实际用途。维持业务的资本支出与扩大业务的资本支出在会计上合并报表，但分析师必须将它们分开来分析。夕阳行业中的公司不会有维持业务的资本支出，而现金支出会超过净收益。总有一天这些公司会倒掉，尽管管理层也不想看到这样的局面。

我将股东盈余定义为经营现金流减去维持运营的资本支出。对于大多数制造业公司来说，维持运营的资本支出的项目主要是折旧。但在品牌、知识产权和垄断的行业里，维持运营的资本支出就显得相当不确定了。即使报社将其全部经营现金流都用于资本改善，许多报社还是无法将经营现金流稳定在某一个水平。大多数报社得出的结论是，稳定现金流唯一的方法是购买广播或互联网公司。在这种情况下，花在收购上的钱便被贴上了维持运营的资本支出的标签。

投资者在研究股东盈余时，需要比对 GAAP 的数据和公司会计报表调整后的数据。从理论上来说，它们应该是相等的。股东盈余不仅意味着股东财富的增加，也意味着公司现金流或股东回报的增长。调整后盈余数据是最容易获得的，因为它们都是公开信息，而 GAAP 数据则需要在公司公开的财务报表中寻找。股东盈余是最隐蔽的，因为它们没有被公开，投资者必须自己进行计算，投资者还需要对数据信息的真伪进行甄别，但股东盈余是判断价值的关键。

永续年金公式是对非周期性公司估值的一种方法，它将股东盈余除以对应的贴现率。这个公式的假设前提是公司当前收益可以永远维持下去，但这个假设对周期性行业不适用。对周期性行业进行估值，需要评估全市场公司的平均收入，而这个数据往往都是高估的。在繁荣时期，投资者会过于乐观，忘记下行周期时的市场有多可怕。当我使用年金公式时，面对那些显然不能永远持续下去的数据，我会十分谨慎，尤其是将它应用在高科技、新兴领域、时尚行业时。投资者必须每年对这些行业的现金流做出更为详尽的估算，以确保数据的准确性。

除非会计数据反映了经济的现实情况，否则我们对内在价值的估计都是不可靠的。

通货膨胀、无形资产及收购

GAAP会计数据在某些情况下无法即时反映财务现状，要特别小心以下几种情况：①快速通货膨胀期间；②涉及知识产权；③出现一系列收购项目。在快速通胀时期，较低的历史成本与当前的销售价格并不匹配，经济利润会被夸大。通常，公司的研发支出在发生时即列为费用，在资产负债表上鲜有痕迹，即使研发产生了极有价值的成果也一样。公司连续的收购会留下很多问题，这些问题会对被收购公司发展趋势的分析产生影响。

在通货膨胀时期，会计记账中存在的问题是，当没有现金流入时，是否应该将资产价格再估值的上升记作利润。假设一家商店拥有两批相同的商品存货，早先进货的那批商品成本为

65美元，后来进货的商品成本为75美元。商店以100美元的价格出售了一件商品，产生销售和管理费用25美元，补货的商品成本为80美元。总的来说，商店损失了5美元现金，但库存不变。若使用"后进先出法"（这一方法不再被允许使用），商店会以75美元作为商品的成本，则本次销售没有盈利，也没有亏损。如果使用"先进先出法"，商店会以65美元作为成本，在会计报表中体现10美元的利润。这些并不存在的利润可能需要交税，如此一来还会增加现金流出。

数十年通货膨胀的累积效应扭曲了长期资产的价值，特别是在房地产、传媒和输油管道行业。折旧和摊销是基于最初的成本，无论是最近几年还是几十年前购买的。如果将一栋老楼以今天的价格卖给新的业主，老业主所承担的折旧会比新业主少很多。一般来说，长期资产的维护支出只占EBITDA利润的一小部分，但这部分支出在不同类型的长期资产中是不同的，比如酒店和学生公寓要比仓库和仓储设施更需要维护。EBITDA利润只有在经过处理之后才会有意义，因为它需要减去所有的维护支出、利息和税收。

商誉和知识产权的历史成本往往与它们当前的价值无关。无形资产的生命周期可能很短，比如短周期专利。当然也有周期很长的专利，比如可口可乐、迪士尼或路易威登等品牌。像柯达、宝丽来和西尔斯等，这些曾经的标志性品牌也会有褪色的时候。除了专利和许可证具有固定期限外，大多数无形资产的寿命都无法确定，这会使公司价值难以捉摸。投资者几乎无法确定无形资产未来的变化。如果会计人员具备经济学家所认为的那种完美的认知，他们就会将消耗在无形资产上的资金记作费用。但事实上，大部分的内部研发和营销成本都是在发生时记作支出，从来没有出现在资产负债表上。当研发和营销的"努力"获得成功时，公司便会突然有一个从未入账的"资产"出现。

  品牌塑造和研发成本无法与具体的销售结果相匹配，这是收购无形资产时的一个主要问题。在收购中，无形资产的金额通常会很大。对于一些公司来说，无形资产可能会占资产总额的一半以上。商誉推销还有减税的作用。一些无形资产有明确的生命周期，公司必须在这个周期内对其进行摊销。有些公司会将无形资产记作商誉，而且没有生命周期，以避免摊销费用，在会计报表中则会显示更高的利润。事实上，在经济衰退期，会计师会一次冲减商誉，以调整这段时间内公司的损失。因为损失发生在过去的几年里，早已无法追溯，而投资者也不会追根溯源。实际上，许多人对短期的、有限的资产摊销都没有特别重视。

  当收购事件频出时，外部投资者根本无法知道公司内部到底发生了什么。公司收购通常可以收获协同效应，但也让被收购公司的发展轨迹混乱，出现财务数据无法追踪等问题。被收购公司的财务状况有时会被重新润色一番，然后再呈现给分析师。有时，重组活动的成本会计入收购价格，或者直接消失，作为财务数据的"储备"，以备不时之需。

会计报表无法反映经济现实的情况不只以上所述的这几种，我只列出了最普遍的情况。

Valeant 公司

当一位分析师兴奋地向我推销 Valeant 公司的新策略时，我克制住了内心的成见，要求自己多听听对方的讲解。Valeant 公司的前身是 ICN Pharmaceuticals，这家公司曾被美国证券交易委员会调查过。Valeant 公司于 2010 年收购 Biovail 公司，该公司也曾因操纵股价和谎报收益而被调查，指控项中包括篡改所谓"非现金投资和筹资活动"的金额。

Valeant 公司的首席执行官迈克尔·皮尔逊（Michael Pearson）构思了一个看似很成熟的公司战略，专注于耐用的专业产品，以及通过不断收购创造经济规模，最终实现母公司的快速扩张。皮肤科和眼部护理被认为是极具吸引力的利基市场。Valeant 公司及 Biovail 公司合并后总部注册在加拿大，以此减少其非美国市场盈利部分的税收。皮尔逊曾在麦肯锡担任医疗领域顾问长达 23 年，经验丰富，策略当然也很好。在皮尔逊的掌舵下，Valeant 公司在短短几年里进行了一百多笔收购交易。

从 Valeant 公司公布的"每股现金收益"数据来看（也就是调整后的收益），皮尔逊的确获得了成功，公司从 2008 年到 2014 年的发展非常迅速。这些年的每股现金收益分别是 1.01 美元、2.19 美元、2.05 美元、2.93 美元、4.51 美元、6.24 美元和

8.34美元。2015年，财报中调整后的收益为每股10.16美元。这些增长主要来源于Valeant公司看似不可阻挡的"交易机器"，直到该公司在2014年以580亿美元收购Allergan公司失利。但Valeant公司还有其他快速增长的产品，如专治灰指甲的Jublia和Luzu。甚至比较有历史的产品线也重新焕发活力，Valeant公司认为这归功于市场营销的改进，尤其是通过专业药店的销售。

但Valeant公司的GAAP数据则令人不安。2010年、2012年、2013年和2015年，其每股亏损1.06美元、0.38美元、2.70美元和0.85美元。2008年、2009年、2011年和2014年的GAAP收益总和勉强抵消了其他年份的亏损。为了弥补现金盈余和GAAP收益之间的差距，公司提供了一份关于商誉和知识产权、重组成本、股权激励费用的冗长的调整项目清单。这些调整有助于分析公司运营的问题，但它们不能作为股票估值的依据。

令人郁闷的是，Valeant公司自定义的现金收益实际上是其多年来股票表现极佳的重要依据。其股价从2008年的7美元飙升至2015年的263美元。对于任何一家公司来说，公司收益在6年里翻3倍都是不可思议的。股价的飙升引来了越来越多的看多投资者。在对冲基金股票论坛上，Valeant公司是最热门的话题。

我觉得Valeant公司对现金收益的定义太过宽泛。在GAAP的报告中，公司经营现金流持续低于其现金收益。2012年和2013年，公司的经营现金流大约是其现金收益的一半。在通常情况下，经营现金流会大于现金收益，因为这两项下会包含许多相同的费用，但净收益需要剔除折旧等成本。实际上，Valeant公司的现金收益忽略了部分以现金支出的经营成本。

重组成本是Valeant公司希望投资者不要计入成本的现金项目之一，或许这是公司为了更清楚地显示其运营的趋势。例如，管理层可以任意选择合并工厂和裁员的时机，由此产生的成本，管理层可以随意安排在自己需要的时间段。否则，即使本季度业务表现良好，公司整体业绩看上去也会很糟糕。在接下来的几个季度里，是否出现并购成本又是个未知数，因此这对预测未来收益也无法提供有意义的帮助。Valeant公司的收购行为频次过高，而且成本意识很高，投资者在评估其价值时，绝不能忽视其重组的成本。

投资者将公司的运营趋势作为预测价值的依据，而董事会在设定高管激励时也会考虑这些因素。高管显然更青睐设计一个能证明他们工作优秀、值得被支付高薪的业绩基准。董事会和投资者则更喜欢明确量化的业绩指标，这样可以明显反映价值的增长。即使在GAAP准则下，管理层也可以选择有利的会计处理方法，让会计报表中的收益看上去更高，比如将无形资产归为商誉，而避开摊销。重组成本可以向前期或后期挪移，或是在公司业绩糟糕的年份一次性冲销。股东们希望股票价格不断抬高，尽管他们心存疑虑，但还是愿意接受更好看的调整后的数字。

尽管调整数据是为了避免造假，但实际上它们开启了新的可能性。管理层将部分费用计入会被忽视的会计项中，这也不算伪造账目。如果开展业务需要融资，大家都能接受支付一定的利息成本，但融资前期或后期的费用往往也十分庞大。借款人可以以较高的费用得到低息的借入资金，反之亦然。Valeant 公司在 2014 年现金收入中就剔除了 1.996 亿美元的筹资费用，2015 年则未计入 1.792 亿美元相关成本。非 GAAP 的计算还经常忽视股票期权，尽管它不会影响公司现金流，但它确实减少了当下公司股东的每股现金流。

关键问题是，药品作为专利产品，其专利周期是有限的，因此必须在这个生命周期结束之前补充新的产品。Valeant 公司希望投资者忽略通过授权和收购来更新产品线所造成的成本。一般而言，制药公司通过自有实验室研发新药的成本计为费用。Valeant 公司则会授权一家生物技术公司开发产品，但随后要求投资者忽略因授权而造成的成本，或者 Valeant 公司会直接收购一家有产品的公司，以削减研发成本。实际上，Valeant 公司买的是其他公司研发的产品所产生的现金流，砍去了研究新产品替换老产品的环节。当公司收购知识产权时，GAAP 会计账目无法即时反映现实情况。但 Valeant 公司在会计原则能反映现状时，仍希望投资者忽略成本。

2015 年，Valeant 公司在计算现金收益时忽略了 24.4 亿美元无形资产的摊销和减值。在它收购的项目中，还有处于正在研发阶段的，总计需要花费 2.48 亿美元的成本。

乐观的投资者认为，Valeant 公司的销售并不依赖于专利保护，再加上专利产品经久耐用，所以真正的产品开发成本比预计的费用要少。反观公司账目中产品的摊销时间，短的有 4 年，长的有 15 年，但由于公司没有披露特定的产品信息细节，我也无法判断此阶段的会计处理是否合理。2015 年年底，Valeant 公司的商誉价值共计 185 亿美元，其中有多少应该被归为有"生命周期"的无形资产项，我们也不得而知。

我想通过研究每条特定的产品线销售情况，来了解整体产品的持久性和成长力，但 Valeant 公司几乎不给我任何机会来实现这一想法。直到 2015 年，Valeant 公司都拒绝披露公司的产品线收入，也没有提供任何产品的单价和销量信息。2011 年，该公司的运营部门，包括欧洲仿制药品牌和拉丁美洲仿制药品牌，在 2012 年被全部合并到新兴市场。在 2013 年的报告中，公司将美国皮肤科、美国神经科以及加拿大和一些细分市场纳入发达市场。这样来回切换分组阻碍了投资者获得产品销量数据、公司增长驱动核心、单一产品价格的信息。

Valeant 公司的收购文件内容闪烁其词，让人始终没有安全感，有些信息甚至暗藏风险。例如，治疗痤疮的药物 Solodyn 在 2010 年的销售额为 3.86 亿美元，但在 2015 年的销售额仅为 2.13 亿美元。Valeant 公司并没有发布药物销量的具体数据，但通过与销售渠道的接触，可以大致了解到多数药物的销售情况。据了解，2011 年 Solodyn 的零售价为 700 美元，到 2015 年增加至 1060 美元，价格上涨，但公司公布的销售额大幅下降，那只有一种可能性，就是该产品的销量下滑更多。Valeant 公司没有给出详细的价格构成明细，所以我们也无法得知较高的价格中有多少被折扣、补贴、优惠券、退款、分销费、回扣、退货和患者援助项目抵扣。

Valeant 公司的报告还显示，它通过"特殊渠道"销售了很多药品，说实话我没搞清楚那是什么。但我的直觉是，特殊渠道具有价格优势和折扣。因为数据中没有体现这一渠道的具体信息，所以它们的价格到底是多少我们也不知道。但我坚信，Valeant 公司想要"绑定"药店，推销其价格昂贵的药物，而不是像许多保险公司希望的那样，推销价格优惠的药品。

起初 Valeant 公司否认了这一点。2014 年 12 月，公司支付给其药房客户 Philidor 公司 1 亿美元的期权费，并达成协议，若未来合作收益能够达到 1.33 亿美元，Valeant 公司可以以零成本收购 Philidor 公司。2015 年第三季度，Philidor 公司的销售额为 1.9 亿美元，约占 Valeant 公司销售总额的 7%。Philidor 公司只分销 Valeant 公司的产品，且基本上销售的都是皮肤科产品，而且还是以快递的形式。后来 Philidor 公司因药物价格昂贵，保险公司拒绝与之合作，随后公司修改了处方，并重新寻求合作，从而避免被其他便宜的仿制药品所替代。Philidor 公司可能欺骗了保险公司，因为如果客户自费购买药品，而不是用医疗保险来购买，可能会得到更大幅度的折扣，但这在行业定价和销量调查报告中没有任何信息。

得知 Valeant 公司拥有了 Philidor 公司后，保险公司和州药事管理委员会才意识到问题的严重性。突然之间，10-K 财报的研究人员才理解报告中子公司列表底部脚注的重要性，Valeant

公司的子公司列表中并没有出现 Philidor 公司，因为相关法规允许公司在列表中省略某些子公司。为了安抚愤怒的保险公司和投资者，Valeant 公司终止了与 Philidor 公司的交易，并被要求重新公布其财务状况，Philidor 公司关门停业。药品 Solodyn 和 Jublia 的销售也彻底崩溃了。在 2015 年的 4 个多月里，Valeant 公司股票暴跌了 65%。

我对 Valeant 公司需要花多少钱来维持皮肤科产品线运营一无所知。所谓特殊渠道和零成本销售也是无稽之谈。作为一个局外人，我无法预测 Solodyn 或 Jublia 在剩余专利周期中的销量和成本，因为历史数据毫无参考价值。我也不知道 Valeant 公司取得这些产品的成本。即使是 Valeant 公司的内部人士也会对替代现有药物需要付出多大成本感到困惑。

> 如果一只股票的价值对应的是其未来现金流的现值，而 Valeant 公司的真正经营现金流、股东盈余、增长率和产品生命周期都是未知的，那么它的价值也是未知的。

然而，Valeant 公司的债务是真实的，而且正在不断攀升。2009～2015 年，Valeant 公司的长期债务暴增 100 倍，从 3 亿美元增加到 303 亿美元，不仅如此，公司未来可能还有 60 亿美元的税务负债，以及 13 亿美元的其他长期负债。2015 年年底，公司有形资产仅包括 2 亿美元的净流动资产和 14 亿美元的地产、厂房和设备。Valeant 公司偿还债务的能力完全依赖于其品牌和知识产权的未来现金流。但是，沉重的债务负担可能会改变 Valeant 公司为获取现金流而选择的道路，以及它的能力。

Valeant 公司的现金流长期被忽视，我觉得这种情况会一直持续下去，除非突然发生了什么根本性的变化。历史是应对未来不确定性最好的指南。未来会有所不同，但往往不会有太大不同。对 Valeant 公司未来收益和现金流的预测应与历史数据比较类似。在通常情况下，调整后的收入会更加凸显这一模式的特点，因为调整后的收入通常更高。当公司收益不稳定且具有周期性时，预测收入更应该贴近平均值，特别是在无法预计下降周期的影响力和持续性时。

一般的预测更接近于未来可能发生的平均水平，很少能够反映出极端情况回归到平均水平的趋势。从统计学的角度来说，均值回归是统计样本的方差和标准差相加减的结果，这种结果只是未来可能发生情况的一部分。公司会认为预测的偏差来自市场竞争的压力，这种压力是无法预测的。真正有利可图的行业会吸引更多的竞争，回报便会下降。除了周期性波动之外，利润很差的公司是不会再回归到均值水平的，最终只会破产。创新企业则诞生于一个聪明的点子，并希望将其转化为超级盈利的产品。投资者应该关心的是特定公司的业务状况，而不是市场的平均水平。由于投资者想要寻找特别优秀的公司，所以他们必须警惕市场竞争所带来的破坏，并在预测模型中将竞争要素纳入。

我很想给你一种正确的算法，可以根据财务报表中的数据计算出合理的贴现价值，但我做不到。与其无休止地追逐数字，不如花更多时间来研究公司的商业计划是否具有成长性，以及它的盈利能力为何不会受到竞争的影响。Valeant 公司宣布将继续进行并购、减少浪费、丰富产品线、提高价格、开发新的营销渠道。但药品市场是一个奇怪的市场，产品由医生选择，部分费用由第三方支付，而患者，甚至医生，都不一定能取得疗效的数据。如果有些病症只有少数几种有效疗法，那么药物生产商在专利到期之前，通常会有较强的定价权。

我担心 Valeant 公司的并购交易狂潮和快速上涨的产品价格会导致其增长不稳定。2015 年 2 月，Valeant 公司将两种心脏病药物的价格分别上调了 525% 和 212 %。同年的晚些时候，总统候选人希拉里·克林顿呼吁对哄抬药品价格进行调查，并传唤了 Valeant 公司。价格大幅上涨最终使 Valeant 公司引起了广泛的社会关注。德意志银行在 2015 年 10 月的一份研究报告中指出，Valeant 公司的加权平均药物定价在 2012 年上升了 19.7%，2013 年上升 31.6%，2014 年上升 52.9%，2015 年上升 85%。最终，迈克尔·皮尔逊不再担任首席执行官，他在国会作证词的时候也承认，Valeant 公司部分药物价格的上涨是错误的行为。

当时，Valeant 公司的股价已从高点下跌了 90%。

尽管 Valeant 公司在 GAAP 账目中的损失和负现金流为这次崩溃提供了强有力的先兆，但还是有人认为，这并不能证明 GAAP 的收益比调整后的非 GAAP 数据更加可靠。毕竟，Valeant 公司自定义的现金收益是多年来其股价表现的最佳依据。在许多情况下，GAAP收益、股东盈余、经济现实，这三者会发生冲突，包括在处理无形资产、高通胀、知识产权以及公司合并等情况时。我确实调整过公司的收益，以提高不同时期之间的可比性。不过，我发现在没有GAAP标准化的情况下，公司之间的比较是非常不值得信任的。

你要警惕公司账目中调整后的收益。检查现金流量表，看它们是否和调整后盈余一致。关注大额无形资产，特别是在公司积极并购的情况下。在旧的制造业中，维持业务的成本相对容易确定。在品牌、知识产权或垄断必须不断更新的领域，成本会更加不确定，股东盈余也会更不确定。有时财报中的收益和股东盈余有出入，是在提醒人们存货和应收账款已经变得非常高了。

现金流代表实际可用于收购的现金或股东的回报。除非业务中有令人信服的回报，我通常期望公司能产生一些现金。只有在极少数情况下，成长性公司才会拥有比GAAP账目中更大的现金流。这时我才愿意承认非GAAP的数字更接近事实。价值，取决于公司有多少现金流能够用于分红和公司成长所需要的投资。

| 第 19 章 |

判断价值的艺术

> 就数学法则看来,现实是不确定的。而数学法则看来确定的,往往与现实无关。
>
> ——爱因斯坦

所有价值投资者都会将股票的价格与其内在价值进行比较,我们一般用现金流贴现的方法估算股票的内在价值。现金流贴现模型是将当前公司的收入、增长、生命周期和确定性结合在一起,理论上来说这是准确而真实的。例如,如果一项投资在一年后能获得 105 美元,第二年后能获得 110.25 美元,贴现率为 5%,那么每次收益的贴现值为 100 美元,总计 200 美元。如果我能以 150 美元的价格购买这个投资项目,我不仅能获得 5% 贴现部分的收益,还能得到 50 美元的额外收益。

但是,模型中的数据在现实中既不精确也不真实。在本章中,我们会讨论股票价值的评估方法,还会着重研究何为正确的现金流和贴现率,以及股票价格在何时会远低于其内在价值。

剔除垃圾数据

所有用于计算现值的数据，都是我们从繁杂的市场中挖掘出来的。可问题是，这些数据均为历史数据，无法代表未来。人们试图预测的未来与过去相似，但掺杂着一些和过去不一样的东西。

你可以去估算任何股票未来的现金流贴现值，但在很多情况下，这种预测是没有意义的。当你输入无用的数据进行估算时，只会得到无用的结果。除非你能准确地预测未来公司的收入、现金流、股息和回报率，否则，进行这种复杂的计算几乎毫无意义，甚至还会误导你的判断。高质量债券的现值可以精确计算，因为其利息和本金金额在合同中早有规定。尽管债券的利率可能会略有出入，但它通常比任何股票的贴现率都要靠谱。

根据数据的可靠性和确定性，我们可以对估算价值的假设进行分类，对可靠度不高的数据赋予较小的权重。公司未来几年的利润或现金流通常可以估算出来，但估算公司 20 年后的现金流则显得不切实际。另外，对科技股的预测要比预测食品公司更加不靠谱。现值模型将所有数据糅合在一起，尽管它们的可信度各不相同，但模型一视同仁。如果有些信息是真实的，有些纯粹是臆想的，那么将它们混合在一起的结果可想而知。每个人都有计算机，所以烦琐的计算已不再是问题，有难度的是你所做的假设是否合理。尽管价值投资者对支付高价买入股票的风险已经保持了极高的警惕，但在金融理论中，这种风险并不存在，因为每个人都有完美的信息，而且所有事物的定价都是正确且合理的。

在前几章中，我们讨论过许多估算股票价值出错的原因。估算公司未来现金流很难，许多投资者不愿做这项工作，而是盲目地追随市场情绪追涨杀跌。有些人过于重视眼前发生的事，不愿花时间去研究一个行业整体的历史性特征。因为欺诈和管理层不胜任的情况并不常见，所以模型也没有将它们考虑进来。

大宗商品化和高负债的公司在倒闭时的价值都会归零，而且其崩盘速度往往比大家想象得要快。有些分析师确实会对各种情况都进行建模，其中也包括了"最糟糕的情况"。但是现实中，除非结果已成定数，否则出现的情况往往比预想中最坏的情况还要糟糕。乐观主义者会说，如果判断正确，商业周期带来的结果也会比乐观的预测要好得多。但无论如何，你都应该为最坏的结果做好准备。

投资者很容易陷入各种混乱的计算模型中，算出错误的数字，导致支付过高的价格购买股票。激进的成长股投资者认为，8%的增长率相当一般。如果一家公司的增长率永远是8%，而贴现率也是8%，那么贴现现金流公式可以直接计算出股票的永续价值。真正的问题不在于这个模型，而在于错误的假设。在特殊情况下，8%的增长率在未来几年可能是合理的，但几年之后就不太现实了，更不用说永远了。

沃伦·巴菲特是现金流贴现法的支持者，但他也知道自己的知识有限。他怀疑错综复杂的预测，深知复杂的预测注定会被各种未知事件颠覆。他从来没有分享过自己对这套方法的分析，也没有说明自己是如何正确使用它的。的确，有些事情是不可以在公开场合讨论的。以下是我的猜测：巴菲特可能认为现金流贴现模型是计算债券和优质股票的合适工具，但在其他地方无法完全套用。他会保守地设置假设，并追求数据的准确性，但又不能完全指望它。对于拥有充足现金流的公司来说，他不需要使用很大的贴现率。在评估公司价值时，巴菲特有捷径可走，就是绕过那些特别复杂的模型。

贴现值和年金公式

对大多数股票来说，我会采用永续年金公式来计算它们的价值。经典的永续年金公式来自英国政府发行的"统一公债"。这种债券每年都支付利息，而且计划资金永远不被赎回，每年收益为 3 英镑，贴现率为 3%，其价值为 100 英镑，贴现率、当前收益率和到期收益率刚好相等，那些不以面值来交易的债券就不会相等了。如果年金公式能够适用，这就仿佛在一个社会中，每个人都知道别人的收益，收益不会增长也不会缩水，而且将持续到永远。

现在的商业环境缺乏古典英国贵族时期所拥有的稳定性，但是股票和"统一公债"类似，都没有固定的到期日，计算方法用的也是很简单的年金公式。将收益除以贴现率，得到贴现值。也有些人喜欢用乘法，而不是用除法。如果贴现率是 3%，可以用收入除以 0.03，或用收入乘以 $33\frac{1}{3}$ 来计算股票的现值，收益除以价格被称为收益率，而股价与每股收益之比则是市盈率。就我个人而言，我习惯用收益率与贴现率进行比较，但在华尔街，大部分投资者习惯关注市盈率。

一般来说，我会采用 GAAP 计算的每股收益，一些分析师更倾向于使用调整后的收益，或用多年的平均值来计算，还有些分析师采用股息。在写本书的时候，我用 8% 作为股票贴现率，但是我在 2010 年使用 10% 的贴现率。随着股票风险溢价和国债收益率的变化，贴现率在未来也会发生变化。

我并不总是需要依靠准确的预测才能做出正确的决定。我给"好的决定"的定义是，在我完全不知道世界将如何发展的时候，这个决定会在大多数情况下产生令人满意的结果。如果我知道自己无法预见未来的结果，那么最好的选择就是靠边站等机会。通过避免情绪化的决策，避开那些我不太了解的投资、远离坏人和不稳定的公司，我会大幅削减潜在投资标的，在研究哪些公司不具备价值投资之后，我可以进一步缩小投资范围。

价值要素中的陷阱

"价值陷阱"是股票市场中常见的现象，它会令人失望，或是存在令人失望的风险。它会通过一些投资要素告诉投资者股票价值被低估了，但是实际上股票价格的表现并不会像预想中的那么好。我不太喜欢"价值陷阱"这个词,因为它暗示有人犯了错误(但不是我),也没有告诉我错在哪里,不然我可以在以后的投资中避免重蹈覆辙。现金流贴现模型分析方法失败,通常是以下四个价值要素出现问题导致的:①盈利能力;②生命周期;③成长性;④确定性。我会用一份简短而重要的检查清单来找出漏洞。

(1)股票是否有高收益,即低市盈率?

(2)公司是否做了一些独特的事情,让它有更大的概率赚取超额利润?它是否具有护城河?

(3)公司是否能够永续经营,或公司是否面临竞争、衰退、过时或过度负债的风险?

(4)公司的财务状况是否稳定?公司发展的前景是否明朗,是否具有周期性?财务状况、未来发展是否具有确定性?

在回答这些问题时,我会检视公司往年的业绩记录。我还需要管理层给我讲述公司业绩数据背后的缘由,以及它们的持久性。未来是否会因为新产品或经济规模的增长而变得更好,还是会因为竞争加剧或产品过时而变得更糟?不管公司的故事多么精彩,我都不会轻易假设它未来拥有更高的盈利能力,除非它在过去10年的净资产回报率都能超过10%~12%。我会特别关注业绩糟糕的年份和特殊项目的费用,因为这些内容往往能反映出公司故事里被刻意忽略的不利因素。

当2010年美国《平价医疗法案》(ACA)(或称"奥巴马医改计划")通过时,医疗保险行业的发展前景就开始偏离历史轨迹了。回顾过去，该行业的盈利能力和增长势头十分强劲。作为受监管的行业，健康保险公司历来很少出现失败。规模较大的医疗保险公司的收益总体上是稳定的。它们的盈利能力会随着承保周期的波动而波动，这与整个商业周期无关。那时，我特别关注了联合健康集团（UNH），这是美国最大的管理型医疗运营商。价值的四个要素似乎都支持了UNH被低估的观点，除了奥巴马医改计划。如果美国真的医改成功，那么管理型医疗保险公司的存在似乎就是多余的。

要素 1：低市盈率

从当前的利润来看，UNH的股价看起来相当便宜。2010年，UNH每股收益为4.10美元，股价约为30美元，收益率为13.7%，市盈率为7.3倍。使用年金公式和10%的贴现率可以得出，10倍的市盈率时，UNH每股价格应为41美元，这比市场价格每股30美元高出37%，有较高的安全边际。计算估值要比仅仅寻找低市盈率的股票难得多，还要考虑成长性、生命周期和确定性，但显然UNH的低市盈率表明其股价被严重低估了。

不过，我还是担心UNH当前的利润会不会因为ACA的介入而有所变化。仅用过去11年的数据（UNH过去11年每年的收益）来计算估值确实缺乏可信度。由于数据有限，我们无法利用有效的统计手段进行预测，但它们确实给出了过去收益数据的范围。2010年，UNH的净利润率为4.9%，略低于过去十几年的平均水平。UNH 的最高净利润率为 2005 年的 7.3%，最低为 1999 年的 2.9%。若仅利用这样的数据样本，UNH 的利润率似乎接近或略低于其核心趋势。也就是说，估算的价值有一定的合理性，这让我感到十分欣慰。

大多数投资者将概率分布的集中趋势作为股票价值的核心值，而我则会考虑其整个分布。这意味着我得出的价值是一个区间，因为在估算的过程中会存在很多不确定的情况。如果 UNH 在 2010 年的净利润率与 1999 年都是同样的 2.9%，那么它的每股收益将为 2.42 美元，而 10 倍的市盈率，则意味着每股价值为 24.20 美元。用一套 12 年的数据作为样本，可以大致描绘出公司利润的分布情况。其中最乐观的预期是股票价值 41 美元，在过去的 12 年中，股票价值低于每股 30 美元的情况出现了两次。但是 ACA 的出现可能会改变一切。我还想研究一下医疗保险公司过去的失败案例，因此我还需要更长的历史数据进行分析。

20 世纪 90 年代，保险公司经历了繁荣和萧条的切换，1998 年时，UNH 也出现过亏损。从那时起，综合健康保险的产业结构发生了变化，管理型医疗保险公司为了使客户注册量快速增长，不惜牺牲利润。两类规模较小的保险计划——健康维护组织（HMO）和优选医疗机构（PPO）不断亏损，除了早产等各种特殊病症激增的原因，还有就是因为其医疗范围不断扩展，以及新的客户类别。保险公司原本计划用有获利的方式来管理数量稳定的怀孕和哮喘病例，却突然发现特殊病症数与精算数字差异悬殊。ACA 的出现是否会引发新的问题大家不得而知，但就解决差异化服务的问题，预计的成本将高达数十亿美元。

ACA 规定，每一个美国人都要购买健康保险，否则就要缴纳罚款。保险公司不一定能取得新投保的人的历史医疗支出数据，而近期医疗支出的数据在新规下是否有意义也让人担忧。为了使 ACA 更具竞争力，政府设立了新的医疗保险交易市场。评级为更年轻、更健康的成员将被设定在较高的费率级别，以此来补贴评级为较年长、更易患病的成员。保险公司担心这种定价机制会鼓励大部分低评级人员注册成为会员。该法案还要求医疗保险公司必须将保费收入中的一定比例用于医疗费用，或将差额部分退还给客户。管理型医疗保险公司担心，如果它们最初设定的保费太低，那么很有可能无法在未来的几年里收回成本。

很明显，ACA 给传统的医疗保险行业带来了很多不确定性，我认为大多数健康计划都会承保，为了避免未来的后悔。ACA 也要求保险公司"保证承保"，不管客户的健康状况如何都不能拒保，如果 ACA 中要求的服务成本真的很高，那么保险公司要么将保费提高到足以覆盖成本，要么就选择不参与。医疗保险交易市场拓展了地域的空间，但是在一个地区内，规模较大的管理医疗网络通常成本更低，质量也更优。新的竞争对手没有成熟的市场网络和医疗成本数据库，会承受更高的成本压力，业务也不够多元化。尽管医疗保险交易市场和新竞争对手会挤压每个参与者的利润，但新进入者总是要比已经参与市场的人更有可能被淘汰。

要素 2：盈利增长

盈利快速增长通常意味着股票价值更高。但问题是，公司必须还要有充沛的增量利润，以提供足够的资本回报。无论公司发展得多么迅速，只要它获得的利润很一般，用现金流贴现模型计算的价值就不会增加。当资本的回报很微薄时，公司规模变大实际上会降低股东的价值。虽然对于大多数公司来说，增长可以为价值加分。2015 年，标准普尔 500 指数成分股公司的净资产收益率的中位数为 14.5%，远高于权益资金成本，我估计当时权益资金成本大约只有 8%。

从理论上讲，除非公司有护城河或竞争壁垒，能够保证其一直具有不寻常的盈利，否则即使公司增长率改变，其价值也不会变化。许多公司不会去做别人做不到的事情，也不会把资金投入到需要特殊技能的工作中。这意味着，对于一般公司来说，利用年金公式就可以粗略计算出公司的价值。但是，要想计算出公司价值增长的部分，首先必须评估公司能够将竞争优势、利润保持多长时间，然后再评估利润部分的绝对金额。尽管竞争优势会在公司失败之前结束，但它们之间还是具有一定的相关性。有核心竞争力的公司可以存活更长时间，而我们的目标就是在低市盈率的时候买入这样的股票。

UNH 的净资产收益率和增长数据都十分具有吸引力，我确信成长性对其价值提升具有积极意义。2010 年，我使用的贴现率为 10%，而 UNH 的投资资本回报率经常超过这个数值。

即使在资产负债表中，商誉和周期性医疗费用激增，UNH 在 1999～2010 年的 ROE 也超过了 20%，这是一个相当高的水平。在最糟糕的一年里，UNH 的 ROE 为 14.4%，这仍然是具有优势的。我认为，这些回报反映了 UNH 作为最大的管理型医疗保险集团在行业中所固有的地位，并希望它能持续下去。预计 UNH 未来 10 年的增长，其市盈率可能低于 4，也就是说，它的价格非常低。

作为美国最大的医疗保险公司，UNH 拥有巨大的谈判资本和规模经济。它可以从医院的费用中得到最大的折扣，并且有可能影响保险给付率。医生也会因为 UNH 拥有大量患者资源而被吸引过来。

近几十年来，客户也看到了 UNH 广泛的医生和医院网络资源。采用医疗人员模式的 HMO 已经失去了市场份额，客户均转向了优选医疗机构（PPO），PPO 为医生和医院提供了更广泛的选择空间。对于雇主来说，UNH 提供了一站式的健康保险服务。在后台和销售方面还可能存在规模效应；UNH 的间接费用占销售费用的百分比低于安泰保险和信诺保险，但在管理型医疗保险行业中并不是最低的。UNH 的优势很难被复制，而且如果想侵蚀这一优势，竞争对手需要花很长的时间，也就是说 UNH 有一个护城河来保护它的盈利能力。

UNH 的收购交易是否提高了股东的价值还有待商榷。UNH 近期最大的一笔交易是在 2005 年收购太平洋健康系统公司（PacifiCare）的股票。UNH 大约以 20 多倍的市盈率收购了 PacifiCare，这意味着它在该公司上所获得的回报很低，毕竟它自己的股票也有着同样高的市盈率。在收购后的几年里，PacifiCare 的收益率大幅提高了。由于收购了 PacifiCare，2007 年又买下了 Sierra Health，UNH 成为一家真正的全国性公司。在全美范围内，UNH 唯一还感兴趣的只剩下小型的医疗实体店。

随后，UNH 将收购重心转移到 Optum 公司旗下快速增长的医疗数据分析、药房和公司员工援助的业务上。这些业务的市盈率都很高，这意味着收购的起始回报率都很低。2010 年，Optum 公司的资产回报率低于 UNH 的管理医疗保险业务，所以我认为实际上 UNH 支付的价格过高了。不过 Optum 公司后来利润激增，到了 2014 年，Optum 公司的资产回报率已高过了管理型医疗保险业务。但在 2010 年的时候，我肯定无法预知这一切。

在评估 UNH 的价值时，我没有将其资本运用情况考虑在内，但是 UNH 在这个板块早有自己的安排。在完成对 PacifiCare 收购的三年后，UNH 的收益明显提高，但其股价下跌了 2/3。UNH 于是加快了股票回购计划，在不到两年的时间里，它回股的股数已超过了以前为收购 PacifiCare 而发行的股数。净收益的增加和流通股数的减少，使 UNH 的每股收益大幅提升。

UNH 的持续增长为公司注入了活力，公司的收入每年都在增长，增长最慢的一年是 2007 年的 5.4%。管理型医疗保险业务覆盖的美国人口数量也在不断攀升，每年增长约 1%。我认为随着医疗保险覆盖面的扩大，销量的增长速度可能会加快。在过去的半个世纪里，医疗保健支出随着名义 GDP 的增长以每年 2% 的速度一同上升。而在 2000 年，人均住院数和问诊人数实际上却下降了。无论增加的支出是否反映了医疗保健领域的"通货膨胀"，但这的确为 UNH 提供了一个"搭顺风车"的机会。不仅如此，Optum 公司还有可能从 ACA 改革中受益，获得新的增长机会。

尽管在判断公司价值时，不可避免地要使用传统现金流贴现模型，但当一家公司的盈利能力和增长不断变化时，传统的分析逻辑是行不通的。在"戈登增长模型"中，股息或现金流被假设是长期稳定增长的。股票的贴现率是股息率和增长率之和。尽管没有任何增长率可以永远持续下去，但在接下来的几年里，我认为 UNH 的收益和现金流每年增长仍然可以超过 8%。

在最乐观的假设下，UNH 每股价值应该为 123 美元，是 2010 年股价 30 美元的 4 倍。从 10% 的贴现率中减去 8% 的增长率，意味着 UNH 的现金流收益约为 2%。假设它的净资产收益率永远保持在 20%，UNH 需要将其 40% 的收益用于再投资，以保证其 8% 的增长。在每股 4.10 美元的收益中，扣除 40% 的再投资，会有 2.46 美元的现金流。以 2% 的现金流收益率为依据，UNH 的股票价值应为 123 美元，以当前收益计算的市盈率为 30 倍，如果以我估计的未来 10 年收益计算，市盈率为 14 倍。

如果用更谨慎的态度看待增长，我估算 UNH 的每股价格应在 41～61 美元。在大多数情况下，我预计增长率为 8%，而 ROE 为 20%，然后逐渐下降。最乐观的假设是，公司的增长和盈利能力能保持 15 年。最悲观的假设是，由于 ACA 的影响，导致公司利润率大幅下降，而且在未来公司没有任何成长可以提升价值，所以 UNH 的价值就是年金公式部分计算出来的价值。评估出来的股票价值应该是一个区间，而不是一个准确数字，我会用几何平均值计算好坏两种情况，其结果大约是每股 50 美元。除非你能想出比我预想更糟的情况，否则增长肯定会提升 UNH 的价值。

要素 3：永续经营

价值要素的第三个组成部分是公司未来的生命周期。这个要素取决于公司的盈利状态能够保持多久。公司资产属于长期资产，并具有垄断地位的情况十分罕见，因为竞争对手会不断地削弱公司的优势。一般公司的利润都具有周期性，所以大多数公司从没有享受过长期稳定的超额利润。有盈利能力，并且拥有护城河的公司会活得更久。除了科技和时尚等"快节奏"的公司，大多数拥有明显竞争优势的公司都希望业务稳中有进，慢慢扩张。

从贴现值公式的角度来看，公司是否会在 40 年后倒闭，或者能够永续经营，这些并不重要。因为只要它短期内没有重大问题，那么公式中用 10 年或 20 年来计算，结果的区别都不会太大。如果公司一年的收益是 8 美元，以 8% 进行贴现，其价值就是 100 美元；如果这家公司以相同的收益存活 75 年，那么公式计算出的价值大约也是 100 美元。如果公司分别存活 30 年、20 年、10 年，四舍五入到 1 美元，其对应的价值将分别是 90 美元、79 美元和 54 美元。当然，投资者都希望避开短命的公司。不过，客观来说，预测的年份越长，越没有意义；尤其是在公司的后期，获得的收益远不及其所遇到的问题。

UNH 在市场中确实很有竞争优势，在后来的几十年中，它的盈利和业务发展均保持良好。管理型医疗保险公司的倒闭率比一般的公司要低。医疗保险行业受到高度监管，保险公司破产会令公众失去保障，不符合公共利益，而且监管机构还会出台政策限制市场竞争。保险公司失败通常是因为规模太小，缺乏多样性，无法处理大量高额索赔，而 UNH 完全没有这些问题。我进行了简单的搜索，得知唯一一家大规模管理型医疗保险公司破产，是 1989 年的 Maxicare 和 2001 年 Maxicare 在加州的子公司。那时 Maxicare 大量举债，拓展收购业务，最终成为美国境内最大的管理型医疗保险公司，但后来因经营不善而倒闭。

尽管在竞争优势和公司整体生命周期这方面 UNH 有绝对优势，但我对其价值的估计仍是每股 50 美元。因为我已将其竞争优势的价值包含在了成长价值中。我希望 UNH 能比大多数公司经营得更久一些，按现值公式来计算，它的价值几乎等同于永续经营的价值。投资者绝对应该筛选出那些能够持久运营的公司，避开公司经营的不确定性。总而言之，UNH 具有强大的竞争优势和良好的财务状况，并为客户提供了非常重要的服务。

对于许多公司来说，最终的结局应该是被卖掉，而不是破产。在通常情况下，当公司被收购时，公司管理层会失去工作，因此，收购的条件必须非常优厚，价格至少应该比保守的贴现公式计算出的价值更高。经理人选择合适时机出售公司，这对具有弹性的公司来说是最有价值的。

要素4：确定性

当人们以旁观者的视角分析公司的不确定性时，他们会因未知的恐惧而直接将其视同于风险。在《默克手册》中，我能发现很多已经存在而我却不知道的疾病。然而，即使再仔细地阅读相关内容，我也不能确定我会出现哪些症状，或者我该如何应对它们。如果你想知道自己何时生病，生什么样的病，你就会受不确定性的困扰。相比之下，医疗保险公司的业务只需要计算针对所有参与医疗保险的群体，所需要赔付的总额，而不用管他们要把钱赔给哪一个人。对于公司来说，这种不确定的细节毫无意义。

管理型医疗保险是一项收入极其稳定、可预测的业务。会员要提前一年签约投保。对许多人来说，健康保险是必需品，所以需求几乎与经济好坏没有直接的关联。大多数参保人每年的保险计划基本相同，所以参数中会缓慢变化的，只有参保人的数量。此外，医生和医院的报销比例也在一年前就签约确认，这让我们能看到成本的趋势。医疗索赔通常会在几周内提交，所以如果出现极端问题，也能很快被发现。当一个客户的医疗费用意外飙升时，其保险费率将在第二年被提高。美国通过 ACA 之后，主要的管理型医疗保险或优选医疗机构在年度报表上都没有出现过亏损，报表中不利的内容顶多就是公司在部分小合作项目中出现了失败。

我认为 UNH 与其他公司相比，具有更大的确定性，但公司存在的风险确实无法量化。UNH 不仅在全美范围内进行了多样化的经营，而且客户类型各种各样，包括大型商业、小型商业、个人、医疗保险、部分医疗补助计划，等等。它在技术上的投资也能帮助它提前开拓市场。从统计数据上来看，UNH 的收益和净资产收益率的稳定性比其他同业公司好太多。如果仅从这些数据出发，更高的确定性，意味着其贴现率偏低，那么其价值会超过每股 50 美元。

我也不得不考虑公司是否还存在其他风险，因为 ACA 可能威胁到整个医疗保险的商业模式。如果美国政府成为所有医疗费用的"单一支付者"，保险公司可能会变得多余。英国和加拿大就存在类似的医疗系统。在联邦医疗保险的制度下，美国政府已经是 65 岁以上人群的"单一支付者"。但是，政府医疗保险不接受某些指定的治疗费用，还有的项目费用政府只会支付一部分，所以有这些项目需求的患者实际上更依赖 UNH，许多人更愿意通过医疗保险公司获得医疗保险。主观预测和通过 β 值计算的风险都让我没什么安全感。

我认为 ACA 有 10% 的可能性会扼杀整个管理型医疗保险

行业，这是我的主观预测。的确，把一个数字强加在一个非确定性的命题上是不科学的，但如果你不去猜测概率，整个现值模型体系便没有意义，所以我延续这样的逻辑。至少美国政府曾经关闭过一个繁荣且合法的行业。例如，美国禁酒法案的禁酒令。自从半个多世纪前卫生局局长发出警告以来，政府也一直在试图限制香烟销售。联邦政府曾经为了保护公共福利而关闭了一个行业，尽管这种情况不会太多，而且执行的速度也不会很快。

10%对应完全亏损，90%对应的是股票价值为50美元，从数学期望的角度来看UNH的价值是45美元，但我必须确信我已经做好了应付最坏情况的准备。如果你只拥有几只股票，又缺乏巴菲特的冷静和财富，那么就不要去买类似UNH这样具有风险的股票。就我个人而言，我无法保持绝对客观，所以我的基金需要多元化配置，也许有人会认为它太过于多元化了，但这让我能够规避极端风险。

另一种评估风险的方法，是利用股票价格的波动性来调整股票的贴现率，即采用资本资产定价模型（CAPM）公式。股票的波动性和整体市场的波动性一样，即β值为1。虽然我不相信β值真的能够衡量公司的风险，但它很容易通过计算得到，这是我在学校里学到的东西，所以在没有更好方法的前提下，可以作为参考。商业风险涉及的方面太多，简化为单个数字处理起来相对简单。对交易者来说，β值可以准确地衡量短期价格风险，但投资者估值过高的风险与β值没有关系。当UNH的股价突然暴跌时，其内在价值下降的幅度可能并不大，但投资者估值过高的风险就降低了，反之亦然。

当我用 1.11 作为 β 值代入 CAPM 公式计算时，UNH 的价值是 45 美元。因为 β 值将各种系统性风险综合在一起，所以理论上不需要对 ACA 医改做进一步调整。虽然我认为 UNH 是一个低风险的商业模式，其 β 值和贴现率应该更低，但我接受了这个结论，因为 ACA 医改的结果确实是个未知数。也许这是一个巧合，主观预测的方法和 β 值计算最终都得到了 45 美元的价格。实话实说，正确地使用贴现值模型的确是个技术活。

这一估值工作最终有所收获。在 2010 年至 2016 年的 6 年间，UNH 的股价上涨了 5 倍，从 30 美元涨到 150 美元，同时标准普尔 500 指数翻了一番。我们永远不会知道 ACA 对管理型医疗保险的实际影响，或是 UNH 股票的真正价值。事后来看，我对 Optum 公司的预期太过谨慎。其他投资者可能会使用更保守或更激进的假设。但不同的预测可能导致不同的结果，并有可能使投资者陷入危险境地，所以我也理解巴菲特为什么从不公开披露他的贴现模型计算方法。

投资那些可以通过"检查清单"发现价值被低估的股票，这才是我所认可的投资。再次强调本章前面列出的清单：

（1）股票是否有高收益，即低市盈率？

（2）公司是否做了一些独特的事情，让它有更大的概率赚取超额利润？它是否具有护城河？

（3）公司是否能够永续经营，或公司是否面临竞争、衰退、过时或过度负债的风险？

（4）公司的财务状况是否稳定？公司发展的前景是否明朗，是否具有周期性？财务状况、未来发展是否具有确定性？

尽管对照这份清单来做投资，无法抓住每一个被低估的股票，但它确实可以避免最常见的错误。它不能保证万无一失，但确实能提高你的胜率。我会根据这四个价值要素挑选出股票，填充我的投资组合，我认为没有必要去考虑那些有缺陷的股票。有些股票可能会跌得一塌糊涂，但这并不意味着它们的价值被高估了。面对这种情况，投资者必须使用贴现模型检视其价值，并警惕因先入为主的逻辑而产生错误预判的风险。

| 第 20 章 |

双重泡沫困境

> 泡沫不会凭空而来,它们有坚实的现实基础,而现实却被大众的误解扭曲了。
>
> ——索罗斯

泡沫是投资者群体性行为的结果,它没有明确的定义,我们也无法证明其存在。如果你想在泡沫膨胀初期就发现它,就必须先问自己"它价值几何"而不是"接下来会发生什么"。如果价格在短期内上涨了两倍(或下跌到只剩一半),大部分投资者都会承认价格存在问题。当泡沫出现时,价格必定完全脱离其资产的真实价值,否则就只是价格出现了小波动。总有一些股票的价格会脱离实际价值,不然价值投资也就没有存在的意义了。

客观来说,内在价值是要通过知识和经验来估算的,无法通过观察图表走势而得出。有效市场理论的信徒却认为,在泡沫破灭之前,所有价格都是正确的,只有在股票价格暴跌后,他们才可能承认此前市场是存在泡沫的。如果主观判断让你感到困惑，无法辨别泡沫是否存在，那么你可以设定客观的规则。假设市盈率的历史平均数据是 14 倍，那么当平均市盈率达到 28 倍以上时，即可认为市场已进入泡沫阶段。纵观市场历史数据，在任意阶段，如果随意挑一只股票，其市盈率超过 30 倍，那么最后的结果都不会太好。如果整个市场的价格都翻了一番，就像 1990 年的日本股市，即使你不称之为泡沫，这也是一个需要规避的风险。

除非你从头到尾经历过一次崩盘，否则泡沫之说可能听起来很荒唐。我曾研究过"咆哮的二十年代"和"摇摆的六十年代"，以及荷兰郁金香和南海泡沫时期市场的狂热。金融巨头们操纵各类资产，使其达到了离谱的程度，他们发行了极为复杂的证券，并且让债务无限膨胀，公司高管薪酬过高，大举并购组成复杂的控股公司，狂热的群众盲目地追涨。似乎每个人在金融市场都突然失去了理智。你可能会认为泡沫的发生具有偶然性，但是一旦你经历过一次就会发现，泡沫在最初时期都有其合理的成分。

宽松的货币政策

免费的资金，或至少是宽松的货币政策，是每次泡沫的必备条件。尽管各国央行希望通过宽松的货币政策以提高经济的增长速度，但其实首先会发生的必定是推高资产价格。当美联储发行货币时,最初它会显示为银行存款,也就是说资金的第一站就是金融市场。把现金放在金融人士手中,他们大部分会先购买金融资产,最终可能变成实物资产,比如房地产。如果在这个过程中,现金长时间停留在虚拟的金融世界,就意味着泡沫会持续得更久。如果现金创造出的是实物资产,使光纤电缆或拉斯维加斯公寓供过于求,就可能会降低市场热度。金融人士更倾向于用资金交易那些热度最高的资产。对于他们来说,如果交易标的没有明确的价值就更好了,这样他们就可以把泡沫吹得更大。

美联储在20世纪90年代保持了宽松的货币政策,为金融体系提供了充足的流动性。10年期美国国债收益率在1981年达到峰值,接近15%,到1990年跌至8%,1996年再降至6%。1987年,美联储因市场崩盘和居高不下的失业率而饱受困扰。股票和债券价格在利率下跌时会上涨,这对金融资产价格来说是非常好的事情。对于有稳定收益但没有成长性的股票来说,贴现率从15%降到6%会使其价值增加2.5倍(=15/6)。成长型公司的股价可能会上涨更多。如果你以最开始的估值为标准,后期的价格看起来会像是泡沫。

后来美联储意识到,股市是经济调控的利器。每当经济或股票市场存在问题时,美联储就会投放货币到市场中救市,令民众满意。失业率会因此下降,通货膨胀也会保持相对温和的状态。经济学家称之为"大缓和"时代(Great Moderation)。在这样的背景下,市场中自然的商业周期也得到了有效的调整。

证券公司的策略分析师热切地支持"格林斯潘对策",认为他总是会在股市下跌时支撑股价。万一哪天他真的停止救市,大量的、交易活跃的股票可能会迅速被机构抛售。

华尔街有句老话:大众总是会犯错,他们总是在错误的时机冲进股票市场。股票分析师的工作其实和会计师的工作一样枯燥乏味,现在竟然还被搬到了电视上。

1996年,美联储主席格林斯潘提出疑问,"非理性繁荣是否会导致资产价值过度膨胀?我们是否会陷入日本过去10年所经历的经济萎缩的困境?"我认为格林斯潘已经注意到,即使再正确的方法也不应该被过度使用。好在他的担忧后来没有变成现实。在大萧条到1974年的几十年里,只要美联储想冷却市场中的投机情绪,就会提高股票的保证金。在格林斯潘提出"非理性繁荣"之后,美联储就没有再采取行动了,直至2017年,50%的保证金仍然没有改变。

因为有了"格林斯潘对策",经济和股市看似前所未有的安全。市场策略分析师在谈及美联储的模型时说到,该模型显示股票的收益率应该与高质量债券的收益率相同。格拉斯曼(Glassman)和哈塞特(Hassett)在1999年出版的著作《道指36 000点》(Dow 36,000)中也提出过类似想法。他们认为,从长期来看股票的风险确实低于债券。因此,股票的收益率若与债券的收益率相同,便算是合理的。股票的收益率和贴现率应该是股息率和增长率之和。通常股票的总收益和贴现率是假设出来的,利用这个公式求出股息。

当投资者使用的贴现率低于公司的增长率时，这个公式就行不通了。标准普尔500指数成分股公司的股票每年上涨6%，债券收益率也是6%，因此根本不需要将股息收益率计算在内。这种情况尤其适用于像思科这样的超级成长型股票。1998年6月，思科股票价格为64美元，市盈率为86倍，但格拉斯曼和哈塞特计算出它的实际价值是每股399美元。两位作者对思科公司的估价范围令人瞠目结舌。他们认为，思科公司的价值可能在122美元至1652美元之间。预测的最高价意味着该公司市盈率超过2000倍。看到这里我已不想再多做讨论了。

如果美联储无休止地提供流动性并压低利率，我也无法改变什么。储贷银行与小银行是利率下降和流动性充裕的明显受益者。有数十家金融机构的市盈率为个位数，它们的股价低于账面价值。储贷银行是20世纪90年代表现较好的股票板块之一。其他类似的公司，也可以用更低的利率对债务进行再融资，从而提振收益。所以，如果这些公司的股票价格足够便宜，即使没有额外的刺激，我也会把它们抢购一空。

全球化和美国复苏

20世纪90年代，世界发生了翻天覆地的变化，巨大的泡沫已在酝酿之中。那时的繁荣由两个泡沫所构成，分别是全球化和科技。没有人能预测它们的趋势有多强大，而且似乎每个人的预测与现实相比都过于保守。很明显，全球化公司和科技股拥有无限的盈利潜力，与之相关的要素都有必要做到极致。

监管宽松和贸易全球化再次使美国经济发展至巅峰。高科技被广泛应用于个人电脑、手机和互联网。与此同时，苏联解体、柏林墙倒塌、德国统一，而美国再次成为领头羊。美国政府停止国有化工业，并开始将其私有化。许多行业被解除管制，其中最引人注目的是电话和公用事业公司。税率被大幅削减，大公司将业务转移到美国以外的低税率国家或地区，比如中国香港、爱尔兰和卢森堡。

1776年，英国经济学家亚当·斯密写道，国际贸易对两国均有利。每个国家都将生产出更多具有比较优势的产品，并且会进口其他国家更具优势的产品。这一理论建立在完美的假设下，这也意味着全球贸易最终会保持平衡。

20世纪70年代石油危机之后，世界贸易加速发展。在某种程度上，贸易额的提升，原因之一就是石油价格的上涨，同时也反映出德国、日本和其他石油进口国对高油价的回应。例如，日本在20世纪70年代末出现了贸易逆差。为了覆盖增长的石油成本，并且平衡进出口贸易，这些国家不得不增加出口。德国和日本成为出口冠军国。当沙特阿拉伯和其他产油国出现贸易顺差时，它们经常将其收益投资于美国，或者至少是以美元计价的资产，这对美国资本市场来说是一个惊喜，但这也出现了经济学家罗伯特·特里芬所提出的两难困境。作为一种全球储备货币，外界预期美国会发行货币，来供给世界其他国家。美国将持续存在贸易逆差，这对出口行业来说是不利的，但对金融市场是有利的。向国外借款来为当前的消费提供资金，则意味着如今的美国人能够消费的体量比他们所生产的要多。

通过借入外国资本，美国将贸易的基础从比较优势转变为绝对优势。如果进口不需要与出口相匹配，美国公司就可以以全球最低的价格采购产品。世界上许多国家的时薪工资很低，到了20世纪90年代，制鞋、纺织和服装产业全都转移到亚洲，电子行业也把生产线转移到海外，大量进口让这些商品价格下降，这使得美联储能够持续保持宽松的货币政策。

即使有些国家不那么喜欢美国，它们还是需要购买美国的消费品和技术。它们需要米老鼠、可口可乐、百事可乐、百威啤酒、万宝路香烟和耐克鞋。

这对拥有全球供应链的美国公司来说简直太棒了，这意味着它们在价格上更有竞争力，而且能更接近新兴市场。新科技将世界各地的民众和商业连接起来，开辟出了新的全球市场，并降低了销售、营销和物流成本。新科技产品的销售价格持续下行，而生产成本下降得更快。在维持较低的通货膨胀率的同时，增加产量和提升利润成为可能。

标准普尔500指数中的大公司，都可以从全球化中获益。沃尔玛曾一度宣称，其大部分商品都是"美国制造"，最终它却成为美国最大的进口商。1998年，沃尔玛和其他几家零售巨头的股价都翻了一番。标准普尔100指数的表现超过了标准普尔500指数，纳斯达克100指数的表现也超过了纳斯达克综合指数。

有许多小公司的成本比较高，但不受美国供应链的限制。

它们在快速增长的国际市场上曝光较少。一位专注于大公司投资的基金经理告诉我，小公司是一个过时且非主流的资产类别。事实上，我的基金专注于投资小公司，所以我会购买那些具有国际市场但总部在美国的小公司。我买了一家中型的芬兰电话公司——诺基亚，因为那时大家对它的新手机很感兴趣。事实证明，即便其他国家的规模较小的科技公司，也经常会选择在亚洲制造产品。经验告诉我，如果美国消费者真的喜欢一种产品，它通常在欧洲也会很畅销（除了法国）。

新技术的大规模应用

也许股票市场的每一次繁荣都是基于对新技术的大规模应用。19世纪90年代是站在铁路上的镀金时代。汽车、家用电器、电话和电力则在20世纪20年代被广泛使用。20世纪60年代推出了计算机、彩色电视、静电复印、即时摄影、航空旅行和货运。1970年，阿尔文·托夫勒（Alvin Toffler）写了一本畅销书《未来的冲击》（*Future Stock*），书中描述了很多给人类带来影响的变化。

每一项创新都吸引了大批竞争者，尽管他们中的大多数都以失败告终。从泡沫最终的结果来看，即使是赢家也不免令人失望。20世纪20年代，美国无线电公司（RCA）是牛市中的宠儿，其股价在一年半的时间里翻了5倍。自从有了广播以来，新闻和音乐就与从前完全不同了。但是如果你在1929年购买了

RCA 的股票，那么在接下来的半个世纪里，你的收益会远远落后于市场。与之类似，宝丽来、柯达和施乐，这些 20 世纪 60 年代的明星公司，如果从巅峰时长期持有这些资产，那简直就是一场灾难。思科和美国在线最后的命运也是殊途同归。

小时候，我就意识到计算机将会非常重要，并很可能以无法预料的方式改变生活。然而我完全没有预想到电话网络的发展。当年，美国电话电报公司（AT&T）被分拆，竞争对手进入市场，切分了市场份额，最终这家公司倒闭了。之后是手机、光纤、网络以及一系列的创新。电影《疤面大盗》（*Dick Tracy*）和《洋场私探》（*Mannix*）中都出现过手机，但普通人有什么理由需要这个东西呢？长途通信服务已经非常便宜了，以至于打电话给祖母或父母的时间不再被限在 10 分钟以内或周末的晚上。可是现在回头来看，手机的发展却又是十分符合逻辑的。

科技公司和全球化的大型公司显然是这个时代的赢家。科技公司的产品连接了全球的设备，而科技公司的最佳客户往往是其他科技公司。全球化公司则受益于降低了销售和营销成本。通用电气公司曾公布，公司通过电子采购和营销，节省了数十亿美元的开支。像思科、戴尔、英特尔和微软这样的公司都以这两类逻辑为核心驱动力，被市场称为科技股"四骑士"。

试着去理解新世界

世界变化太快，以至于我都难以跟上时代的脚步。我不能忽视通信技术的进步，因为它们现在是主流行业，带来的投资机会是前所未有的。所以我开始学习和观察科技公司。我想了解有什么新产品，或者研究技术未来的蓝图，但报纸和新闻并没有给我太大帮助。公司年报会告诉我关于千兆赫和存储密度的数据，但我看不懂它们到底是什么，以及我为什么应该关心这些数据。

证券公司越来越多地为科技股增加专门的卖方服务人员，比如曾经服务过我的维尼。他兴高采烈地告诉我关于科技股的信息。维尼反复强调他的观点：现在的经济状况与以往不同，科技股的估值也是与众不同的，你不能用旧的标准来衡量新的事物。他告诉我现在的世界瞬息万变，知道最多的分析师最顽固，而且也有最多的东西需要学习，但这并不是我的错，我只是有点岁数大了。事实上，他没有说服我，我根本不相信科技股应该使用其他的估值方式。

总部位于旧金山的 Hambrech & Quist（H&Q）公司是当时最酷的投资银行，参与过许多大型科技公司的投资，与硅谷有着相当深厚的关系，我喜欢它轻松却又战斗力高昂的氛围。H&Q 公司的首席执行官丹尼尔·凯斯与我同一年出生，他是当时最年轻的 CEO 之一。他的弟弟史蒂文是美国在线的首席执行官。H&Q 公司能举办最令人瞩目的大型会议，也举办过疯狂的集会，曾经同时召集 6 家公司出席半小时的会议。H&Q 公司的会议热闹非凡，与科技股的热度不相上下，就像你最亲密的 200 个朋友同时挤进一间小房间。

虽然我无法证明，但我坚信，大众的道德标准在泡沫期间会被扭曲。投资者会在会议空档聚在一起，把大部分时间都花在无聊的闲谈中。在技术公司的会议上，我遇到过一位聪明、友好的女士，名叫罗米，她当时在英特尔工作。她对对冲基金经理拉贾特别友好，拉贾是一位备受尊敬的半导体行业分析师，曾在投资银行尼达姆公司工作。十多年来，我们没有联系，我差点忘记了罗米和拉贾。后来，我看到了一则新闻，对冲基金公司帆船集团面临内幕交易的指控。涉案的罗米被判入狱1年，拉贾被判入狱11年。我很庆幸与他们断了联系。

狂热的市场和IPO

随着越来越多的科技公司申请上市，证券经纪人也不断地向投资者推介他们负责的首次公开募股（IPO）计划。投资银行之间相互串通，共同维系着大约6%的IPO承销费。这意味着，IPO定价为15美元的股票，他们每股会获得90美分的收入。维尼非常喜欢这些IPO。在普通的股票交易中，机构佣金可能只有每股5美分（现在甚至更少）。在这些交易中，维尼能获得一个更大比例的佣金，而且通常交易金额巨大。这种赚钱的事情做起来大家都会觉得很有趣。

一般来说，在市场热情极高的情况下，买入刚刚IPO的新股是危险的，最终许多新发上市的股票都跌破了发行价。但科技股热潮不同寻常，20世纪90年代，几乎所有新上市的科技股都会大涨。市场氛围相当狂热，个别板块的股票更是疯狂。我管理的基金规模有数十亿美元，持有某一只股票，然后翻倍，这对基金的业绩来说并没有多大的帮助。认购 IPO 是获得更多股票的一种方式，但无论如何，在买入之前我都需要判断自己是否真的想拥有这些股票。

1989 年，我错过了长途电话通信公司的 IPO 路演，后来我会见了其管理层。长途电话通信公司成立于 1983 年，它被司法部门从美国电话电报公司剥离出来。长途电话通信公司比斯普林特或美国世通国际公司小得多，但它增长很快，并不断收购竞争对手。长途电话通信公司的股票从预期收益的角度来看市盈率很低。于是我少量买进了一些这家公司的股票，也没持有多久。在股价飙升之后，我觉得它太贵了，所以卖了。1998 年，该公司更名为世通公司，股价攀升了 70 倍。

我一再错过类似这样的 10 倍股，在我卖出以后，这些股票涨了 10 多倍，我内心十分后悔。1992 年，我参与了美国在线的 IPO。美国在线的发行价为 11.50 美元，首日收盘价为 14.75 美元。多数投资者都忽视了它。即使当时它发行了约 600 万股股票，美国在线的市值仍然很小，只有不到 9000 万美元，显然公司最初没能吸引市场的眼球。事实上，美国在线的规模应该大得多。公司高管提到了法国自行建立的国家网络 Minitel 系统，该系统原本只用于支付和机票预订业务，但后来做起了社交和其他业务。那时候美国在线已经开始盈利了，而且收入在猛增，我喜欢它的管理团队，所以决定试一试。到 1995 年，美国在线的股价上涨了 20 倍,但我只获得了一小部分收益。

美国在线后来因会计处理方式而受到指责,原因出在邮寄磁盘给客户的成本处理上。这家公司发展迅速,但为了招揽新客户,花费了大量的现金。美国在线需要多长时间摊销这些费用?这取决于它的客户流失率。SEC 一直盯着美国在线的会计处理程序,也曾多次开出罚单和要求它给出财务报表的说明。

然而,美国在线的股价却在一路飙升。它的销售收入每年也都在激增,1994 年增加了 1 倍多,1995 年再次翻倍,1996 年仍然保持翻倍。到 1999 年,该股票 1 比 2 的拆股行为前后共进行了 6 次,调整后 IPO 价格降到每股 18 美分。那时美国在线的价值已是时代华纳的两倍,但是没有人在意它数百倍的市盈率,在大众眼里,其网页的点击率和浏览量才是重点。当美国在线和时代华纳在 2000 年合并时,新公司的市值超过 3000 亿美元。

其他投资者也和我一样,因对 IPO 过于谨慎而错过很多投资机会。直到后来他们才做了似乎早应该做的事情,可是好时机早已过去。1999 年,超过 3/4 的 IPO 股票是亏损的,而从 1980 年到 1990 年,只有不到 1/3 的 IPO 股票出现亏损,而且几乎每一次 IPO 都有惊人的溢价。1999 年,平均每只 IPO 股票首日股价都会翻一番,而且在这一年里 IPO 的股票数量超过了 400 只。

1999 年 10 月,梧桐网络公司以 38 美元的价格上市,第一天的收盘价为 184 美元。在接下来的 4 个月里,它的股价又涨了3倍。两位创始人顷刻间成为亿万富翁。波士顿媒体为这家总部设在波士顿郊区切姆斯福德的公司而疯狂。那时,维尼已经换了3家公司,并最终成立了自己的对冲基金和风险投资公司。维尼不知用什么方法分配到大量梧桐网络公司的股票。他的小基金像火箭一样腾飞了,热钱疯狂涌入。他则继续加码购买了更多股票,而不是获利卖出。在股价高点,梧桐网络公司的市值达到440亿美元,这令人难以置信,因为在它运营最好的一年里,其销售额也只有3.74亿美元,而随后一年的销售额还下降了4/5。这还不算什么,关键是梧桐网络公司根本没有从这些销售中获得任何利润。

只要创业公司最终可以以高价出售,创业者便会不断地去创办他们明知道永远不会赚钱的公司。2000年,富达基金涌现出了年轻一代的同事,Kozmo.com 是最受他们欢迎的网站。Kozmo 可以以便宜的价格提供所有 20 多岁年轻人所需要的一切,包括 DVD、电子游戏、杂志、食品、星巴克咖啡,等等。最重要的是,Kozmo 能够在一个小时内送货,没有最低消费额,也不收运费。我的某位同事可以怀抱女友,足不出户就能享受电影、汽水和口香糖。

每个有好的创业想法的人似乎都变得富有了。我的一个大学同学创建了一家互联网杂货快递服务公司,身家一下子达到了数千万美元。还有一位年轻同事的同学,才28岁,他拥有价值1亿美元的互联网限售股股票。一两年后,我的同事又去了解了一下那些股票的情况,得知它们早已经变得一文不值了。

投资需要信仰

平均来说，我的基金在牛市中的表现会落后于大盘，而在熊市时会相对较好。在市场一路高歌的上涨中，不能追上涨势看起来像是业绩长期表现不佳。但我一直告诉自己，除非我是一个卑鄙的骗子，不然不会在牛市里被解雇。事实上，当我看到有些科技行业分析师因为不坚定看涨而被降职时，内心也会有些动摇。

我还警示自己，客户很可能在市场崩溃的时候急需用钱，所以我应该保护他们的财富。在我所管理的基金中，金主们可以随时撤回他们的资产，用这种方式把我解雇。的确也有不少人这么做了，尤其是在互联网泡沫期间，大约有一半的资金流出了我所管理的基金产品。

在那期间投资者的信件和电子邮件显然表明他们不太高兴。尽管如此，大多数信件还是很友好的，有些甚至还提出了建设性的意见，点明哪些股票具有良好的投资价值。有些股票对于我来说比较陌生，而有一些实际上我已经持有了，或者至少我也在关注。其中一封邮件写道："我拥有 1000 股 CMGI 股票。我不为 CMGI 工作，但你可以考虑一下这只股票——你会赚大钱的。"这是一个有价值的提示，在 1998 年上半年，CMGI 涨势惊人，我已经关注了这家公司，但那次投资规模比较小，持股时间也比较短。

CMGI 的前身是 College Marketing 集团，以邮件销售起家，后来发展成一家互联网公司。1994年，它以每股8.5美元的价格上市，并剥离出了Lycos网站，随后又多次进行股份拆分，最初的1股后来大约拆分成24股，调整后的股价约为25美分。到1999年年底，这些股票已经暴涨到238美元一股，也就是说它5年内上涨了千倍。这家公司在马萨诸塞州，我的许多朋友都是CMGI董事长家的邻居。我的同事尼尔·米勒所管理的基金在CMGI和其他互联网股票上都有所参与，在1999年其净值增长了一倍多。

但我完全错过了这波暴涨的机会。1999年，我管理的富达低价股基金仅微幅上涨了5.1%。许多人都认为我是一个白痴。我的业绩比较基准是罗素2000指数，其中包括了几十只互联网股票。CMGI不仅存在于罗素2000指数中，还是权重较大的成分股。每个人都告诉我，不持有这些股票是危险的。我的一位主管建议我以指数权重的一半持有CMGI，但我没有。如果我那样操作的话，它将是基金中持仓最重的个股。CMGI的运营现金流一直都是负数。我也不知道该公司的"绿女巫""愤怒的公牛"和"部落的声音"的产品是做什么的。

富达基金公司里有一位基金经理，他是我的前辈，此前热衷于技术分析，后来转向价值投资。他的历史业绩时间很长，并总能提出很好的投资建议，避免重大亏损是他的护身符。他的基金规模比我的大，投资的都是规模小、不热门的成长股。他经常提到"郁金香时代"，这使他的投资操作受到市场中很多投资者的非议。在他离开公司后的几个星期里，新的基金经理抛掉了所有消费品、低市盈率、小规模的股票，换成了闪闪发光的市场宠儿，仿佛空气中都漂浮着泡泡。

与我的困境相反，维尼此时已登上了人生巅峰。尽管我并不想知道，但维尼还是不断向我更新他一直飙升的个人资产净值。有一次，我错误地抱怨了我的基金业绩不佳。他告诉我，这是因为我买了垃圾股，受到了应有的惩罚，我是未来的敌人。他同意乔治·吉尔德在《华尔街日报》（1999年12月31日）上的评论："如果投资者要等到市场证实他的决策才行动，那么他们注定会失败，因为他们相信虚假的理性。"

泡沫心理学让我们想起了博弈论大师马丁·舒比克（Martin Shubik）设计的"拍卖美元"的游戏。1美元的纸币将以几美分的价格开始拍卖，每次可以加价几美分，最终，这1美元将被出价最高的人得到。但是，出价第二高的竞标者也得付钱，但是他什么也得不到。最后结果便是，即使出价超过1美元，第二名竞标者还会继续叫价，以避免亏损。这是一场必输无疑的比赛，但他们就是停不下来。所以意识到某些事情是疯狂的，并不意味着它会停止。同样地，那些不持有持续升值资产的投资者会被迫买入以保持增长。舒比克的游戏和投资泡沫，最终对所有的玩家都是不利的。

泡沫的破灭

纳斯达克指数在2000年的市盈率达到100倍以上，在接下来的两年里暴跌了78%。此前几乎没有人怀疑过科技股存在泡沫。标准普尔500指数的市盈率超过30倍（超过了1929年和1966年的水平），但许多人反对大型成长股存在泡沫的说法。正如《道指36 000点》所指出的那样，对价值的估计可能是一个区间值，但就道琼斯指数而言，我认为当时的市场显然存在双重泡沫。对于价值投资者来说，这并不是一个非常有用的结论，因为我们试图以低于其价值的价格买进股票，并以公允价值或更高的价格卖出。如果股票的售价已经是其价值的两倍，那么我们早就该离开市场了。

整个过程中最难的部分是如何辨别泡沫的存在。它在初期存在得合情合理，但后续的变化充满了戏剧性。泡沫的发展会远远好于投资者的预期，因此所有人都觉得自己过于保守。当人们传播误解的事实时，其他人会在这些错误的基础上传播更多的误解。此时试图对公司进行估值似乎已经毫无意义。金融业的历史是一连串的繁荣与萧条。任何研究过它的人都很想知道在哪一次群体性事件中投资大众是正确的。愿景本身并没有错，但价格错了。

没有人能确切地知道泡沫何时结束。学者们说，如果你认为自己的判断正确，而其他数百万投资者都是错误的，这是一种傲慢的想法。这是关于时机的问题，而不是判断泡沫是否存在的问题。所有人的注意力都会集中在这个问题上。正如花旗集团首席执行官查克·普林斯所说："只要音乐还在演奏，你就得站起来跳舞。"金融史上的每一个泡沫最终都破灭了，但时机总是出人意料。

　　投资者仅通过观察，很难正确判断"接下来会发生什么"。几乎每个人都只会看到繁荣和萧条的一面，未来是无法预测的。真正的信徒应该坚守信仰。要么你跟风追涨，最终在泡沫的破灭中溃败；要么你抵挡住泡沫的诱惑，在正常的市场中稳健获益。我选择后者。马克·库班在其一手创立的美国广播公司股价处于巅峰时抛售一空，从而成为亿万富翁。但事实上，有更多的交易者错过了大部分的上涨，他们来晚了，最终在之后的暴跌中被摧毁。

　　身处泡沫中时，你必须明白你无法直接控制回报。你可以控制的是投资风险、何时进场，以及愿意支付的价格。这些因素会影响你最终获得的回报，市场会按照自己的计划行事。如果你整日陷入贪婪和恐惧的循环之中，虽然你可能模糊地知道周期的起伏，但是试图猜测接下来会发生什么是不现实的，因为你想要知道的东西根本无法量化。泡沫的壮观景象可能会让人觉得目前的状况会永远持续下去，但金融市场的记忆极其短暂。2008年和2009年，垃圾债券的收益率达到了百分之十几，可两年之后，它们的收益率都降到了历史最低水平。

| 第 21 章 |

投资的两个方向

> 非理性的人坚持让世界适应自己;所有的进步都来自非理性的人。
>
> ——英国剧作家萧伯纳
>
> 我此生的一大遗憾就是我成为不了别人。
>
> ——美国导演伍迪·艾伦

沃伦·巴菲特和约翰·博格的投资智慧是现代金融世界的两大标杆。尽管他们风格迥异,但仍然殊途同归。巴菲特属于主动管理型投资者,而博格创建的全球首个指数型基金——先锋标准普尔 500 指数则是被动投资的代表。这两种方法都尽可能避免出现本书中所讨论过的那些令人后悔的情况。指数投资的核心在于追求平均收益,通过分散投资避免因极端的情感、无知、受托人的过失、过时、过度杠杆和过高估价带来的遗憾。任何人都可以投资指数。指数投资者不会因为错过机会而后悔,因为指数是市场所有走势的总和。巴菲特的方法则要求更高,因为他的目标是追求绝对收益。一只股票只有经过多重考量,拥有了足够的安全边际之后,他才会下手购买。

巴菲特和博格并不能代表所有的投资方法,有些人可能更偏好投机性强的投资方式。有时你也必须坚持自己偏好的风格,这是由你的情感、知识和好奇心等综合因素决定的。理性地审视自己的动机、能力和局限性并不容易,但这件事很重要,也很必要。许多人更喜欢自己干,梦想像股神一样能发现绝佳的投资机会,但他们通常都做不到。如果你不能像巴菲特一样坚守价值,那么也没有必要苛求自己。

很久以前巴菲特就说过,一个人的投资生涯中应该只有20次值得投资的机会。我的基金从来没有持有过这么少的股票。即使我没有得到巴菲特的完全认同,但我仍旧以自己的标准采取行动。我不认为世界是非黑即白的,它也会存在灰色地带。另外,我对学习很好奇,也很有兴趣,所以我经常会挑战自己的能力圈,尝试突破。我试着从别人的角度去看待事物。在评判一个人之前,我要求自己先发现他的优点,尽管在这个过程中,我遇到过一些差劲的人。事物的持久性和弹性让我很好奇,而理论和实践相结合更能激发我的深度思考。虽然我比许多人更有耐心,但有时也招架不住突如其来的意外之财的诱惑。不过,我还是劝导自己坚持安全的投资。

我买入资产的安全标准如下:

(1) 避免草率的决定。

(2) 避免误解事实。

(3) 避免投资于有可预见的信用滥用风险的项目。

(4) 避免投资于容易过时的、大宗商品化的和高杠杆的项目。

（5）避免投资于未来发展无法预期的项目。

1. 利用情绪化的"市场先生"

博格和巴菲特都试图让自己的投资决策不受情绪干扰，投资目标更聚焦，投资决策更理性。这是一种冷静观察、平静内心的艺术。他们不希望因为情绪波动而导致鲁莽的行为。为了确保他们的投资行为不受痛苦所支配，一些博格的信徒每个月都会进行定额投资，无论市场的表现如何。他们会在市场高峰时进场，也会在低谷中买进，他们坚信自己的投资方式。指数型基金海纳百川，走势相对平淡，与投资单一股票不同，选股需要甄别信息，具有想象空间，能够激发投资者思考。打个比方，我建议用奶昔、芹菜或豆腐来减肥，不仅因为它们热量低，而且它们能降低食欲。不过，当博格不断强调长期持有指数型基金份额时，仍然有大量的日内交易者在ETF中买进卖出。减少交易次数可以减少做出错误决定的损失，以及佣金、费用、资本利得税等成本。

选择性忽视是快乐的秘诀之一。损失1美元的痛苦大于获得1美元的喜悦，所以你看到价格上上下下的次数越多，你就会越郁闷。你应该花更多的时间收集关于投资标的的信息，而不是跟踪其价格。如果相关的新闻在一年内就会变得无关紧要，那么就直接跳过它。过度关注价格的变动或许会让你错过一个真正的转折点。我的做法是阅读更多的书籍、年报和像《经济学人》这样的出版物,并减少电子邮件和社交媒体的使用。俗语说:婚前睁大双眼,婚后睁一只眼闭一只眼,这是美好婚姻的秘诀,也同样适用于股票。何必匆忙地做出决定呢?明天你可能会看得更清楚。

巴菲特不仅能抑制自己下意识的情绪,在事实面前保持冷静,而且他还敢于在大众都不看好的时候买入资产来获利。在通常情况下,价格突然出现极端变化,是因为大众可能意识到了市场中存在扰动因素。1973年,巴菲特在《华盛顿邮报》揭露了水门事件的内幕后将其买下。据说,时任尼克松总统曾想关闭这家报纸,撤销其在佛罗里达州的广播执照。一个正常运作的民主国家不应该发生这种事。但如果一切都能按规则发展,水门事件也就不会发生了。与此同时,随着经济持续衰退,一些广告商也退出了市场。就此得出"《华盛顿邮报》短期内收益将会下降,而且存在倒闭风险"的结论,也是合理的。当然只有事后我们才能说,这些担忧被夸大了。事实上,水门事件以后,《华盛顿邮报》的威望反而得到了提升,记者伍德沃德和伯恩斯坦也成了大众心目中的英雄。

在巴菲特重要的投资中,最特别的一笔可能要数他在20世纪70年代中期购买的政府雇员保险公司。这一次巴菲特一改往常的风格,买下了正在亏损的政府雇员保险公司。当时,这家公司已经濒临破产了。政府雇员保险公司原本只为低风险的政府雇员提供汽车保险,其亏损源于它在原来的承保客户范围之外的扩张。大规模的承保损失迫使公司不得不将自己的股票在市场行情不佳的时候抛售，以筹集现金支付索赔。保险委员会准备宣布政府雇员保险公司破产，首席执行官被解雇，公司的创始人夫妇相继去世，后来他们的儿子也自杀了。公司在当时看起来十分糟糕。但是，一时的打击并未摧毁政府雇员保险公司的核心竞争优势，就像是一个身体健壮的人得了局部可切除的肿瘤，只要遇到一位经验丰富的医生，就能化险为夷。当然，这个过程并不那么轻松。

2. 投资熟知的领域

给自己定义一个能力圈，这可以帮助你避免进入投资的误区。你必须紧盯那些对公司未来收入有重要影响的关键因素，以及这些因素之间的相互作用。对于指数型投资者来说，这些因素更侧重于宏观经济层面。在通常情况下，分析师首先要判断公司的利润率是否强于周期，以及均值回归对公司是有利还是有弊。然后，他们会考虑经济增长率，通常是国内实际生产总值的增长加上通货膨胀率。这种增长往往会被高估，因为它没有考虑到股票期权的稀释情况，也没有考虑到新创公司和小型公司对 GDP 增长的影响（想想谷歌、Facebook 和优步）。最后，会得到一个合理的贴现率。读到这里，你可能已经具备了足够的财务知识，可以将标准普尔 500 指数纳入你的能力圈了。

由于标准普尔 500 指数基金的投资已经覆盖了所有行业，

所以投资者不用考虑行业间的轮动。他们认为，自上而下的宏观经济逻辑能够为选择入场时机提供思路。我的观点则是，基本上没有人能够在择股、择时的轮换中屹立不倒，尤其是在高频率切换的市场中。即使是资产配置这样节奏较慢的投资，也难以做到尽善尽美，而且只有极少数人有足够的耐心坚持下去。经济运作的过程太过复杂，相互之间的关系也很微妙，并涉及人类无常的行为，以至于机制根本无法可靠地运作。正因为择股、择时具有相当的不稳定性，巴菲特和博格均鼓励投资者在自己的能力圈内进行投资。

标准普尔500指数不涵盖太多的外国公司或神秘的金融衍生品，但其他指数型基金会包含，这可能会超出你的能力范围。一般来说，投资者不需要使用国外的指数型基金来进一步分散投资风险，因为标准普尔500指数的成分股已经足够多元化。如果你已经在国外进行了投资，那你应该考虑一下这个国家的法治是否健全、政局是否稳定、未来是否有希望。当然，投资者还需要确认外国公司是否会把财务信息翻译成英语，特别是在一个国家的文化、习俗和语言与你本国差异很大的情况下。

与标准普尔指数的广泛程度相反，伯克希尔－哈撒韦公司并没有对每个行业都进行投资，巴菲特认为许多行业都超出了他的能力范围。根据投资记录来看，巴菲特在品牌消费品和服务，以及保险和金融方面比较专业。医药方面也略有涉及，但不是医疗设备或服务。直到2015年年底，除了IBM以外，公司完全没有持有科技股[○]，就像笔记本电脑、智能手机和互联网在其世界中从未存在过一样。基础材料行业和矿业几乎完全被忽视，农产品也是如此。但伯克希尔 – 哈撒韦公司在通常会被大家避开的行业中找到了自己的立足之地，比如汽车制造及销售。其投资范围还包括铁路行业，但没有卡车制造业。

巴菲特否认自己具有预测经济的能力，也不会使用经济预测来做投资决策。一般来说，伯克希尔 – 哈撒韦公司旗下的公司并不具有特别强的周期性，因此他也不需要经济预测。巴菲特预测的是，随着时间推移，美国经济将会增长，随之而来的是在伯灵顿铁路上增加运费，而公司固定成本会被分摊，从而提高利润。

尽管伯克希尔 – 哈撒韦公司已经涉及了复杂的金融衍生品投资，但巴菲特似乎并不想将其纳入自己的能力圈范围内。他还称其为"金融大规模杀伤性武器"，并用了数年时间缩减收购保险巨头通用再保险公司取得的金融衍生品投资组合。伯克希尔 – 哈撒韦公司拥有像杰恩这样出色的员工，我认为他们的确可以小心翼翼地开展衍生品交易。

伯克希尔 – 哈撒韦公司偶尔也会涉足海外市场，主要是在欧洲，它投资了健力士、葛兰素史克、特易购和赛诺菲。值得再次强调的是，它们大多是非周期性行业，不是过于复杂的企业，拥有强大的品牌、专利或竞争地位。它们在行业中已经存

○ 2016 年第一季度，巴菲特首次买入苹果公司的股票，截至 2019 年 5 月持有约 2.5 亿股。

在了几十年，似乎不太可能被淘汰，而且它们都身处法治国家。也许只是我自己的感觉，巴菲特似乎更喜欢英语系国家。我的看法是，他认为发展中国家有大片区域都在他的能力圈之外，包括拉丁美洲、非洲和西亚地区。

政府雇员保险公司和《华盛顿邮报》公司都是相对简单、易懂、稳定、富有弹性的公司。汽车保险比许多种类的保险更像是一种"所见即所得"的保险。保费是在索赔之前收取的，因此承保现金流几乎永远为正数。由于其使用的是直销模式，政府雇员保险公司的间接成本要比使用代销模式的保险公司更低。政府雇员保险公司的索赔额度一般都不大，除了偶尔有些特殊的索赔可能需要几年时间，大多数索赔都是在几个月内完成的。事故发生后，相关人员的保费便会被提高。政府雇员保险公司关注的是司机的驾驶安全，这使其索赔的损失远低于平均水平。作为回报，政府雇员保险公司收取的保费适中，大多数投保人都会持续投保，所以公司未来的保费收入相对稳定，并不需要管理学家来诊断政府雇员保险公司需要做什么来扭转局面，只要远离无利可图的投保人或提高保费就可以了。

20世纪70年代，《华盛顿邮报》等报纸的订阅收入是很容易预测的，但其广告销售的确具有周期性。华盛顿特区政府工作人员的数量在不断增加，所以报纸发行和广告市场的趋势在稳步上升。作为该地区的主要报纸，《华盛顿邮报》吸引了众多读者和广告商，它完全可以花更多的钱打造一个优秀的新闻编辑部，把成本分摊到更多的读者上，赚取更高的利润。纸张和油墨的成本是变动成本，于是《华盛顿邮报》对收购造纸厂又产生了兴趣。巴菲特不需要创建一个3000行的电子表格来计算《华盛顿邮报》或政府雇员保险公司的运营情况，因为这两家公司完全在巴菲特的能力圈之内。

3. 选择诚实、有能力的信托中介机构

我们会依赖股票经纪人进行投资，但无论结果是好是坏，我们从投资的开始到结束都无法真正操控那些资产。为了将风险程度降到最低，你需要把所有资金平均分配给他们来完成操作。显然，有些股票经纪人要比其他的经纪人更可靠，但最令人心碎的事情莫过于被自己信任的人出卖。事实上，金融的目的便是建立一个信任网络，连接各个经纪人，最终建立资产持有者之间的联系。当信任获得回报的时候，一切都是那么完美。但是总有一些人想不劳而获，大家想将自己的利益最大化，好在并非每个人都会以同样的方式来定义自己的利益。

指数型基金的投资者不会因为有上市公司挪用公款而失去所有，但他们还是会遇到一些麻烦。如果500家公司中有两家公司的管理层是骗子，有20位CEO能力欠佳，那么指数投资者会平均承担风险。除非管理系统极其腐败引起了更多的问题，否则这些损害投资者利益的事情不会被察觉。大多数指数型基金的管理费约为资产的0.1%，相对而言，这是一笔很小的费用。但投资者需要注意，要确保基金管理人有足够的意愿保护

投资者的利益。不难发现，近年来指数型基金投资者也越来越关注这些问题，利用股东投票权来改善公司治理。日本公司积累了很多现金时，它们既不进行再投资也不分红，公司管理层实际上是在为那些资金所产生的利息而服务，而非股东的利益。

总的来说，我认为标准普尔 500 指数所包括的成分股公司是筛选标准最为严格的公司。它们都位于美国大型公司的前列，如果没有良好的管理，至少在历史上不可能达到现在这样主导的地位。利基公司通常比标准普尔 500 指数包含的公司拥有更独特的产品和文化，而且适应性更强。然而，就资本配置而言，还是"巨人"占有更多的优势。公司成为市场焦点后，可能会产生财务造假的压力，就像安然或 Valeant 公司，但被要求公告呈现信息时，它们很快就会原形毕露，这在一定程度上阻止了不良行为的发生。

伯克希尔－哈撒韦公司收购了行业地位、管理均良好的公司，并鼓励它们继续以这种状态发展。也有人对巴菲特的管理风格心存质疑，认为他过于信任自己的子公司。个别子公司的账目在被严格审计之后，多余的现金会汇集到奥马哈，用于大规模的资本配置，除此之外，伯克希尔－哈撒韦公司几乎不插手子公司的管理。总部仅有 20 名工作人员，负责管理有数十万员工的庞大企业。伯克希尔－哈撒韦公司从不苛求子公司提供未来的业绩目标，而是要求管理层扩大护城河，建立持久的竞争优势，取悦客户，并不断地与成本做斗争。巴菲特指出有三个敌人需要警惕：傲慢、官僚和自负。他是想提醒大家，避免因业绩压力过大和诱惑而导致资本配置不当与欺诈。我理解他的意思是，除非有足够的理由，否则不要轻易进行投资，另外管理层持有大量本公司的股票也是一个很好的信号。

伯克希尔-哈撒韦公司出色地通过了两项测试，证明了其良好的管理能力——能为客户提供与众不同的产品，以及合理地配置资本。前者是在独立的业务部门完成的，而资本配置的工作则会高度集中。巴菲特投资的许多公司都是某一品类产品的代表性品牌，比如美国运通的高端信用卡、吉列的剃须刀、迪士尼的家庭娱乐产品、可口可乐的汽水。全资子公司方面的投资也很有特色，通常是在更专业的行业背景下，其中包括本杰明摩尔、奶品皇后、金霸王电池、鲜果布衣、飞安公司以及喜诗糖果等。只要子公司能够持续满足客户，伯克希尔就会注入足够多的现金供其成长。致力于满足客户的需求可以作为剔除坏公司的标准，因为那些损害客户利益的公司也会损害股东利益。

4. 避免激烈的行业竞争和淘汰

没有人会愿意投资那些业务过时、负债累累的公司，但大多数投资者的确在做这样的事情。标准普尔500指数永远会包含一些下跌的股票，当然也会囊括那些熠熠生辉的"新星"。因为大多数标准普尔500指数成分股公司都经过了至少几十年的考验，所以我认为它们在未来几十年里得以生存的机会超过市场平均水平。1960年前后，标准普尔指数成分股公司的平均寿命为60年，而近年来，它们的平均寿命大约为16年。公司寿命的缩短对投资者来说并不都是坏事，这从侧面反映了市场并购和重组数量的增加。因为标准普尔500指数是市值加权的结果，所以它会定期重新评估成分股。投资这些股票，可以降低当你遭遇极端情况时被摧毁的可能性。

投资组合再平衡和资本配置的重要性，可以通过通用汽车的案例来说明。通用汽车1958年的每股价格为43美元，投资它要么可以获得9%的年化收益，要么最终血本无归。通用汽车在2009年破产退市。如果一名投资者将他所有的股息和收益全部再投资于通用汽车的股票，并一直持有到最后，那么最终他将失去一切。半个多世纪以来，通用汽车分配的每股收益超过190美元。其子公司汽车零部件供应商Delphi公司及Hughes飞机公司，如果能以市价出售，也价值36美元。只要你把收入或再投资投入更好的标的上，回报率自然会令人满意。优化资产配置并不是标准普尔指数实际的目的，但它们确实将500只股票的投资组合进行了优化再投资。

当巴菲特收购伯克希尔-哈撒韦公司时，它是一家注定失败的纺织厂，设备陈旧，产品的差异化程度不够。如果没有经历这样的过程，巴菲特或许会对护城河和竞争优势所提供的安全边际视而不见。当时，伯克希尔-哈撒韦公司是最大的西装衬里生产商，但衬里这种产品并不具有品牌效应，也不会受到买家的重视。随着进口竞争的加剧，伯克希尔的成本在增加，但又无法对产品进行必要的价格上调。关闭工厂会对当地的社区产生影响,失业人数会大幅增加,同时还会让离岸生产商占据市场主导地位,于是伯克希尔停止了再投资,尽管其亏损严重,但他们还是坚持了很多年。

美国采取的政策可以容忍大规模贸易赤字,这导致任何没有强大品牌支撑、可以在海外以更低廉成本制造的产品都注定要失败。虽然西装衬里和德克斯特系列的鞋子没有过时,但在美国从事这样的制造业已经过时。伯克希尔-哈撒韦公司在品牌纺织品方面的运气要好一些,比如鲜果布衣的内衣和嘉利斯童装的业务发展都还不错。这些产品可以进行国际贸易,生产一般都是交由劳动力成本较低的国家完成。例如,韩国钢铁生产商POSCO公司能够满足日本汽车制造商严苛的质量要求,但其生产成本低于日本钢厂。

伯克希尔-哈撒韦公司倾向于购买具有品牌效应的公司,以避免产品过时和大宗商品化。这些公司的服务和产品不会迅速变化,也不会面临进口等因素的竞争。对于迪士尼、吉列和可口可乐这样的消费品牌来说,国际市场的开放是绝佳的机会,而非风险。另外,巴菲特善于寻找拥有行业壁垒或护城河的企业。最初,我对伯克希尔-哈撒韦公司在铁路和电力等大宗商品式服务领域的收购感到困惑,但现在看来,这些行业不太可能出现新的竞争者来扰乱市场,而市场需求稳定且不可替代。除非出现低成本的自动驾驶汽车或可再生能源,并存在商业利润空间,否则这些产品和服务根本不会被淘汰。即便出现了竞争者或替代品，那时铁路和公用事业公司可能也已做好调整，能适应新的时代环境。

　　大部分科技型企业都不符合巴菲特的选股标准：不易被颠覆的商业模式、差异化的产品、忠实的客户群、极少的竞争者。在过去三年中，只有像谷歌、苹果、亚马逊、Facebook 和奈飞公司在内的少数几家公司，能成为市场中引人注目的公司。唯一不变的就是变化，那么不断创新也必然一直存在。在某些时候，一些曾经征服世界的公司可能会因为三个原因而走向失败，即巴菲特提出的傲慢、自负、官僚。简而言之，巴菲特不会贸然投资科技行业。到目前为止，巴菲特唯一投资的科技股就是 IBM，而且收益也并不是非常可观。⊖

　　《华盛顿邮报》仍然是全美报纸销量纪录的保持者，但巴菲特也无法预见报纸会因互联网的出现而受到影响，互联网当时并不存在。2013 年，杰夫·贝佐斯——亚马逊的创始人，以 2.5 亿美元收购了《华盛顿邮报》，这并不比 40 年前的价格高多少。巴菲特早已明确一个持久且能够不断增长的经营模式，公司将现金投入于购买广播和有线电视的业务，收购那些对报纸能够构成明显竞争威胁的对手。后来，《华盛顿邮报》又收购了卡普兰教育公司，将业务范围扩大到教育服务领域，随后又收购了网络杂志 *Slate*。到《华盛顿邮报》被出售时，其所得收益还不到控股公司总资产的 1/10。虽然没有人能预测到互联网时代，

⊖ 近年来巴菲特已开始投资苹果公司。

但《华盛顿邮报》成功地经受住了市场的考验。我也知道自己无法预测未来，所以我会寻找那些高管具有较强学习心态的公司。

互联网给政府雇员保险公司带来了意想不到的好处，因为互联网使得营销、报价和客户服务变得更容易、更便捷，从而增强了它的成本优势。其在竞争中一直保持领先地位，这再次证明了"应该买入使用技术的公司，而不是研发技术的公司"。现在公司在汽车保险业务方面已经成为全美第二名。除此之外，汽车保险的特点并没有太大的改变。除非自动驾驶变得绝对安全，汽车保险才会消失。在政府雇员保险公司的帮助下，巴菲特找到了一个在40年时间里都没有过时的业务，甚至在变革中还获益不菲。作为伯克希尔-哈撒韦公司的一部分，政府雇员保险公司拥有强大的财务后盾，并可以根据需要随时进行调整。值得注意的是，如果巴菲特没有在20世纪70年代中期对政府雇员保险公司进行资本重组，公司就没有足够的灵活性来抓住机遇了。

许多人认为伯克希尔-哈撒韦公司的低负债状况是低效且保守的，但这能够为公司提供足够的现金，在可遇而不可求的机会出现时能有力出击。周期性公司存在一个悖论：当大机会来临时，却没有人有充足的现金进行投资。在全球金融危机期间，几乎没有人有足够的现金购买具有高收益的优先股。回想几年前，想让高盛集团在高质量固定收益市场支付10%的票息，并附带价值数十亿的认股权证是不可能的事情。所以我的结论是，在任何快速变化、机会稍纵即逝的行业中，投资者都应该倾向于低负债。

5. 永远不要支付高价

你对有效市场假说相信的程度，决定了你如何看待价格的安全区间。如果你是该理论的信徒，那么股票的价格总是合理和公平的，因此价格总是安全的。市场的狂热和泡沫并不存在，或者说没有人可以从市场的狂热和泡沫中获利。遵循这一逻辑，投资者应该把注意力放在如何将投资回报的预期设定得更加合理上。有效市场假说理论为标准普尔指数基金的创立提供了理论基础。博格进一步扩展了该理论：投资者应该期望获得市场平均回报，减少不必要的费用和税金。

这意味着，单一证券持有者的收益预期应该与市场回报相同，但与指数型基金相比，其波动性要大得多。博格会说，考虑到同样的回报率和更低的风险，投资者更应该去投资指数型基金，因为指数型基金的管理费用更低廉。可是如果投资特定证券的投资者很少进行交易，那么其成本可能会更低，比如我所管理的基金。如果主动型基金真的收取较高的管理费用，交易量还很大，而且配置的比例还与指数比较类似，那么博格的言论还是具有合理性的。总而言之，投资者应该选择管理费用低、公司规模大、经验更丰富的基金管理人进行投资。

股票的价格应与公允价值大致匹配，但那些极端情况下的异常价格又该如何解释呢？有效市场假说认为，证券分析是一项艰苦的工作，投资者不应该轻率地认为自己比市场知道得更多。在现实生活中，每一个人都有其能力和适应的范围。一般的玩家都是普通人,其表现很平庸,但在极端情况下,有些人则技胜一筹。同样,在极端情况下,市场中那些有泡沫的股票也会带来令人难以置信的回报。在大多数情况下,事物都是在平均水平上下波动,所以在一般情况下博格的信徒都是正确的。

我所担心的是,如果市场不仅不正常,而且还很疯狂,那么投资者会有什么样的反应?日常的疯狂可能仅限于一些热门股票,而不是整个市场,但如果整个市场都出现了泡沫,投资者首先要思考的问题就是泡沫会何时破灭。如果此时你与大众的意见出现分歧,就会被他们贴上"愚蠢"的标签。回想2000年的股票回报率,当时的市场已危机四伏,那时美国国债收益率已然超过了6%,而仅有3.2%的股市盈利率和2.3%的希勒收益率,这些都是危险信号。同样,1989年的日本股市飙升至高峰鼎盛时期,日经指数的股市盈利率为1.3%,而日本政府债券的收益率为4.5%。类似的情况在奥地利也发生过,那时的情况让人感觉更加可怕。在这些情况下,指数投资的局限性便显现出来了。如果市场出现了崩盘,大家就一起承受亏损。

巴菲特利用别人不理智的行为带来的投资机会获得了财富。他曾表示,他也感激那些教授,因为他们教大家寻找便宜货的课程只会让投资者犯更多的错误。他在市场的过度反应中寻找投资机会,寻找能够解决问题、反败为胜的公司。好的投资需要具备四个要素:持续的盈利能力、良好的增长前景、拥有护城河或竞争优势、未来的确定性。除了政府雇员保险公司,巴菲特旗下公司的会计账目普遍十分透明,很少出现数据调整,而且还能明确反映股东盈余。这样的情况在市场中并不多见。

一个机器人就可以执行巴菲特选股的第一步，即以较低的市盈率买入净资产收益率较高的股票。巴菲特收购《华盛顿邮报》时市盈率为8倍。伯克希尔有一部分政府雇员保险公司股票的成本只有此前盈利高点的1.5倍，而且巴菲特持有的大部分是收益率为7.4%的优先股，按此前最高盈利计算的市盈率只有2.5倍。购买富国银行时，其市值已跌至账面价值，市盈率不到5倍。美国运通在1965年的市盈率为10倍。可口可乐被收购时的市盈率为15倍。如果历史市盈率具有指导性的话，那么购买价格本身就会带来安全边际。

不可思议的是，在每一个案例中，被收购公司的盈利都迅速地刷新了之前的纪录，使伯克希尔－哈撒韦公司的收购价格看起来低得吓人。到20世纪80年代初，政府雇员保险公司的每股盈利高过了第一批股票的收购价格。收购5年后，《华盛顿邮报》的盈利达到其收购价格的一半。仅4年多的时间，美国运通的每股盈利就从3.33美元飙升至12美元。可口可乐在10年里收入翻了两番。在每一个案例中，公司所遇到的问题都是暂时的，而这些公司为不断扩大的客户群提供了独特的价值。除了突发情况，公司的业务都是可以被预测的。综上所述，这些公司的价值远远高于其净资产收益率，它们的溢价是合情合理的。

就《华盛顿邮报》来说，巴菲特的收购价格可能有75%的安全边际。《华盛顿邮报》是一家多元化的媒体公司，其资产价值应该在4亿美元至4.5亿美元之间，而该公司的市值仅为

1.1亿美元，最低的时候只有7500万美元。如果要与所谓的有效市场理论保持一致，我只能认为《华盛顿邮报》大约3/4的价值都是不存在的。

安全边际是相互强化的

某一维度的安全边际通常也会支持其他维度的安全边际。例如，如果你能理性思考，就会更容易看到并接受自己的能力圈。如果你有意识地训练自己去发现自己的极限和不足，也会更容易地发现别人能力的极限和不足。如果你能找到有经验的经理人，他们可能会预见到产品过时、大宗商品化和过度负债的威胁，从而进行调整以获得更大的成功。如果你能够规避投资者在试图预测未来时经常遭遇的盲区，那么你对价值的估计就会更加可靠。

事无绝对

生活和投资在本质上都是不安全、不稳定的，所以我们讨论的所有安全边际都是相对的，安全边际与时空背景相关，并且需要权衡取舍。投资还需要理性思考。有些人拒绝投资烟酒、赌博这类罪恶股票。我可以接受这些观点，因为他们将自己的价值观放在了更高的位置，只愿获取他们认可的利润。如果巴菲特没有进行充分的研究，就买入了一篮子韩国股票，这样做理性吗？或者，他没有对公司进行深入研究，仅根据股票在行业内历史表现良好，以及个位数的市盈率便买入股票，这种行为算是理性吗？我们每个人都有情绪化的时候，就像喜怒无常的市场先生，希望这样的时候不要太多。

在通常情况下，股票的安全性也需要你进行权衡。比如俄罗斯尤科斯石油公司，在计算其资产价值时，需要打一个很大的折扣，这意味着其在俄罗斯的产权是不稳定的。与之相反，拥有明星管理层，增长势不可挡的热门股票，通常其过高的股价就是不安全因素。你的理性和能力圈，是你在投资时需要永远坚守的，决不能妥协。如果你像我一样，能力圈比较宽泛，那么终生学习就是最好的防守。当然，你仍需要收集事实、控制仓位、多样化投资的帮助。当然，你也可以通过指数型基金解决这些问题。在投资之前，你应该在你的安全边际中找出最薄弱的环节，并考虑它是否会带来毁灭性的影响。

无论你的投资之道更像博格还是巴菲特，你都可以通过五个步骤来寻找安全边际，以减少你的遗憾：①明确你的动机，不要让情绪化影响你的投资决策；②认识到有些事物是不可理解的，你也不能完全理解他人，要聚焦于那些你最了解的领域；③选择诚实守信、能创造独特价值的人合作；④投资那些不会因时代变迁、大宗商品化或过度负债而被摧毁的公司；⑤最重要的是，永远去寻找那些价值远远超越价格的投资机会。

推荐阅读

序号	中文书名	定价
1	股市趋势技术分析（原书第11版）	198
2	沃伦·巴菲特：终极金钱心智	79
3	超越巴菲特的伯克希尔：股神企业帝国的过去与未来	119
4	不为人知的金融怪杰	108
5	比尔·米勒投资之道	80
6	巴菲特的嘉年华：伯克希尔股东大会的故事	79
7	巴菲特之道（原书第3版）（典藏版）	79
8	短线交易秘诀（典藏版）	80
9	巴菲特的伯克希尔崛起：从1亿到10亿美金的历程	79
10	巴菲特的投资组合（典藏版）	59
11	短线狙击手：高胜率短线交易秘诀	79
12	格雷厄姆成长股投资策略	69
13	行为投资原则	69
14	趋势跟踪（原书第5版）	159
15	格雷厄姆精选集：演说、文章及纽约金融学院讲义实录	69
16	与天为敌：一部人类风险探索史（典藏版）	89
17	漫步华尔街（原书第13版）	99
18	大钱细思：优秀投资者如何思考和决断	89
19	投资策略实战分析（原书第4版·典藏版）	159
20	巴菲特的第一桶金	79
21	成长股获利之道	89
22	交易心理分析2.0：从交易训练到流程设计	99
23	金融交易圣经II：交易心智修炼	49
24	经典技术分析（原书第3版）（下）	89
25	经典技术分析（原书第3版）（上）	89
26	大熊市启示录：百年金融史中的超级恐慌与机会（原书第4版）	80
27	敢于梦想：Tiger21创始人写给创业者的40堂必修课	79
28	行为金融与投资心理学（原书第7版）	79
29	蜡烛图方法：从入门到精通（原书第2版）	60
30	期货狙击手：交易赢家的21周操盘手记	80
31	投资交易心理分析（典藏版）	69
32	有效资产管理	59
33	客户的游艇在哪里：华尔街奇谈（典藏版）	39
34	跨市场交易策略（典藏版）	69
35	对冲基金怪杰（典藏版）	80
36	专业投机原理（典藏版）	99
37	价值投资的秘密：小投资者战胜基金经理的长线方法	49
38	投资思想史（典藏版）	99
39	金融交易圣经：发现你的赚钱天才	69
40	证券混沌操作法：股票、期货及外汇交易的低风险获利指南（典藏版）	59
41	通向成功的交易心理学	79